Erreur Populaire De La Papesse Jane

Florimond De Raemond

ERREVR
POPVLAIRE
DE LA PAPESSE
IANE,

PAR

FLORIMOND DE RAEMOVND,
Conseiller du Roy au Parlement
de Bourdeaux.

A LYON,
PAR BENOIST RIGAVD.

M. D. XCV.
1595.
AVEC PERMISSION.

A TRES-ILLVSTRE,
ET TRES-RELIGIEVX
PRINCE, CHARLES
CARDINAL DE
BOVRBON.

✤✤
✤

PRINCE TRES-ILLV-
STRE, PREMIER OR-
NEMENT DV SENAT
ROMAIN, PRINCE
QVE LA VERTV, LA
NATVRE, ET LA
FORTVNE ONT ESGALEMENT
FAVORISE' DE LEVRS GRACES,
ET ADVANTAGES: PRINCE QVI
AVEZ CONIOINT AV ZELE DE
LA DEFENCE DE CEST IMMOR-
TEL TIGE DES FLEVRS DE
LYS ROYALES, DANS LESQVEL-
ES VOVS ESTES NE', CELVY
DE LA SAINCTE MANVTEN-
TION DV SOVVERAIN HIERAR-
CHE DE L'EGLISE.

✝ 2 RECE

RECEVEZ auec ma tref-humble feruitude ceft œuure, que ie vous offre, lequel à la verité pour le peu de luftre que ie luy ay donné, ne deuoit fe prefenter deuant vous. Mais pour la matiere & importance du fujeƈt, fe trouuera, (peut eftre) digne d'y employer quelque heure mefnagee, de la preffe de voz ferieufes & publiques occupations.

Vous verrez, PRINCE RELI-GIEVX ET HEROIQVE tout enfemble, que i'ay leué l'infamie jettee fur la premiere & fouueraine dignité de la terre: Que i'ay vengé l'iniure faite aux fucceffeurs de fainƈt Pierre; purgé leurs annales d'erreurs, deffillé l'aueuglement de tant de fiecles, qui auoyent imprudemmét fauorifé le plus vilain & inepte menfonge qui fut iamais

inuen

inuenté. Il appartenoit proprement à cefte efcole & doctrine de mefdifance, qui a voulu depoffeder fainct Pierre de la principauté Romaine, & luy defrober l'honneur de ce Pontificat, d'y eftablir & colloquer à l'oppofite par le mefme artifice vne femme, laquelle n'a oncques efté au monde, fi ce n'eft en imagination, & comme vn vain fantofme, fouftenue feulemét de quelques plumes menterefles ou ignorantes, qui neátmoins ont rencontré vn tel credit, que tant plus la chofe eftoit incroyable, (merueilleux aueuglement de l'étendement humain) plus legerement la creance en a efté receuë.

Ce me fera vne finguliere faueur, PRINCE TRES-BENIN ET DEBONNAIRE, fi l'œuure vous eft aggreable. Et poffible que ie

† 3   pren

prendray courage ſoubs la grandeur de voſtre nom d'entreprendre vn ouurage de plus longue
haleyne. Car ſoubs ceſt adueu,
pour laborieux qu'il puiſſe eſtre, il
ne me ſera point difficile, & toute
puiſſance ou effort des ennemis
du ſainct Siege ne pourra eſtre redoutable à celuy qui deſire auoir
ceſt honneur & bon-heur d'eſtre
pour touſiours,

PRINCE TRES-ILLVSTRE
ET TRES-RELIGIEVX,

Voſtre treſ-humble,& treſ-obeyſſant
ſeruiteur,

FLORIMOND DE RAEMOVND.

IN

IN FABVLAM IOANNÆ

PSEVDO-PONTIFICIS ROMANAE,
è corrupto hiſtoriarum albo eraſam
à Flor. Ræmundo, Senatore
Burdegalenſ.

REdiderã ſaui Phlegræa Tiphóeos arma,
Enceladi furiaſ, & dIs centena minãtem
Vincla Gygẽ,nugaſ& ſomnia vana fuiſſe:
Sed mea ſit ſubleſta fides : Titania quando
Impietaſ noſtros mundi de vertice Diuos
Eiicere, & ſanctam Petri reſcindere ſedem
Coniurata fuit , ſimili vt peterẽtur ab hoſte
Omnipotens cœlum, Cæliq, vicaria Roma.

Ah genus inuiſum, terraq, obnoxia proles!
Quæ ſimul innixam ſeptenis collibus Vrbem
Nulla vidit opum vi poſſe à ſtirpe reuelli,
Altáue fundamenta quati : grauioribus arſit
Inuidiæ ſtimulis, & in illa antiqua piorum
Lumina Pontificum , verũ quos fama coronat
Laudibus , impura coniecit toxica lingua.

Sæpè quidem ſummos veſana calumnia Patres
Impetijt : ſed nulla fuit magis illita fuco,
Nulla magis bibulas populorum influxit in aures,
Quàm quæ fœmineo triplicis diadema Coronæ
Impoſuit capiti , factum commenta , quod vſquam
Nec fieri potuit, nec inaudijt alta vetuſtas
Terrentum ante annos. Quo primùm hac tempore
Fabula per cunctas paulatim didita gentes (cæpit

Serpere

Serpere : nec tam altè radicibus ardua fixis
Haret, & aërias quercus se fundit in auras,
Quàm penitus rudium illa animis insedit auorum,
Credita tam verax, Phœbi quam Pythia, vel quà
Phocaico Themis edebat responsa sub antro.

 Passa quoque est fieri sibi fucum emunctior ætas
Nostra : nec in tanto doctorum examine quisquam
Conspicuo infamem solio detrudere Laruam
Ausus erat : quamuis mansura in secla cathedra
Dira Lemanicolæ facerent conuicia Ranæ.
Prò pudor! hæc nobis indigna opprobria dici
Possiaco in cœtu Lotharingius audijt Heros,
Et regni Sorbona decus, fideiq́; fidele
Præsidium : Ille tamen modo-non immutuit ore,
Ista nec audacem retudit, quasi conscia, Bezam.

 Scilicet hanc Remunde tibi doctissimè laudem
Fata reseruabant, qui iusta accensus ab ira,
Magnanimi indueres animos, non ora, Leonis,
Fracturus rabidos Euantis more Gigantas :
Aut velut Alcides, quem asciuit Gallia quondam
Terra sibi, Herculea monstrū hoc virtute domares.
Et merito : neque enim firmati ad prælia vires
Ingenij te deficiunt, nec dædala fandi
Copia, suauidicis vbi opus peruincere dictis.

 Tu malè fixa legens retrò vestigia, summum
Historia metiris iter, certoq́; regressu
Semita non fallax metam te ducit ad ipsam.
Quàm benè seducta annorum ratione, vetustos
Exigis ad numeros primis contermina fastis
Tempora! quàm multos aduersum educis in agmen
Assiduos veri testes, quos fallere fallax
            Fœmina

Fœmina nón potuit supremi in luce Theatri.
Quippè oculata fides, æqualûq obstitit ætas.
Quid loquor, vt prisci assutos scriptoribus æui
Fraude mala, spurioque nothos è semine versus
Effodiente stylo Censoria virga notarit?
En, corruptores falsi Cornelia damnat:
Et deportandos extrema in littora Thules
Consequitur fœdis infamia mœsta capillis.

Iam datur errorum, quos nupera secla tulere
Iratis superis, palantèm illudere turbam,
Quæ procul obliquos flexit per deuia gressus,
Ausa leues narrare apinas, interque calarem
Fingere Pontificem, quæ tu portenta refutas,
Putidáque esse doces: quales sibi Græcia mendax
Somniat informes Scyllas, triplicémq Chymæram,
Cerbereas fauces, & nubigenás Centauros.

Te monstrante huius mendaci apparet origo.
Eripitur persona: sinit iam vera videri
Se facies atri, dempto velamine, monstri.
Fraus patet & fraudis sartor quicunque satórq:
Nec iam Roma insons sine crimine crimen habebit.
Victus, iò Pœan, victus, nec degener hostis
Deiecit vultum, manibus post terga reuinctis.
At tibi præpetibus fœlix Victoria pennis
Aduolat, & galeato exultim in vertice sidit.

Quis tamen, ô Remunde, tua Deus æqua labori
Hostimenta parat? video (mirabile dictu)
En video: gemina Famæ perniciter ala
Tolleris, & longè frustratus in aëre nostros
Intuitus, magnam tranas, ceu Pegasus, oram
Francigenúm. Oceano cinctos petis inde Britannos,

Et stupidos olim, doctæ nunc auris & oris
Cattigenas Batauos, quasᵩ vtraque despicit vrsa
Bellacis positas gentes trans cornua Rheni.
Mox remeans cœli per inania, visis Iberos,
Et Tarteßiaco flagrantes Sole columnas.
Tum super obiectas vastis ceruicibus Alpes
Remigio alarum te surrigis, altáque magnæ
Hesperiæ superas mirantibus oppida turbis,
Et Vaticana tandem te sistis in arce:
Hic vbi totum humeris terrarum sustinet orbem
Ille hominum custos, alti cui ianua ceßit
Aetheris, vt purum reseret, vel claudat olympum.
Ille tuis faßus stratum virtutibus hostem,
Præmia victori decernit, vt aurea scandas
Per sacram delubra viam Chlamydatus, & albo
Vectus equo, Paphiáque incinctus tempora myrto,
Purpureo insignem pompam comitante Senatu.
  Ista quidem, generose, tuis sit Ouatio forsan
Inferior meritis: sed cùm maioribus instes
Cladibus, immaniᵩ ferum caput Antichristo
Detruncare pares: Iusti mox ipse triumphi
Dona tibi CLEMENS mundo plaudente rependet,
Celsáque quadrijugo inuectum Capitolia curru
Velabit trabeatus honos, & Delphica Laurus.
  Quà tua ne longis abolescat gloria seclis,
In vaticano Pater ipse & Curia concors
Ex auro affabrem statuam tibi ponet, vt illic
PVBLICVS emineas ROMANI ASSER-
TOR HONORIS.
  IOANNES SAMMARTINVS AQVENSIS
  Burdigalæ faciebat.

Eiç

Εἰς τὴν τῆς Ἰωάννης ψευδοπαπίσσης καθαίρεσιν ὑπὸ τοῦ Φλωριμόνδου Ῥαιμούνδου τοῦ ἐ βουλῆς τῆς μεγίστης τῶν Βυρδιγαλαίων.

Ἀσπίδας ἀντιπάλων ἄλλος θριγκοῖσιν ἀνάπτει,
Χʹ ὁπλείαις κόρυθας θριξὶ σαλευομένας
Ἔγχεα, θώρακας, κ̀ καμπύλα τόξα, κ̀ ἰὸς,
Λοιπά τε ὧν χρῆσις δήϊῳ ἐν πολέμῳ.

Ταῦτα λάφυρα φέροι, κλέος ὅτις ἐφήμερον αὐτῷ,
Ἢ μαλάκιν ἐν ἴυτοις φεῦ γενεὴ μερόπων!
Ἄλλα δ̀ ΠΑΙΜΟΥΝΔΟΣ, καὶ μέζω ἔστι
τρόπαια,
Ἀενάες αὐτῷ πλεξάμενος στεφάνες.

ΠΑΠΠΙΓΑ δ' ΚΟΥΡΗΝ, ὥσπερ δεινόν τι
πέλωρον,
Ἐκκόψας, πολλῆς αἴτιον ἀμπλακίης,
Καββάλλων τε χαμαὶ, σελίσιν, αὐτῇσι, γυναῖκα,
Θείῳ ἀναιχμεὶ τῇς δίφρῳ ἐσεζομένην,

Ἄξιός ἐστι διπλῆς δόξης, διπλῦ τε θριάμβε,
Καὶ κατ' ἀπαιδεύτων, κ̀ κατ̀ δυσσεβίαν.

Ι. Μ. Βυρδιγαλαῖος.

Λόγιον.

Μυσάοις πλῆρες, περικαλλὲς, πάγχαρι τεῦχ⊙,
Ἰδμοσύνης ἄμασῆς, καρπὸν ἄρι αἱμυλίης,
Ἐκδιδόναι τί τόσον διστάζεις, τι παλέον ὀκνεῖς;
Πᾶσιν ὑπὸ σαῶς, πᾶσιν ἐπαυρέμεναι,
Καὶ μιν ⓑ, ϑεῖον, ϑεαπίξει βάξιν ἀφεῖναι
Οὔπω. ΡΗΜΟΤΝΔΟΣ δαίμονι πειϑό-
μεν⊙.

Π. Τ. Κ.

IN FABVLAM
IOAN. PP.

In caput, inque Ducem, tela omnia strenuus vrget,
  Victrices laurus quisquis ab hoste petit.
Huic contra fida obsistunt facto agmine turmæ,
  Ductoremq́, suo vulnere signa tegunt.
Haud aliter, quam cùm nodosa robore pastor,
  Per caulas angui funera certa parat.
Ambobus labor est summo pro vertice summus,
  Atque caput, prudens hic regit, ille petit.
Non hac anguineos latuit solertia fratres,
  Non latuit summi pignora cara Patris.
Cernis vt hæreticus furor in sacra culmina fertur,
  Pontificúmque decus tentat, & imperium?
Cernis, vt abrupto semper se fœdere dira
  In summos armant schismata Pontifices?
Scilicet hinc partu infando se Iana Papissa
  Fuderat, vt celsa pelleret arce Petrum.
Non tulit inuictum RAYMVNDI pectus, & vnus
  Schismaticos vincit, vincit & hæreticos.

I. B. Burdigalensis.

IN IOANNAM PSEV-
DOPONTIFICEM
ROMANAM.

Prisca fides, sed vana fides, qua prouehit error,
  Et leuis è media fabula lecta via,
Illa quidem sensim fure sensu irrepsit at illam
  Compresso impietas pollice corripuit.
Et iam sanctoru temerauerat improba sedem,
  Eheu lautitias delitiasque Dei:
Ræmundi nisi mens obseruantissima rerum,
  Æternum fibris historiarum inhians,
Perque viam erroris vestigia circumflectens,
  Qua trahit incautos semita falsa pedes,
Errorem, quèm cæca dies, & inutilis ætas
  Attulit, aggesta contumulasset humo.
Sic nunc seruat honos sedem suus, indice tãto,
  I nunc & iacta fabula prisca fidem.

P. BORRAMEVS
Burdigalæ faciebat.

I. B. 1.

ERREVR
POPVLAIRE DE LA
PAPESSE IANE.

CHAPITRE I.

Parmy l'histoire sou-
uent les fables ont glis-
sé. 1

Le conte de la Papesse
Iane. 2

Excuse de l'autheur
de ce qu'il attaque l'an-
tiquité. 3

Ceux qui ont adiousté
foy à ce conte aucune-
ment pardonnables. 4

Tout ce qu'on en dit se
desment de soy mesme. 5

L'autheur s'addresse à
ceux qui l'ont forcé es-
crire sur ce subiect. 6

L A VERITE' incorrom-
pue , greffiere de l'histoire
sacrée & prophane, ne peut
seeller & marquer ses actes
de seaux si entiers , & d'ar-
moiries si propres & con-
uenables à sa candeur & integrité, que le mensonge ne s'efforce de les my-partir , escarteler,
ou falsifier, sinon au champ & au corps, à tout

Parmy l'hi-
stoire souuent
les fables ont
glißé.

A   le

le moins en quelqu'vne des lozanges, aux
lambeaux, aux bords, & aux extremitez. Et
comme il a vne fois prins pied, & qu'il est au-
thorisé de l'applaudissement & faueur populaire, vn chacun tasche à l'enuy de le desgui-
ser, & enrichir de quelques nouuelles couleurs. Voyla pourquoy on voit dans nos liures,
tant de contes & discours fabuleux, si artifi-
cieusement entretissus, qu'il est assez mal aisé de descouurir le seing, le seau, le cachet,
& les vrais signes & recognoissances du lieu
de leur origine. Combien de notables accidens

L'histoire Mo
sayque.

de l'histoire Mosayque, & du peuple de Dieu
ont esté faussement & malicieusement rapor-
tez par Trogue Pompee, Tacite, Plutarque, &
autres autheurs de mesme aloy? La lumiere du
Christianisme s'estant des-ja respandue sur
nostre horison, & ayant chassé les tenebres au
dessous nostre hemisphere, il s'est trouué neat-
moins des esprits si forcenez, qu'ils ont taché
par vne infinité de malheureuses impostures
& calomnies, à l'obscurcir, & desrober la verité aux yeux de tous les peuples de la terre. De
ceste bande furent Procle, Celse, Porphire,
Iulian l'Apostat, Zozime, Simmache, des
esprits, & des escrits desquels en aucuns endroits nous voyons les ruines. Et si on tour-
ne les yeux vers l'histoire politique, quelle

L'histoire Po-
litique.

conuenance trouuera l'on sur vn mesme subiect, entre Herodote & Chresias? Thimee &
Philiste?

Philifte? Q. Curfe, & Atrian? Denis d'Hali-
carnas, & Tite Liue? Tacite, & Dion? Amian
Marcellin, & Zozime? il y a bien plus. Quelle
merueilleufe variation & repugnance dans vn
mefme autheur? on a veu prefque vn eſſain de
heureux efprits de noſtre aage, qui fe ſont tra-
uaillez de reconciller Tite Liue auec T. Liue,
toutefois en vain. Car tant d'erreurs, tant de
fautes, tant de contrarietez ne peuuent fe remettre & remuer dans le point de la verité. Ce
n'eſt donc chofe, qu'on doyue trouuer eſtran-
ge, fi en l'hiftoire qui nous eſt demeuree, des L'hiftoire de l'Eglife.
PRINCES DE L'EGLISE, il s'y eſt
coulé des monſtres, des fables, & des abfurdi-
tez, approuuees & authorifees par des hommes trop credules, malins ou ignorans. Le S.
Siege, inuincible rampart de l'Eglife, & l'ancre
facré de la nef des fidelles, s'eſt ordinairement
heurté, & chocqué, comme de tonnerres furieux, & des vents afpres & contraires, de la
mefdifance & de la calomnie. Ce nonobftant,
cefte nef s'eſt toufiours trouuee au deſſus des
flots depuis feize cens ans. Et ne faut douter,
que fans faire naufrage, elle ne vienne en fin
furgir au port, où elle eſt attendue, foubs la
conduitte du pilote, que Dieu y a eſtably, re-
ftant maiſtreſſe & victorieufe de l'aboy des ef-
cueils, & du courroux des ondes.

L'VNE DES plus notables impoſtures
qu'on euſt peu controuuer en l'hiftoire des Le conte de la Papeſſe.
fucceſſeurs de fainct Pierre, eſt celle, qui aſ-

A 2 feure,

seure, qu'il y a pres de huict cens ans, qu'vne
pauure garce Allemande, nommee Geliberte,
s'estant en l'aage de douze ans desrobée de la
maison de son pere, se mit en la compagnie
d'vn moine religieux, en l'Abbaye de Fulde
en Allemaigne, lequel l'auoit desbauchée.
Apres auoir couru auec luy toutes les plus fa-
meuses Vniuersitez de l'Europe, desmanty &
caché son sexe, laissé son nom pour prendre
celuy de Iean l'Anglois, en faueur de son amy,
qui estoit natif d'Angleterre, luy mort elle se
rendit d'Athenes à Rome, où la charge de lire
publiquement luy fut donnee: ce qu'elle fit
l'espace de trois ans auec admiration d'vn chacun. Par le moyen de ce rare sçauoir, le peuple
& tout le Clergé fut tellement aueuglé, qu'a-
pres la mort de Leon quatriesme, du consentement de tous, elle fut esleuë Pape, & assise
dans ce tres-sainct & venerable Siège, consa-
cré de la main de Dieu, & où Dieu mesmes
preside, desrobant si dextrement aux yeux de
tout le monde la verité de son estre, qu'il ne
fut possible, pendant les deux ans & demy de
son Pontificat, descouurir la tromperie, iusques à ce, que ayant esté priuéement cognue
d'vn Cardinal, comme elle marchoit en la procession generalle, en presence de tous les ordres Romains, elle acoucha rendant sur l'heure l'ame. Voyla en gros leur conte. Et fut il iamais de si inepte, & neantmoins de si hardy
que celuy cy? Ie n'ay peu representer les au-
                                          tres

tres pieces, dont ils l'ont enrichy, pour ne ſçauoir à quel ie me deuoy arreſter de tous ceux
qui y ont mis la main. On voit parmy eux

Autant de traicts diuers comme il y a de teſtes,
Ils trouuerôt leur place ailleurs. C'eſt vne choſe merueilleuſe ; qu'encor qu'il n'ait paru au
môde, ſi ce n'eſt trois ou quatre cens ans apres
l'euenement ſuppoſé d'iceluy, ſans apparence,
ſans tiltre, & ſans authorité: ſi eſt-ce qu'il s'e-
ſtoit tellement ſaiſi de la creance des peuples
chacun en diſcourant à ſa fantaſie, ſuyuant
l'air, l'humeur, & la corruption de ſon ſiecle,
que ce qui n'auoit à ſa naiſſance aucun fondement, s'eſt en fin trouué tenir lieu parmy les
hiſtoires tref-certaines & indubitables, demeurant non ſeulement le ſimple peuple, mais la
plus part du monde abuſé. Ce ſera donc vne
bonne rencôtre à moy, ſi ie puis percer à iour
ces tenebres, que l'ignorance & malice à cauſé : & faire voir à vn chacun que c'eſt vne fable rance, moyſie, & ſi mal baſtie, qu'on y voit
l'impoſture au trauers.

IE ſçay bien le reſpect & reuerence que
ie doy à ceſte precieuſe antiquité, laquelle en ſes vieilles rides, retient ie ne ſçay quelle
couleur naïfue, eſtabliſſant en nous le pied
de ſon authorité, & qu'il ne faut iamais depla-
cer les ſainctes & ſacrées bornes ; qu'elle à po-
ſées & eſtablies. La fabuleuſe Theologie des
Romains ne diſoit pas ſãs cauſe que leur Dieu
Terminus, quoy qu'il fuſt petit, n'auoit voulu

A 3   ceder

Merueilleux
aueuglement.

3
Excuſe de
l'autheur ſur
ce qu'il atta-
que l'ãtiquité

Le Dieu Ter- ceder sa place au grand Iupiter, comme s'ils
minus. voulloyent dire, que les choses fondees sur l'antiquité denoyent estre respectees auec autant
d'honneur, que les loix & ordonnances de Iupiter mesme : & que c'estoyent deux Deitez
esgalles en majesté & reuerence. Mais si ne
pense-ie pas que ce soit sacrilege, de reuoquer
en doute ce qu'on a tenu pour veritable, apres
tant de siecles, qui en leurs longues & varia-
bles reuolutions ont accoustumé, mesmes en
l'histoire de l'Eglise, à cause des ennemis furieux, dont elle a esté agitee, trainer apres soy
vne longue queüe de fables colorees par le dehors de vray-semblance. Aussi est-ce vne trop
grande seuerité de nous vouloir forcer à suyure
la superstitieuse rotine de ceux qui n'osent toucher à ceste trouble antiquité, ja chargee de
mousse, laquelle bien souuent ne porte rien
moins que ses marques. Antiquité interrom-
pue, antiquité nullement appuyee, antiquité
dans laquelle mille faux iours paroissent. Ce
n'est pas comme celle qui est renfermee dans
les sainctes barrieres de la religiō Catholique,
tesmoignee par infinis autheurs, d'vne mesme
voix, entre-suyuie de siecle en siecle, tousiours
semblable à soy-mesme, sans iamais se demen-
tir & contrarier. Certes

Il y a beaucoup de miracles:
Les fables qui semblent oracles,
Fardees d'vn miel frauduleux,
Trompent l'entendement de l'homme,

Et

Et se rendent croyables comme
La verité fille des Dieux.
Que le faux semble veritable,
Nous le voyons communement.
Mais l'aduenir le plus souuent
Apres nous descouure la fable:

ainsi l'a chanté Pindare.

Ie confesse que les autheurs qui ont laissé quelque memoire de ce Pape Iane, sont
en si grand nombre, qu'ils rendent aucunement excusables & dignes de pardon ceux
qui ont adiousté foy au beau conte qu'on faict
d'elle : & que noz erreurs sont moins repre-
hensibles soubs l'authorité de plusieurs : car le
nombre de ceux qui faillent auec nous, faict
passer plus aisément nos fautes par compagnie: apporte quelque couleur à noz opinions,
& couure le deffaut de nostre creance. Mais
si faut-il les considerer de pres, sans y apporter vne opinion preiugee, laquelle renuerse souuent la verité, & donnant lustre
aux choses fausses, faict que nous tenons
les fables plus desreiglees pour histoires tres-
certaines & veritables.

Souuent l'opinion combat la verité,

disoit Simonides. C'est vne pressante partie,
hardie, & sans mesure. Ie sçay bien qu'vn conte, qui est inuenté à plaisir, selon Plutarque, se
glisse facilement dans nos ames, & nous cha-
toüille d'aise. Il n'y a rithme, arme ny langage
figuré, ny hautesse de stile, ny douce liaison

A 4   de

(marginal note:) Ceux qui ont creu ce conte pardonnables

de paroles, si bien coulantes, qui ait tant de
grace, ny tant de force d'attraire & retenir côme à la dispositió d'vn conte fait à plaisir, bien
entrelassé, bien tissu, & bien deduit, comme est
celuy de ce Pseudo-pontife.

Aux contes fabuleux plus nostre esprit s'esgaye
Qu'il ne fait aux discours de quelque chose vraye.

5
Ce conte se
dément soy-
mesme.

MAIS le seul recit qu'ils font, pesé auec
toutes ses circonstances, & les impossibilitez,
qui s'y rencontrent, monstre aussi tost l'ineptie
de leurs discours. Car qui croira, ie vous prie,
que ceste Angloise ou Allemande (ces gens ne
sont pas d'accord d'où elle estoit,) sortie d'entre les bras d'vn moine, bien qu'elle eust emporté l'honneur des escolles d'Athenes, où la
plus part disent qu'elle fut nourrie, ait iamais
peu tenir son sexe si couuert, que les Italiens
l'ayent mescognuë, & contre toutes les loix
de l'Eglise, qui bannissent les femmes de toutes
charges & dignitez Ecclesiastiques, elle se soit
peu asseoir frauduleusemét dans la chaire, que

Siege de S.
Pierre.

ces saincts premiers Euesques Clement, Anaclet, Cyprian, & Augustin appellent le siege
de sainct Pierre : lequel ceux, qui se disent
enuoyez de Dieu pour reformer le monde, asseurent estre le trosne de l'Ante-Christ, comme si Dieu eust seulement choisi sa demeure
dans la saincte cité de Geneue. Qui croira dis-
ie qu'vne femme incognuë & de si basse &
abiecte naissance qu'on la faict, ou plustost vne
putain vagabóde, apres auoir couru l'aiguillet-
te par

te par toute l'Europe, ait eu le cœur de penſer
ſeulement à paruenir au premier degré du
monde, gardee & entournee non ſeulement
de la plus acorte, caute, aduiſee, & defiante
nation de la terre, mais obſeruee de tous les
peuples de la Chreſtienté, leſquels abordent
ordinairement dás ceſte P R I N C E S S E des
villes, & ſe maintenir en iceluy, ſans eſtre deſcouuerte, que par ſon accouchement faiᴄt en
proceſſion generalle. Cela eſt eſloigné de toute apparence, non ſeulement de verité mais de
vray-ſemblance: & monſtre, que la tourbe fabuleuſe, qui en a faiᴄt le recit, l'a coloré & deſ-
guiſé comme bon luy a ſemblé.

V o v s, qui courez ſi legerement aux opinions doubteuſes, de ie ne ſçay quels autheurs
fort peu authoriſez, & qui penſez m'auoir
ietté ſur vn ſubieᴄt, duquel diᴄtes vous, il ſera non ſeulement mal-aiſé, mais impoſſible,
que ie puiſſe ſortir à mon honneur, moins encor de celuy du ſainᴄt ſiege, ayez ie vous ſupplie patience, de lire d'vn bout à l'autre ce que
i'en ay eſcrit: & vous verrez, qu'encor qu'il
ſoit treſ-difficile à la verité meſmes, de com-
battre les fortes & viues apparences, que l'erreur, la menterie & l'ignorance du vulgaire
ameine quant & ſoy, à la ſuitte d'vn menſonge
tiré d'vne longue antiquité, meſmemét en vn
ſiecle vlceré, & ſi perdu de no...uelles opiniós,
comme eſt celuy-cy: ſi eſt-ce qu'auec le peu
d'eſtude, que i'y ay mis, i'ay oſté le voile à vo-

ſtrę

L'autheur à ceux qui luy ont fait eſcri- re ſur ce ſub- ieᴄt.

ftré Chimere, lequel la faifoit mefcognoiftre.
Ce n'eſt pas aux hommes feulemét, qu'on dit
leuer le mafque ; il le faut ofter aux chofes, &
leur rendre leur vray & naturel vifage. Defcē-
dez dóc en vous mefmes, applaniſſant ce que
la nouueauté de ce ſiecle peut auoir laiſſé de
rabouteux dās voſtre ame. Ie m'aſſeure que ce
difcours ne vous ſçauroit cōduire à ſa fin, ſans
enleuer, & effacer l'erreur, qui peut encores
refter en icelle. Il n'y a fophiſté, dont la fubtilité puiſſe reboucher la pointe des argumentes,
auec lefquels ie vay combatre voſtre monſtré.
Vous vous eſtonneréz, ie m'en aſſeure, d'auoir
ſi longuement crōpt dans vne telle & ſi groſſiere igruorāce, d'auoir deffendu auec tant d'o-
piniaſtreté c'eſt erreur. Laiſſez le meſhuy. Il
eſt propre pour feruir de fubiect à la meſdiſance de ceux qui ont fait naufrage en la foy, &
qui vaincus & foubs les pieds veulent néant-
-moins conteſter l'auantage. Prefomptueux
qu'ils font, ils penfent appartenir à ceſt ancien
fils de la terre, qui reprenoit nouuelle vigueur,
& fe renforçoit par fa cheute. La malice bien
fouuét eſt renuerſee & mife à bas : mais iamais
elle n'eſt appaifee, efcriuoit ſainct Hieroſme.

O trompereſſe eſtant plus maculee,
Qu'en eſt la peau d'vne once tauelee,

CHA

CHAPITRE II.

TO v s ceux, qui ont escrit, où tant soit
peu touché ceste fable, la represéntent si
diuersement, qu'on ne sçauroit dire, s'ils sont
plus differents ou contraires entre eux, que
la chose en soy-mesme. Ils se deuoyent tous
accorder du mensonge, afin que par la foule
de tant d'autheurs, on y eust rencontré quelque apparence de verité. Mais on ne voit rien
qui se rapporte: ce sont pieces descousues,
qu'on n'a peu rapiescer, comme vn ouurage de
marqueterie fait à la Mosaïque, ou les pieces de
diuerses couleurs & figures, se trouuét neantmoins si bien ioinctes & raportees, que le tout
semble vne seule piece artificiellement embel-
lie. Ils ne sont pas si bons ouuriers. Ils n'ont
peu auec leurs artifices, esbloüir les yeux de
ceux, qui ne veülent croire, ce qui repugne au
nom, à la suitte & au calcul, qu'on faict de la
vie des pontifes Romains. Il semble à voir ce
                            qu'ils

qu'ils nous. en ont laiſſé , que ce ſoit vne choſe pluſtoſt aduenuë aux Antipodes, qu'à Rome:
qui eſtoit deſlors,& a touſiours eſté depuis , le
vray theatre de la Chreſtienté. C'eſt l'abregé
ou modelle du monde, diſoit Polemon dans
Athenee.

Rome eſt de tout le monde , vn public eſchaffaut,
Vne ſcene, vn theatre, auquel rien ne deffaut,
dict on de nos poëtes.

2
Preuue par
ouyr dire.
　　L O R S que ces premiers autheurs, ſe rencontrent ſur ce propos ; ils vſent touſiours de
ces mots., pour tenir les lecteurs en ſuſpens
(car la plus part ont failly par ſimplicité , pluſtoſt que par malice) *on dict , on tient com-*
munement , le bruict eſt tel, nous l'auons. ouy di-
re, cela ſe raconte incertainement , ſans nous
donner autre aſſeurance, ny caution, que l'incertaine varieté d'vn ouïr dire. Ie ſçay bien,
qu'on eſt excuſable de renuoyer les hiſtoires
qu'on recite, ſur la conſcience de ceux, de qui
on les.tient. Mais de ſe contenter d'vn on dit,
en affaire de telle importäce, c'eſt vne caution
mal aſſeuree. En quelque choſe legere, à peine
y voudroit on adiouſter tant ſoit peu de foy.
La verité d'vn fait eſloigné de noſtre cognoiſſance, ne depend que de l'authorité de celuy
qui teſmoigne l'auoir veu, ou qui no⁹ en baille quelque preuue certaine : Car de nous contenter de ſon dire, meſmes en choſe qui n'eſt
pas de ſon faict, il y a du danger. Ce ſeroit vne
legereté bien grande de croire certainement
ce dont

ce dont il ne parle, qu'auec incertitude. Il
nous faut prendre auec doute les chofes dou-
teufes, fans imaginer quelque chofe au de la,
de ce qu'on nous en a laiffé, imitans neantmoins le bon veneur, qui fçait difcerner entre
la route du Loup, & celle du chien, qui fe re-
femblent. Theophile autheur Grec parlant
de tels efcriuains de fon téps, qui renuóyoient
toutes chofes fur on dict, les compare à ceux,
qui battent l'air, & qui ne fçauent où ils af-
fenent leur coup.

LES PLVS anciens qu'on prétend en
auoir faict mention, font Marianus Scotus,
l'an 1086. Martinus Polonus, l'an 1320. Radul-
phus Higeden, l'an 1342. & defpuis ceux-là
quelques autres, que ie cotteray particulierement, felon le temps, qu'ils auront vefcu.
Voila ceux, aufquels l'ancienneté peut donner
quelque priuilege, qui ont parlé de cefte Papeffe, en tel langage. toutesfois (fi faucement
il ne leur a efté fuppofé) qu'il eft aifé à iuger,
qu'ils l'ont efcrit pluftoft comme chofe dou-
teufe, & qui fe contoit de leur temps, que pour
hiftoire veritable. Or puis que ces autheurs
ont vefcu non feulement tant d'annees, mais
tant de fiecles apres elle, d'où eft-ce qu'ils ont
tiré leurs memoires? Comment ont-ils fçeu
fon nom, fa naiffance, fa nourriture, auec les
autres circonftances, qu'ils marquent fi particulierement & de fa vie, & de fa mort. Ils n'en
difent rien, & ne nous donnent aucun autheur

quoy

3
*Anciens au-
theurs qu'on
dict parler de
la Papeffe.*

quoy qu'il en y ait infinis. dās ce siecle, duquel ils parlent. Les autheurs des Centuries men-songeres, pour donner quelque couleur au tesmoignage de tels historiens, disent, que sans doubte ils ont extraict, ce qu'ils en ont dict, des registres de leurs conuens, ou l'ont ouy dire à personnes dignes de foy. Voila vne preuue bien asseuree, pour ietter les fondemens de ceste histoire, qu'ils nous veulent donner aussi certaine qu'vn article de foy, sans nul autheur de ce temps là, quoy qu'ils ayent ordinairemēt en bouche, que le tesmoignage de l'antiquité n'est suffisant, si ce n'est lors, que celuy de l'authorité duquel on s'aide, parle d'vne chose, qui soit de son temps, qu'il ait veuë, ou entendue par ceux, qui ont esté presens, Au contraire, deslors qu'ils en alleguent quelqu'vn, tout aussi tost ils nous y attachent la fauceté. Nous le pouuons donc nier aussi hardiment, comme effrontément ceux, qui disent l'auoir tiré de ces vieux escriuains, l'asseurent falsifians bien souuent leur texte, & les faisant ordinairement, parler cōtre leur intention & volōté. Mais que ne ferōt pas ceux, qui osent supposer des liures entiers à l'escriture saincte, & en desaduoüer des entiers, en attacher mille beaux traicts, & mille beaux mots, y remettre mille des leurs, condamner la doctrine des anciens, & haut loüer sur le theatre leurs songes & inuentions?

4
La preuue
qu'on tire de
Marian.

IL FAVT considerer sur ceste preuue, que ceux, qui ont touché quelque chose de

cest

cest estrange accident, asseurent Martinus Polonus en auoir parlé le premier, sans qu'ils
ayent faict mention de Martinus, lequel depuis les Allemans alleguent, pour autheur pri-
mitif de ceste histoire. A la verité en l'impres-
sion de ce liure faite à Basle l'an 1550. il en est
faict mention : mais de tres-bons autheurs tes-
moignent, qu'ez exemplaires, qui se trouuent
du vieux coing, il n'en y a pas vn mot. Et celuy qui a faict imprimer à Cologne le metro-
pol d'Albert Krant escrit auoir veu des copies
anciennes, ou ce conte ne se trouue pas. Enco-
res faut il considerer en quelle façon, & en quels   *Mariā moine*
termes Marianus en parle. Il estoit moine de   *de Fulde.*
Fulde en Allemaigne, qui est le lieu, ou leur
Iane, à ce qu'ils disent, print sa premiere nourriture. C'estoit donc luy, qui en pouuoit parler plus asseurement, encor qu'il ait vescu plus
de deux cens ans apres le temps, qu'on dict.
ceste belle pucelle auoir tenu le siège. Et toutesfois il n'y a en tout son liure, que ce seul
mot. *A Leon succedat Iane deux ans cinq mois*
quatre iours, sans passer plus outre, n'y en dire
autre chose, combien que ez autres actes de
beaucoup moindre consequence, il s'estende
plus auant, comme il eust vray-semblablemēt
faict en celuy-cy, puisque ceste fille auoit esté
esleuée dans son conuent, & que c'estoit chose, qu'il pouuoit auoir apprinse de ses confre-
res de main en main. L'apparēce est tres-gran-
de que ce liure sorty des mains des Lutheriens,

riens, & par eux mis en lumiere a esté glosé
& corrompu, selon leur bonne coustume. Aussi ceux, qui ont vescu depuis , ne se sont aidez
de l'authorité de ce Marian , pour confirmer
leur nouueau pontife, comme ils eussent faict,
veu que c'estoit le plus proche de ce temps là.
Donnons leur cela contre la verité, puis qu'ils
veulent, que Marianus en ait parlé le premier.
Si faut il qu'on m'accorde, que c'est chose trop
essloignee de son siecle , pour nous en apporter
les premieres nouuelles, sans nul autheur pour
garant. Il ne peut raconter l'an 1085. auquel
temps il mourut , comme escrit Tritheme,
ce qui estoit aduenu l'an 854. si ce n'est par vn
incertain oüir dire. Il y a deux cens trente vn
an entre deux : & n'est non plus croyable que
seroit l'historien de ce temps icy , qui oseroit
escrire nostre Loys vnziesme auoir esté à la
conqueste de la terre sancte, ou que Charles
huictiesme fut couronné Empereur à Rome.
Seroit il raisonnable de le croire, sans nous dire quels sont ses tesmoins ? La façon de laquelle on a faict parler ce Marian , monstre que
c'est vne addition, côme on pourra facilement
remarquer par ce, qui sera dict cy apres.

5
La preuue pri
se de M. Po-
lonus.
QVANT à Martinus Polonus ayant à
leur conte vescu 470. ans apres la Papesse, cô-
ment peut on asseoir iugement certain sur son
dire, en vne chose que luy mesme nous donne
pour incertaine, & sans tesmoignage , comme
on pourra voir par ses mots, lesquels ie n'ay
voulu

voulu coucher en ſon latin, non plus que les
autres, parce que ce diſcours pourra tomber és
mains de ceux qui n'ont cognoiſſance de ceſté
langue, & qui toutefois, comme s'ils auoyent
droiɗ de iugement ſur toutes choſes, s'eſlan-
cent plus volontiers & plus hardiment à don-
ner leur aduis, & iuger ce qui eſt le plus impor- *De l'igno-*
tant. L'ignorance mere de temerité, de folie, *rance.*
& d'inconſideration, ainſi que Thucidide l'appelle, nous couure le iugement & la raiſon a-
uec vn bandeau, & neantmoins elle nous veut
faire diſcerner les choſes plus mal-aiſees, & où
les plus ſcauans ne peuuent arriuer, qu'auec
vn treſgrand iugement, vn diſcours exaɗemět
recherché, vne viuacité d'entendement, aydee
d'vn long eſtude. Elle veut que de prime abort,
ſans nulle preuue, nous decidions de toutes
choſes, meſmes en la religion, ce qui a enfanté tant de ſeɗes, qui ont trauaillé & mis en
pieces la Chreſtienté. Voicy donc ce que Martinus Polonus en diɗ, traduit de mot à mot,
ſans qu'il y ait rien du mien, que la ſimple &
nue verſion, non plus qu'és autres, que ie vous
ameneray cy apres, lors que l'occaſion ſe pre-
ſentera. *Apres Leon 4. Iean Anglois de Ma-*
iance à tenu le ſiege deux ans cinq mois quatre
iours: & mourut à Rome. Ceſtuy-cy, comme on
dit, fut femme, laquelle ayant eſté conduitte en
ſon enfance, habillee en homme, par quelque ſien
amoureux, en la ville d'Athenes, proffita de telle
ſorte en diuerſes ſciences, qu'elle ne trouuoit ſon

B   *pareil.*

pareil. De façon qu'estant de retour à Rome, lisant
l'espace de trois ans, elle eut plusieurs graues & sça-
uans auditeurs. Et comme cela luy eust acquis en la
ville, vne grande reputation de suffisance, d'vn cō-
mun consentement, elle fut esleuë Pape. Mais ayant
esté engrossée par vn sien domestique, ignorant le
temps de son accouchement, elle enfanta en la ruë
de sainct Iean de Latran, où estant morte, elle fut
enseuelie, comme on dit.

S V R cest autheur, qui a vescu tant d'annees apres, les forgeurs de la Pseudo-Papesse
ont prins leur modelle, & ietté leur principal
fondement, lequel toutesfois sorty de mesme
main est fort suspect. I o s i a s Simbler, ministre de Zurich, qui a augmenté la Biblioteque
que de Conrad Gesner, confesse qu'il a leu
quatre exemplaires de ce Martinus, lesquels
se voyent encores auiourd'huy, dans vne li-
braire, qu'on appelle Dressere, tous differens,
diuers, plus amples les vns que les autres. I'en
ay vn vieux qui ne raporte pas à celuy que Suf-
fridus, Petrus Leouadiensis Frisius à fait imprimer l'an 1573. lequel confesse auoir ramassé a-
uec beaucoup de curiosité çà & là les anciens
exemplaires, pour purger les erreurs & fautes
lourdes & grossieres que l'ignorance ou malice d'aucuns auoyent fait glisser dans cest autheur. Ie ne me puis assez esmerueiller, dict il,
cóment tant de choses ont peu couler chez ce
Martinus, qu'on voit dans sa premiere edition,
lesquelles ne se trouuent pas dans les manu-
                                                    scrits,

Apparēce de suppositiō en Martinus Polonus.

Diuers Martins.

ſcrits, ſans qu'il y ait apparence, que Martinus
y ait ſeulement penſé, tant s'en faut qu'il les
euſt voulu laiſſer par eſcrit. Que ſi cela euſt
eſté battu de ſon coin, il euſt monſtré tout par
tout, ſa ſimplicité & ignorance. Ceſte incertitude monſtre aſſez, quelle foy on doit adiouſter à ceſt autheur, & à ſes ſemblables, qui eſ- *Nigedan*
criuent à veuë de pays, & nous laiſſent des fables pour hiſtoires. Car encores que ce ſoyent
pieces baſtardes, elles ſont neātmoins receuës
pour legitimes. Ayant recherché auec autant
de curioſité que le lieu où ie ſuis me l'a peu
permettre, tout ce qui ſe peut dire ſur ceſte
matiere, il m'eſt tombé en main vn vieux liure
manu-ſcript, contenant la vie des Papes &
Empereurs, l'Autheur ſe nomme Martinus,
dans lequel i'ay rencontré ceſte Iane mitree.
Ie ne ſçay ſi pour la conformité des noms on
a fait dire à Martinus Polonus ce que ceſt autre Martin a eſcrit, lequel n'a iamais eſté imprimé que ie ſçache, ie n'ay peu deſcouurir autre choſe de luy, ſi ce n'eſt qu'il eſtoit Allemād.
Cela a de l'apparence, attendu meſmement la
diuerſité des exemplaires cottez par Simbler.
On voit auſſi vne autre chronique d'vn Mar- *Ignorance de*
tinus remplie de mille aſneries. Quand il parle *vn Martinus*
des affaires des Romains, il monſtre qu'il n'a
pas ſeulement veu les liures, qui ſont és mains
des plus ieunes apprentifs au college. Aux on-
gles on cognoiſtra le Lyon. C'eſt luy qui nous
apporte les nouuelles, que Pompilius pere de

Numa fut le premier successeur de Romulus: que Numa Pompilius fut creé Tribun du peuple : que le temple de Pantheon construit par Agrippa , estoit le temple de Cibelle mere des Dieux : Que ce tant fameux Amphiteatre de Titus estoit le temple du Soleil: Que le temple eternel, ou bien le temple de la paix tomba la mesme nuict,que Iesus Christ nasquit:& telles autres ineptes inepties,que ie laisse,Dans ce fidele autheur,le discours de la vie & de la mort de Iane la Papesse se trouue. Peut estre que sur la conscience de cest ignorāt , ou de quelqu'vn de ces Martins,ceux qui sont venus apres, ont couché dedans leurs escrits le nom de ceste Iane imaginaire.Ils ameinent aussi le tesmoignage d'Higeden.C'estoit vn Anglois non plus digne de foy que les autres , puis qu'il a vescu 496. ans apres leur Iane. Il n'est pas raisonnable de le croire,sans qu'il allegue d'où il a prins ses memoires , & moins encor les autres qui sont venus apres luy , esquels ie remarqueray infinies diuersitez & contradictions.

CHAPITRE III.

Com

COMME vn Sculpteur, lequel ayant
rencontré vne image en relief groſſierement pouſſee, & de laquelle le premier
ouurier auoit ſeulement oſté les plus lourdes parties de la matiere, ouurage neantmoins, qui dans ſon imperfection, parmy
les traicts hardis, monſtroit la perfection de
ſon maiſtre, la polit & nettoye iuſques à ce
qu'il ſoit venü à bout de ſon deſſeing, taſ-
chant apres la faire paſſer pour antique.
Tout de meſme, pluſieurs nouueaux maiſtres
voulant repreſenter ceſte idole dans le Pontificat, ne ſe ſont pas contentez de nous dire, a-
uec les premiers autheurs; le bruit a eſté, on
dit que cy deuant vne femme Allemande, ou
Angloiſe a eſté eſleuee à la Papauté : mais ils
l'ont autrement ajancee, polie, & fardee par
deſſus tout ce qu'on leur en auoit laiſſé. Ils
ont enrichy leur conte de pluſieurs choſes
vray-ſemblables, à fin que le menſonge meſlé auec quelque peu d'apparence de vray,
euſt plus de pouuoir d'attirer les lecteurs,
tout ainſi qu'en la peinture les couleurs ont
plus d'efficace, pour eſmouuoir & tromper
noſtre iugement, que le traict ſimple du craïö.
Ce ſont des gens, que la nature a frappé d'vn
faux coin, ainſi que diſoit Sineſe de tels faux
eſcriuains à l'Empereur Arcadius. De ce nombre eſt Bocace, qui viuoit l'an 1375. Ceſtuy-
cy au liure des femmes illuſtres, a faict por-
traire ce monſtre, s'accouchant en proceſſion
B 3 gene

generale entre les bras de ses Cardinaux, ayant
graué ces vers au front de son tableau, lesquels
traduits du Latin disent,

Iane scauäte en dol, scauäte aux sainctes lettres
Par grand subtilité, fut de nom Pape faict:
Mais ayant enfanté au milieu de ses prestres
Monstra bien qu'elle estoit femme fine en effet.

mais, il deuoit dire tout au rebours,

Monstra qu'elle n'estoit femme fine en effect.

Deduisant tout au long ceste belle histoire, il
dict, qu'elle estoit Allemande, ayant estudié en
Angleterre, auec vn ieune escollier son mignon,
lequel estant mort, sans se vouloir donner à vn autre, s'en alla à Rome, où elle se rendit admirable,
tant pour son scauoir, qu'à raison de sa bonne vie,
de sorte qu'apres la mort de Leon 5. elle fut creée
Pape. Mais Dieu, dit il, ayant pitié de son peuple, ne voulut souffrir qu'il fust si meschamment
trompé par vne femme. De sorte que le malin
esprit, qui luy auoit donné l'audace d'entreprendre vne telle meschanceté, estant en ce souerain
degré l'incita à paillarder. Elle n'eust pas faute
de commodité, de sorte qu'apres elle deuint enceinte. O grande meschanceté! ô inouye patience &
bonté de Dieu! Mais celle qui auoit enchanté les
yeux de tout le monde, perdit le sens, & ne sceut
cacher son accouchement. Car n'ayant loisir d'appeller vne sage femme, elle eust son enfant cele-
brant le diuin seruice. Et par ce qu'elle auoit ainsi
trompé le monde, la miserable fondant en larmes, fut enuoyee en vne prison obscure, par le commande

La Papesse
enuoyee en
prison.

mandement des peres. Ce Florentin , comme vous verrez ; ne s'accorde pas auec les autres, soit en sa nourriture , en sa succession , ou en sa mort.

E N voicy vn autre,qui a outrepassé la mesme impudence. Il s'est bien eslancé plus auant que tous ceux qui l'auoyent deuancé , en parlant de telle façon,qu'on diroit qu'il a veu toutes les particularitez qu'ils s'imaginent de la creation & mort de ceste Iane.Aussi tous ceux qui sont venus depuis, ont tiré de ce fidelle autheur tout ce qu'ils en ont publié. C'est Iean Ballee Anglois,qui n'est mort que depuis trois iours. Par tous ses escrits il est aisé à voir de quel esprit il a esté poussé : & combien il auoit le goust malade en noz affaires,estant non seulement ennemy du siege Apostolique , mais aussi de la religió Catholique.Il estoit si acharné tout le iour à remplir ses escrits d'iniures, qu'il ne se peut faire que la plus part du temps il ne s'entretint en ces fantaisies:

Songeant la nuict ce qu'il vouloit le iour, comme disoit Terence, lesquelles apres il couchoit dans son liure.Aussi,dit Ciceron,l'ayant emprunté de Platon au neufiesme de la Republique, que quand la partie de l'ame, qui est participante de la raison& du iugement , languit assopie en ceux qui reposent , l'autre partie, qui est farouche & brutale,& quelque fois tormentee de l'horreur des excez , dont elle est coulpable, vague auec vne grande inquietude

2
Iean Ballee transporté de haine.

& licence infinie en dormant , de forte qu'il
nous apparoift des chofes en fonge, fans iugement, & qui n'ont ny tefte ny queuë , & ordinairement felon noftre humeur & inclination.

Comme le chien dormant, ne fonge qu'à la panfe:
Außi rien qu'aux poiffons, fommeillât ie ne penfe,
dit le pefcheur dans Theocrite. Ce Ballee en a
fait de mefme : Car qui ofera dire, que ce foit
autre chofe, qu'vn fonge inepte & fantafque,
ce qu'il a efcrit de cefte putain, qu'il loge fi à
propos , & auec tant de belles pieces , dans le
fiege Pontifical ? l'euffe voulu , pour la honte
que i'en ay, fupprimer fon texte,& tout ce que
il dit de fa Papeffe : mais parce que cefte derniere vollee a fuiuy & fecondé à pas redou-
blez ceft Anglois, qu'ils ont fait imprimer en
toutes langues , & que c'eft leur principal autheur, ie l'ay laiffé aller fon train. Encores eft
il bien modefte, eu efgard aux autres traicts de
fon liure. Car à tous les coups qu'il parle du
fiege Romain ,

Toufiours au nés la colere luy pend,
comme difoit Theocrite de quelque autre.
Voicy ce qu'il en dit , felon la verfion qu'ils
en ont fait.

I E A N *huictiefme de ce nom , lequel print*
le nom d'Angloù , à caufe d'vn certain moine
natif d'Angleterre , demeurant en l'Abbaye de
Fulde , lequel il aymoit fingulierement : quant
à fon office a efté Pape , mais quant au fexe il fut
femme. Cefte fille eftoit Allemande de nation,

                                        natifue

3
Hiftoire de la
Papeffe felon
Balee.

natifue de Maiance, & nommée premierement
Geliberte, feignant eftre homme en ayant prins
les accoutremens s'en alla à Athenes, auec fon
amoureux de moine. Or comme ainfi foit, qu'elle
euft fingulierement profité en toute forté de fcien-
ces, apres la mort d'iceluy, elle s'en reuint à Rome diffimulant toufiours qu'elle fut femme eftant
d'vn efprit fort aigu, & auffi pour ce qu'elle auoit
la grace de bien & promptement parler, aux difputes & leçons publiques, & que plufieurs admi-
royent fon fçauoir, elle gaigna fi bien le cœur de
tous, qu'apres la mort de Leon, elle fut efleuë Pape, & confera les faincts ordres, comme ils les appellent, elle fit des preftres, & diacres. Elle ordonna des Euefques. Elle confacra des temples & autels. Elle prefenta fes pieds, pour eftre baifez, & fit
tout ce que les autres Papes Romains ont accouftumé faire. Or ce pendant qu'elle eftoit en ceft
eftat de Pape, elle fut renduë enceinte par vn
fien chapelain Cardinal, qui fçauoit bien de quel
fexe elle eftoit. Et comme elle alloit en quelque
proceffion folemnelle, à l'Eglife de Latran, elle
accoucha de fon enfant, entre le Colofe & le temple de fainct Clement, au milieu de la ville de
Rome, en la mefme place, en la rue publique, en
la prefence de tout le peuple Romain, & rendit
l'ame au mefme lieu en accouchant. Ce qui aduint
l'an 857. A caufe d'vn tel forfait, & qu'elle auoit
ainfi enfanté en public, elle fut priuee de tout
l'honneur, qu'on auoit accouftumé faire aux Papes. Ainfi elle fut enfeuelie fans aucune pompe

B 5

papa

*papale. Funcius ne faict point de doubte (adiou-
fte le mefme Ballee) de dire que cela a efté permis de Dieu, que cefte femme fut efleuee à la
Papauté,& quant & quant qu'elle fut paillarde,
& telle prouuee publiquement, pource qu'en ce
temps là, elle rendoit fubiects à foy les Roys, affin
qu'ils recogneuffent l'Ante-Chrift pour leur Roy.*
Ne diriez-vous pas,qu'il allegue l'authorité de
quelque fainct perfonnage d'vne rare & finguliere erudition, qui n'a l'ame tranfportee
d'aucune paffion?Et toutesfois ce Funcius Lutherien pour fes demerites mourut en vn gibet,prefque au mefme temps,que Ballee efcriuoit. Il fuit apres. *Or affin que les Papes & peres
oincts, femblent auoir vn tel forfaict en deteffa-
tion,ils fe deftournēt de cefte place là, comme d'vn
lieu fort fufpect, à caufe d'vn mauuais prefage. On
dict,que cefte docte & fubtile femme a compofé vn
liure de Magie.*

Funcius pen-
du.

4
Efcriuains ca
lomniateurs.

MAIS d'où eft ce que ceft homme a faict
fortir fa Geliberte,entretenue d'vn moine, engroffee d'vn Cardinal, & quoy qu'elle fut Allemande,prinfe pour vn Anglois,& tout le refte de fon conte ridicule? Qu'eft-ce beau liure
de magie?

*Ce ne font rien que fonges,
Que Chimeres en l'air, que fables que menfonges.*
Le forcier Agrippa,lequel fait mētion de cefte
Papeffe,n'en parle pas. Il euft fçeu volontiers
quelque chofe de ce liure. Ce font des pieces
de fon inuention,auec plufieurs autres, que ie
laiffe.

Agrippa.

laiffe, pour ne noircir mon ouurage, pleines
d'iniures & vilenies, & encores ineptes & ri-
dicules.

Il n'eft riẽ ſi faſcheux, qu'vn brocard mal plaiſant.
Et faut, comme l'on dict, bien dire en meſdiſant,
Veu que le loüer meſme eſt ſouuent odieux.

Ceſt le propre de ces eſcriuains d'eſtre riches
en meſdiſance, & aux deſpens d'autruy forger
mille inuentions. C'eſt le champ où ils s'exer-
cent, & auquel ils cueillent leurs lauriers &
leurs trophees. Ceſt vn vice tref-difforme, &
vne ſale rouilleure d'ame, que l'inclination a
meſdire. Ceſt vn vice ennemy de la verité, qui
naturellemẽt induit les eſprits, où il ſe trouue,
au deſcry de la vertu: & qui n'a autre fin, que
de ruiner & abattre le bon nom d'autruy. Ceſt
là où il viſe inceſſamment. Suiuons donc l'exẽ-
ple de Liſander, ce grand admiral de Lacede-
mone, lequel deſchiré d'iniures diſoit, Vomiſ-
ſez hardiment & ſouuent, & ne vous y eſpar-
gnez pas, pour vuider vos ames de leur propre
aliment & nourriture: Et empruntons le conte
plaiſant que faict Seneque de Demetrius, contre telle maniere de vains & malicieux calomniateurs.

LES ennemis du ſainct ſiege ont non ſeulement ſuiuy ceſt autheur, mais entaſſé iniures
ſur iniures. Des l'entree de leurs ſeditions ils
nous ont faict voir vn liure intitulé l'eſtat de
l'Egliſe, où, entre autres beaux pourtraicts, ils
ont repreſenté vn tableau plus hideux, que ne
fut

(marginal notes: De la meſdi- ſance. ; Tableau de la Papeſſe.)

fut iamais celuy de Charefanes rapportant la figure de cefte femme trainee en enfer par quatre ou cinq diables, qui la mettent en pieces. *Le fiege Romain, dict le mefme autheur, à machiné trahifon, meurtres, changemens ou tranfport de Royaumes, de forte que finalement l'Eglife fous leur gouuernement, eft deuenue totallement la paillarde, de laquelle eft parlé en l'Apocalypfe. Et pour mieux defcouurir la chofe, le feigneur en a monftré la verité à tout le monde en ce Pape qui s'enfuit Iean 8. lequel eftant femme paillarde a monftré en fon corps, le vray pourtraict de la grãde paillarde fpirituelle des Papes de Rome, laquelle defpuis s'eft de plus en plus manifefté.* Puis apres il couche mot à mot tout le texte de Ballee, babillant tout par tout de l'eftat Ecclefiaftique, non moins impudemment que malitieufement.

6
De Iaques
Curio.

I A Q V E S Curio en fa chronique à fuiuy ceft Anglois, & apres auoir faict promener cefte Geliberte par tous les Conuents des Chreftiens Grecs & Latins, auec fon amy, qui eftoit moine, car fans cela le conte n'auroit pas bonne grace, il la loge dans la chaire S. Pierre comme les autres, mais foubs le nom de Iean

Ian. 7.

7. Oyes encor fes mots. *Benoift troifiefme efleu apres cefte paillarde fucceda à cefte mefchante chaire, apres qu'on luy euft manié fes parties fecrettes: affin qu'on n'y fut trompé, comme on auoit efté en Iane peu auant.* Ne diroit-on pas qu'il en a faict l'office? Certes i'ay honte qu'on

qu'on voye icy les effrontees calomnies de ces
mesdisans, chacun desquels en discourt à sa
fantasie,& selon son goust. Les oreilles des lecteurs,qui auront tant soit peu de conscience,
seront lasses de les entendre, & moy encores
plus de les escrire.On doit fuir tant qu'on peut
ces rencontres.

Comme le corps,de l'espee est blessé,
Ainsi l'esprit est des mots offencé,

disoit le Comique. Ie n'ay peu euiter ces mauuais pas, puis qu'il m'a esté besoin, pour leur
respōdre,ramasser en vn ce qu'ils en ont escrit.

CHAPITRE IIII.

TANT plus on recherche & approfon-
dit leur conte, plus la faucetê se descouure. On n'en voit iamais le bout, non plus
que de la toille du mensonge, il est sans fin &
sans terme. La verité est vne : le mensonge infiny, & vn monstre à plusieurs testes. C'est vn
bastiment composé de plusieurs pieces mal as-
sem

1
Le mensonge
tousiours di-
uers & la ve-
rité tousiours
vne.

semblees,qui se laschét l'vne l'autre au premier
hurt : il entre-baille de tous costez : la verité
penetre au dedans. Il n'y a rien si foible, que le
mensonge dit le doré Chrisostome, comme au
cótraire il n'y a rié si fort, que la verité, escrit S.
Aug. Le mensonge est errant & cófus, sans guide ny addresse , ayant cela de propre & de particulier que iamais il ne se raporte à soy-mesme. Tousiours la diuersité & contradiction
tiét le plus haut lieu. Ce n'est pas cóme la verité fille des Dieux, qui est simple, qui n'a qu'vn
seul visage, q ne se peut laisser couurir ny mas-
quer à ces autheurs : qui reiette ces imposta-
res, & l'artifice de ces ornemens estranges.

La verité d'vn cube droict se forme
Cube contraire au leger mouuement:
Son plan carré iamais ne se desment:
Et en tout sens à tousiours mesme forme,

comme a chanté Pibrac, l'ayant prins par emprunt de Suidas, en la question qu'il fait, pour-
Force de la quoy les figures de Mercure sont Tetragones.
verité. Son effect & son pouuoir, dit Ciceron, à tousiours esté si grand , que iamais il n'y a eu cons-
piration , ruse , engin , art humain , qui l'ait
peu subuertir & accabler. Et bien qu'elle n'ait
en ses causes aucun aduocat ou deffenseur , si
est-ce, que d'elle mesme elle se deffend gaillar-
dement. Car le propre de la verité est de vain-
cre,& du mensonge d'estre vaincu. Ie m'asseure,qu'en la dispute où nous sommes, elle se
maintiendra en sa reputation.

CES

CES quatre roides Lutheriens, Illiricus, Ingandus, Iudex, & Faber, autheurs des Centuries de Magdebourg ont fouuent, pour marquer le fiege Romain de cefte infamie, reprefenté le conte de cefte Iane, non pas en fon naturel, mais bien autrement, qu'ils ne l'auoient trouué, chez les Allemans, qui en ont les premiers faiⱶ monftre à la Chreftienté. C'eft vn œuure d'vn tref-grand labeur, qu'ils ont entreprins, péfant effacer les marques de la vraye Eglife de Dieu. Mais ô merueilleufe prouidence celefte, quelque artifice qu'ils ayent fçeu apporter par leurs propres efcrits, l'antiquité de la Religion Catholique Apoftolique & Romaine fe monftre clairement. Il ne faut autres liures, pour leur condamnation. Face le ciel, que ce fecretaire de l'antiquité, Cefar Baronius puiffe venir à bout de fon deffein, & de ce grⱶd ouurage, qu'il a heureufement conduit iufques à Iulien l'Apoftat, afin que les impoftures & calomnies de ces Centuriateurs foient plus à plain defcouuertes. Ie n'ay voulu eftendre icy au long ce qu'ils ont efcrit de cefte fable, car ils parlent fans authorité. Ils affeurent qu'elle fut efleüe pontife du confentement du Clergé, du peuple & de l'Empereur. Puis racontant fes paillardifes, difent qu'elle fut engroffee d'vn Cardinal. *Mais qui croira*, font-ils, *cefte effrontee paillarde s'eftre contentee d'vn feul?* Et pour preuue de tout leur difcours, qui eft fort long, ils fe couurent du tefmoignage de ceux, que

i'ay

1
Des quatre Cêturiateurs.

Cefar Baronius fecretaire de l'antiquité.

i'ay cy deuant alleguez, efquels il eft bien aifé
de defcouurir le peu de folidité,qui s'y trouue:
Auffi tous ceux là ne difent rien de Geliberte,
de fa mere, du conuent où elle fut nourrie en
Allemagne, du liure qu'elle efcriuit de la Magie. Ils ont adioufté toutes ces couleurs foubs
la foy de fes derniers autheurs : & faict mention de la confirmation de l'Empereur,dequoy
nul des anciens n'auoit parlé. Ie dis anciens,
& toutesfois efloignez de trois, quatre,cinq &
fix cens ans de cefte Pfeudo-Papeffe. Reue-
nons à ceux,qui femblent auoir plus de credit,
pour auoir moins de paffion.

3
De la preuue
tiree de Pla-
tine.
PLATINE efcriuain renommé de la vie
des Papes,& qui eft en la main de tous, eft en
partie caufe,que ce menfonge eft entré en credit plus qu'il n'auoit fait au parauant. Car côme on a veu, qu'vn tel hiftorien en auoit faict
le difcours, on n'a pas prins la peine d'en rechercher à plain fons la verité, ny confiderer,
que ceft autheur fe monftre par tous fes efcrits
leger,inconftant,& volage. Il ne faut, que le
côfiderer feulement fur ce faict,le plus impor-
tant qu'il euft fçeu coucher dans fon hiftoire
pontificale. Apres qu'il a raconté cefte belle
fable,fuyuant ce qu'il auoit leu dans vn Martinus, qu'il allegue, ceft à deuiner, quel c'eft de
trois ou quatre qu'il en y a, il failloit que Platine parlaft par leur bouche,ou de Marian, car
il n'en pouuoit rien fçauoir, que par vn ouyr
dire, & encor de bien loing,parce qu'il viuoit

l'an

l'an 1481. Voicy fes mots : *Ce que i'ay efcrit eft tenu communement par des autheurs incertains & de peu d'eftime. Laiffons nous donc aller à l'erreur du commun.* Cela ne fent-il pas fon homme qui prend tout pour argent contant, qui s'ayde de toutes pieces, à fin de groffir fon hiftoire de fables, comme on voit, qu'il aduient fouuent, mefmes à ceux qui efcriuent ce qui fe fait à noz foyers & à noz portes, lefquels contre leur propre confcience, mettent dans leurs liures, des pieces empruntees, pour monftrer ou qu'ils ne les ont pas ignorees, ou pour plaire auec telles bigarrures aux lecteurs, comme à fait Platine? Car il eft aifé à iuger, que ce qu'il en a efcrit eft pour faire voir qu'il n'a ignoré ce que d'autres en auoyent dit deuant luy, & non pour y adioufter foy, le tenant luy mefmes pour chofe incertaine, faifant cependant cefte lourde faute, de paffer foubs filence ce qui le faifoit entrer en doute, que tout ce qu'on difoit de Iane, eftoit inuenté à plaifir. Il eftoit affez mal affectionné aux Papes, pour en parler autrement, s'il y euft trouué apparence de verité. Car le Pape Paul 2. apres luy auoir fait donner la geine, le priua de tous honneurs & dignitez, & le confina en prifon, où il demeura tant qu'il vefquit. Ils amenent encor l'authorité d'vn Herman Schedel, mais ceftuycy viuoit l'an 1493. & encor en faifant le recit dans fon regiftre du monde, il n'en parle pas plus affeurément que les autres. Et pour toute preuue

Platine mal affectionné aux Papes.

Schedel.

C　　allegue

allegue seulement ce Martin.Ce n'eſt pas merueille, ſi Schedel en a voulu laiſſer quelques
marques:Il eſtoit de Noremberg, ville deſlors
infectee de l'erreur des Huſſites. Sabellique en
a fait de meſmes, & pour la confirmation de

ſabellique. tout ſon diſcours allegue ſeulement l'authorité de Platine, qui ne l'auoit deuancé que de
vingt trois ans, encor la fait-il marcher ſoubs
le nom de Iean ſeptiéme. Le meſme en a faict
le bon homme Bergomenſis en ſon ſuplement
des Chroniques, qui viuoit l'an 1503. Ie m'e-
ſtonne que ces hommes de lettres n'ont rougy
de honte, de reciter des choſes ſi eſloignees de
leur ſiecle,ſans quelque teſmoignage qui fuſt
receuable parmy les perſonnes d'entendemét.
Iean Lucide qui n'en dit qu'vn mot, auſſi eſtoit
il trop ieune pour en parler plus auant,luy dóne meſme rang de ſeptieſme.

　　N o z hiſtoriens & annaliſtes François ſuy-
Ce que les hi- uant ceſte vieille route,en ont touché quelque
ſtoriens Frã- choſe. Car pour l'embelliſſement de leur œu-
çois ont eſcrit ure, ils y ont voulu placer ceſte belle piece.
de la Papeſſe L'vn dict, qu'elle eſtoit fille treſ-belle, & de
　　　　　grand engin (c'eſt ſon mot) natifue d'Angle-
Ann. d'ac- terre, laquelle s'enamoura d'vn ieune eſcolier.
quitaine par- Puis deſduiſant le reſte du conte, recite que ce
tie 2. fut ſon valet de chambre, qui s'eſtãt ioué auec
elle,luy fit enfler le ventre,& qu'allant vn iour
à cheual par la ville,elle accoucha mourãt ſoudain ſur la place, ayant tenu le ſiege deux
ans, cinq mois, quatre iours : Et qu'apres ſa
　　　　　　　　　　　　　　mort,

mort, Nicolas premier fuſt eſleu. Ce qui aduint l'an 858. En quoy il deſment tous ceux
qui l'ont deuancé. Vn de ſes Cardinaux, au di- *Ann. Fran.*
re de ceſt autheur, ſe ioüant de la vie de ſon
maiſtre, ou plus toſt de ſa maiſtreſſe, en conſa-
cra la memoire dans ce beau vers,

Papa pater patrum papiſſa peperit partum.
Ie ne l'ay voulu rendre François, pour le groſſier rencontre de ſon latin aſſez aiſé à entendre. Voyla certes vn digne monument, & richement élabouré pour obliger noſtre creáce.
Si Virgile n'euſt peinct d'autre crayon ſa Phœ-
nicienne, le ſainct hôneur de ſa pudicité n'euſt
oncques eſté mis en diſpute. Vn autre de ces
nouueaux eſcriuains dict qu'elle eſtoit de Majance en Angleterre (c'eſt chercher Rome dás *Girard hiſto-*
Carthage)& qu'é l'aage de douze ans elle print *riographe de*
l'habit d'homme, mais eſtant eſleuë Pape, elle *France.*
tint le ſiege treize mois. Bernard de Girard hi-
ſtoriographe de France, qui fait honneur à noſtre Gaſcongne, n'a pas voulu, comme Paule
Æmyle, Gaguin, & les autres, qui ont auãt luy
illuſtré le nom François, tout autant que le ſiecle, auquel ils ont veſcu, l'a peu permettre,
faire voir à la France ſon hiſtoire, ſans que le
conte de Iane y paruſt. Toutesfois il confeſſe,
que quelques vns nient ce qu'on dit d'elle, &
cotte ſeulement le teſmoignage du ſecretaire
Anaſtaſe, que i'ameneray en ſon lieu.

EN VOICY d'vne autre façon. Theo- *5*
dore Zuingere en ſon laborieux recueil en par- *Autres nou-*
veaux contes
de la Papeſſe.

le ainſi, *Gɇliberte Angloiſe vierge de Maiance ſɇ*
deſroba de la maiſon de ſon pere,& ayant ſuiuy vn
ſien amy en Angleterre, changeant ſon nom & ſon
habit , s'exerça & au ieu de Venus, & aux liures.
Ce ieune homme mort , elle pouſſee du deſir d'ap-
prendre, s'en alla à Rome, & apres auoir leu quel-
ques ans, reluyſant, outre ſon ſçauoir,en toute ver-
tu & ſainɧeté, fut eſleuë Pape apres le treſpas de
Leon cinquieſme. Les voyla bien d'accord. Il ne
ſe parle icy de Fulde,ny d'Athenes , mais bien
d'Angleterre,où il la fait fugitiue. Toutesfois
il dit, qu'elle eſtoit Angloiſe, & au rebours
preſque de tous les autres la loge apres Leon
5. qui a veſcu l'an 804. Encor en y a il d'autres
qui luy font porter vn nom tout nouueau. *La*
ſubtilité & fineſſe,diſent-ils,de Iean 7. à ſurmonté
en ruſes & tröperies tous les eſprits, dont on ait onc
ouy parler:car eſtant femme Angloiſe , appellee
Agnés, peut eſtre fugitiue de ſa maiſon pour ſa vie
diſſolue,trompa le iugement de tous les Chreſtiens,
ſe faiſant non ſeulement eſtimer homme,mais auſſi
eſlire ſouuerain Pontiſe:lequel grade elle tint deux
ans. Ce renommé Hereſiarche Iean Hus,ayeul
de noz reformez (ce n'eſt pas leur faire iniure,
car ils l'auoüent pour tel)dans ſon liure de l'E-
gliſe l'appelle auſſi Agnes?Car il en a voulu dire quelque mot en paſſant , comme les autres.
Certains autheurs & eſcriuains Allemans di-
uerſifient auſſi ſon nom : Car l'vn diɧ qu'elle
s'appelloit Izabelle,l'autre Marguerite, l'autre
Iutte,encor vn autre Dorothee. Auquel eſt-ce
qu'on

To. M. 2. du
theatre Fulgo
ſius lib.2.cap.
3.Sebaſtia.
Francus.

qu'on s'arreſtera de tous ces autheurs, qui ſe
choquent ainſi l'vn l'autre, & qui parlent d'v-
ne choſe ſi eſloignee, auec vne merueilleuſe
aſſeurance, encor qu'ils ne faſſent que clorre
les yeux?Et neantmoins,Meſſieurs,de puiſſance abſoluë, & d'vne main ſouueraine vous no*
voulez obliger à les croire. Comme celuy qui   *Comparaiſon.*
entre dans le cabinet de quelque excellét pein-
tre, où vn grand nombre de tableaux ſe voyét
dreſſez & diſpoſez par ordre,iettant ſa veuë o-
res ſur l'vn,puis ſur l'autre,ne ſçait auquel s'arreſter,trouuant celuy cy ſelon ſa fantaſie, puis
auſſi toſt celuy là : De meſme qui voudra conſiderer tous ceux qui ont auec leur plume tiré
le tableau de ceſte Papeſſe, ſe trouuera bien
empeſché, pour ne ſçauoir ſur lequel aſſeoir
ſon iugement, & quel tenir pour veritable.

L A plus legere choſe du monde reuoquee   *8*
en doute, requiert pour le moins le teſmoin-   *Preuue de*
gnage de deux, qui s'accordent du temps, du   *peu de foy.*
lieu,& de toutes les circonſtances du faiƈt, &
ſur tout qu'ils depoſent de choſe qui ſoit de
leur cognoiſſance.Sur la foy de mille teſmoins
qui ne parlent que par ouyr dire, on ne peut
iuger de la vie,de l'honneur de quelqu'vn,non
pas meſmes de la plus petite choſe qui tombe
en diſpute,s'il eſt queſtion du faiƈt. Et neantmoins en celuy-cy de tel poids,& de ſi grande
conſequence, vous oſez aſſeoir iugement, &
nous voulez forcer en faire le meſme, ſur
ces gens qui vont çà & là cherchât ceſte porte

d'Iuoire,

d'Iuoire d'Homere, & de Virgile, pour representer les songes que leurs fantasies & imagi-
nations enfantent. Mais laissons ces Allemans,
qui ne font que naistre, lesquels depuis auoir
succé l'humeur de Luther, se sont toufiours
monstrez ennemis iurez de l'Eglise, qu'ils ont
tasché d'estaindre, mais en vain. Car auiour-

Des Luthe- d'huy la part Lutherienne est fort racourcie
riens qui per- Ceste vieille & fameuse guerriere, que nous
dent pied en nommons LA CATHOLIQVE, laquelle a
Allemagne. gaigné plus de deux cens batailles rangees côtre leurs deuanciers, ayant branslé à la premiere secousse, surprise dans le ventre de loy-
siueté (ce long calme presageoit vne tempeste
prochaine) s'est depuis si bien rafermie, & ras-
seuree en ces pays là, qu'elle se rid & se moque
de la foiblesse de ses aduersaires. Ceste docte
compagnie du nom de Iesus, le plus grand &
ferme rampart qui fut iamais contre les heresies, en rapporte tous les iours de riches trophees, & des glorieuses despouilles. Le mesme

Des François. bon heur adueint à nostre Fráce. Beze, que sont
deuenuës ces deux mille cent cinquáte Eglises
pretenduës, esparces parmy ce Royaume, qui
souloit estre exempt de mostres, dont tu allois
te glorifiant deuât le bon Roy Charles au Colloque de Poissy? Elles sont pour la plus part dis-

Comparaison. parues. Ce ne sont pas les marques de la vraye
Eglise, laquelle labouree par le soc des tour-
ments, semee de cedres, arrousee de sang & de
larmes, apporte tousiours de nouueaux fruicts.
C'est

C'eſt l'Egliſe Catholique , la vraye Egliſe , qui gaigne touſiours pays. Les Royaumes entiers viennent à elle. Les Roys & les Princes y rentrent la teſte beſſee pour faire hommage à celle qu'ils auoyent perſecutee. Mais laiſſant ce propos, qui nous entraineroit bien loin, reprenons le noſtre, & ſuyuons les autheurs qui ont parlé de la Papeſſe , leſquels ſemblent eſtre moins ſuſpects en ceſte matiere.

CHAPITRE V.

LES ennemis du ſainct Siege , pour le ſouſtien de leur opinion, font vn grand fondement ſur Sigisbert ancien Chroniqueur François : mais ſi on le ſonde iuſques à ſa premiere aſſiette, on le trouuera fort ruineux. Quand bien il en auroit eſcrit quelque choſe, la conſequence n'eſt pas bonne, que ce qu'il en dict ſoit veritable : Car il n'a peu aſſeurer ce qui s'eſt faict l'an 854. puis qu'il a eſcrit l'an 1131. ſans qu'il allegue ſes teſmoins ; or il n'en ameine aucun : doncques il ne peut, trois cens

De la preuue tirée de Sigiſbert.

C 4   ans

ans apres, nous en donner asseurance certaine.
D'ailleurs on sçait que Sigisbert estoit mal affectionné au siege Romain : & soustenoit le
party de l'Empereur Henry 4. ennemy iuré du
Pape, comme Trithemius asseure, & ses escrits
le monstrent assez. Et par ainsi son tesmoignage pourroit estre suspect. Mais sans auoir recours à ces fuittes, plus propres pour noz aduersaires que pour nous, qui allons le grand
chemin Royal, ie vous veux monstrer au doigt
encor qu'il soit mal aisé de combatre vne chose si anciéne, la supposition & addition faicte à
ce Chroniqueur. En quoy ceux là qui en sont
autheurs, se sont monstrez assez modestes.
Car voicy ce qu'ils luy font dire, *Le bruit est,*
ce Iean auoir esté femme, cogneuë seulement d'vn
sien domestique, des œuures duquel estant deuenuë
enceinte, elle accoucha estant Pape. Voyla pour-
quoy on ne la met en leur rang.

2
Robert du
Mōt a adiou-
sté à sigis-
bert. IL est certain, que Sigisbert n'a escript
ses annalles, que iusques en l'an 1112. quoy
qu'il ait vescu, comme nous auons dit, iusques
en l'an 1131. & toutesfois il se trouue des
exemplaires qui passent iusques en l'an 1216.
Tout cela a esté adiousté par Robert du
Mont, lequel a voulu continuer ce que Sigisbert auoit laissé. Il se peut faire que c'est luy
mesme qui a mis la main à ce qui se trouue de
la Papesse : puis qu'en son original, comme
il sera dict cy apres, il ne s'en dict rien : ou
que ce sont quelques broüillons, qui se meslent

lent de gloſer les liures d'autruy, auec toute liberté, ſans qu'ils facent conſcience de corrompre les bons autheurs, voire meſmes l'eſcritu-
re ſaincte. Ce liure de Sigisbert a paſſé par *Sigisbert cor-*
tant de mains, & ſoubs tant de diuerſes copies, *rompu.*
qu'il ne ſe faut eſtonner, s'il a eſté corrompu &
gaſté en beaucoup d'endroits, auant qu'il ait
veu le iour, qui fut l'an 1513. ſous les caracteres
de Robert Eſtienne, & ainſi plus de quatre cés
annees aprés la mort de ſon autheur. Antoine
Roux, à la diligence duquel il a eſté mis en lumiere, dict en ſon Epiſtre liminaire, qu'il l'a
coferé auec celle, qui eſt dans la librairie ſainct
Victor de Paris, & qu'il y a trouué vn' infinité d'additions, tirees de l'hiſtoire Angloiſe de
Galphridus Monumetenſis Anglois, lequel eſt
auſſi accuſé des ſuppoſitions & corruptions,
qui ſont dás ceſt autheur. On y remarque pluſieurs traicts, qu'il a adiouſté des ſiens. Alanus Copus auſſi Anglois en ſes dialogues l'en
accuſe fort, & dict qu'il a deſcouuert la fauceté & tromperie par la conference des vieux
exemplaires manu-ſcrits, & autres qu'il dict
auoir veu.

L E s liures de ceſte façon, faits à pieces *La Chronolo-*
rapportees & baſtons rompus, comme ſont les *gies ſubiectes*
Chronologies, ſont fort ſubiects aux gloſes *aux additions.*
de ceux, ez mains deſquels ils tombent. On y
voit ordinairement cent & cent creuaſſes, leſquelles ſont ramparees par le premier venu, &
de toute telle matiere qui luy vient en main: &

C ſ   bien

bien ſouuent calfutrees de quelque piece fauce. Chacun ſelon les annees adiouſte aiſément
ce qui à ſon aduis a eſté laiſſé par l'autheur, qui
ne peut auoir remarqué tout cè, qui eſt eſpars,
parmy la grande multitude de liures, que nous
auons, & confuſions des choſes aduenues ez
ſiecles paſſez. Qui eſt celuy de nous, qui ne gloſe & regloſe la Chronologie du docte P ο n-
t a e , & celle de G e n e b r a r d grand
maiſtre des langues , pour auoir & l'vn &
l'autre obmis, peut eſtre par meſgarde , quelques particularitez, ou ſciément paſſé par deſſus? Que ſi apres, ces liures apoſtillez tombent
en la main de quelque Imprimeur, il n'a garde
de faillir à faire paſſer tout ſoubs le nom de
ſon premier maiſtre, innocent toutefois des
fautes que ce gloſateur y pouuoit auoir com-
miſes.

Pontac.

Genebrard.

C'e s t ce meſme Galphridus, qui trop li-
centieuſement c'eſt eſlancé ſur la vie des ſaints
Peres, auec toute la faulceté & menterie du
monde, comme il eſt aiſé à voir par la conference de ce qu'en ont eſcrit Cromerus, Hermanus Contractus Otho Friſingenſis, Lambertus & autres, comme on peut remarquer
qu'il a faict ez vies de Silueſtre ſecond, Damaſe ſecond, Leon, & pluſieurs autres de nos
Papes. Et toutesfois Platine ne faict conſcience de s'aider bien ſouuent de ceſt impoſteur
Anglois, lequel ne s'eſt pas contenté d'eſcrire
ce qu'il a voulu, mais a corrompu les œuures
d'au

4
Galphridus a
corrompu Si-
gisbert.

d'autruy. Il n'y a rien plus dangereux, que la
lecture de tels autheurs, qui ont accouftumé
mettre toutes pierres en œuure. Il ne leur chaut
pourueu que leur liure groffiffe.

LA fauffeté, que nous difons auoir efté
commife en Sigisbert, fe monftre à l'œil par la
conference d'vn vieux autheur nommé Guillaume de Nangiac, qui a fait vne Chronique
iufques en l'an 1302. dans laquelle celle du Sigisbert eft tranfcrite, d'vn bout à l'autre, fans
qu'il y ait rien à defirer. Et toutesfois le feul
conte de cefte Papeffe ne s'y trouue pas. Pourquoy l'euft il obmis, veu que l'original, d'où il
dict l'auoir tiré, le pouuoit defmentir? Ce ma-
nufcrit fe voit encores auiourd'huy dans l'A-
baye de Gemblous pres Louuain, fi elle a ef-
chappé la rage des hommes de ce fiecle. C'eft
là, où noftre Sigisbert eftoit religieux. Son liure
y eft gardé fort curieufement par les moines,
pour le monftrer, comme chofe rare, lors que
quelques hommes de fçauoir vifitent leur có-
uent. Il eft efcrit de la main de Sigisbert, où il
ne fe dit rien de ce nouueau pontife. Ce fçauãt
Cordelier le Pere Protafius m'a iuré l'auoir
veu & affeuré qu'il n'y a pas vn mot de cefte
fable: auffi Onuffre, Genebrard & autres le tefmoignent. C'eft chofe bien aifee à verifier, fi
quelque incredule en veut prendre la peine. Le
mefme Onuffre efcrit, qu'ez anciennes copies,
qui fe trouuent de Sigisbert en Italie, prifes fur
l'original de Gemblous, & lefquelles fe voient
parmy

5
*Preuue de cê-
fte fauceté.*

*L'original de
Sigisbert.*

*Le Pere Pro-
tafius.*

parmy les anciennes librairies , il ne s'en parle
non plus.

C E-S T E refponce que nous leur donnons,
que ce font fuppofitions & faucetez , ne doit
eftre trouuee eftrange de nos reformez , veu
que c'eft la plus forte raifon , de laquelle ils
font bouclier. C'eft leur huys de derriere. Ceft
leur fauce-porte, pour efchapper, lors que nous
leur reprefentons l'antiquité de l'Eglife Romaine, fondee & eftablie par fainct Pierre. Ce
font, difent-ils, des additions : ce font fuppofitions, en Irenee, Tertullian, Eufebe, Athanafe,
& autres forties de l'ouuroir des Papiftes. Mais
où eft la preuue de leur dire ? où monftrent-ils
la faucete ? où font les vicieux exemplaires,
qu'ils nous reprefentent ? Pour toute preuue
c'eft leur tefmoignage, fans qu'ils no° puiffent
fournir d'autre chofe, ny faire voir, cóme nous
faifons, mille lieux par eux corrompus & tron-
quez. Ils font parties, il n'eft pas raifonnable de
les croire, fans auoir bons titres en main : veulent ils eftre iuges & parties ?

Vn iuge partial ne fçauroit bien iuger.

C'eft affez debatu la legere preuue, qu'ils ti-
rent de Sigisbert , lequel trois cens ans apres,
quand bien les mots feroient à luy, en parle a-
uec vn on dict.

CHA

CHAPITRE VI.

VOICI vn'autre fuppofition aufli claire & plus impudente, que celle que nous venons de remarquer en Sigisbert. Calcondi-le autheur Grec, qui a efcrit & tref-bien reprefenté l'Empire de Grece,& la grandeur des Othomans,à faict mention, difent-il,du Pape Iane.Quand il feroit vray, cela ne feroit trouué eftrãge , & ne leur dóneroit aucũ aduãtage: Car ce conte pourroit bien auoir efté porté à Conftantinople, puis qu'au temps qu'il efcrit, dont il n'y a gueres plus de cent ans, veu qu'il viuoit l'an 1462.le peuple de l'Europe Latine en eftoit abreué. Vous pourrez vous contenir de rire lifant ce qu'on a faict dire à ceft hiftorié,& la raifon,qu'ils luy font rẽdre,pour prouuer que cefte Lais auoit peu facilement celer fon fexe. D'autãt, dit il, que tous les occidentaux razent leur barbe , & principalement les Italiens. S'il s'eft trompé en chofe fi euidemmẽt fauce, comme chacun fçait , quelle foy eft ce qu'on y doit adioufter, lors qu'il raconte ce qui eft fort efloigné de fon temps,de fa demeure , & de fa

cognoif-

*De la fuppo-
fition faite à
Calcondile.*

*Calcõdile vi-
uoit l'ã 1462.*

cognoiffance? Il s'efcarte par trop, lors qu'il fe
veut mefler de nos affaires, comme quand parlant des Anglois il vfe de ces mots. *Ils n'ont*
Des Anglois. *pas grand foin ny de leurs enfans, ny de leurs fem-*
mes. *Voila pourquoy par toute leur Ifle on garde*
cefte couftume qu'eftant quelqu'vn prié en la mai-
fon d'autruy, il couche auec la femme de fon amy,
qui la prié, lequel apres le reçoit auec beaucoup
de courtoifie. Voyageant auffi par fois ils font com-
munauté de femmes: & ne trouuent pas vilain ny
eftrange de voir leurs filles enceintes.

Faucété de LA PREVVE donc, que lon pourroit ti-
Conrad Clau- rer de cest autheur, eft fi foible que rié plus. El-
fer. le ne meriteroit, que ie m'y arreftaffe plus longuement, fi ie n'auois icy beaucoup de prife fur
ce fauffaire Conrad Claufer, lequel a faict parler Latin Calcondile. Ce gentil autheur Athenien, laiffant fon pays pour fe promener fur
le noftre (mais le plus fouuent mal à propos)
racôte la façon de la creation de nos pontifes,
où il ne parle vn feul mot de cefte Iane, comme on peut voir par la belle traduction de noftre Varron Frãçois Blaife de VIGENERE,
lequel n'euft iamais voulu corrompre le texte
B. de Vigene- de cest autheur, ny faire ceft infame larrecin
re Varron de luy defrober prefque vne page entiere. En fa
François. preface il nous affeure, qu'il l'a reprefenté auec
toute la fidelité qu'il a peu, l'ayant retiré d'vn
vieux exemplaire Grec, qu'il dict auoir eu de
M. de fainct André, grand amateur de la vertu & des bónes lettres. Il eft trop bon maiftre,
pour

pour ſe fier à la verſiõ de Clauſer, qui a adiouſté ces mots du ſien, ou les à prins par emprunt
d'vn autre. *Apres que le Pape eſt nommé on le*
faict aſſeoir en vne chaire percee, afin que quel-
qu'vn, qui a ceſte charge, luy touche ſes parties
honteuſes, & qu'on puiſſe cognoiſtre ſi le Pape eſt
homme. Car il eſt certain, qu'autrefois vne fem-
me fuſt eſleuée au pontificat, parce qu'elle ne fut
recogneuë pour femme, à cauſe que les Italiens &
preſque tous les Occidentaux raſent leur barbe. Or
apres que ceſte femme fut deuenue enceinte, eſtant
vn iour de feſte allée à la Meſſe, pendant le ſacri-
fice, & à la veuë de tout le peuple elle accoucha
d'vn fils. Voxla pourquoy afin qu'on n'y ſoit plus
trompé & qu'on cognoiſſe la verité, ils manient
les parties ſecrettes du Pape, qui eſt eſleu, & ce-
luy qui les touche s'eſcrie, Vn homme eſt noſtre
maiſtre.

Liure 6. des
hiſtoires des
Turcs.

VOYEZ à quoy la haine les pouſſe, qui eſt
la plus violente paſſion de l'ame, comme celle
qui la renuerſe du tout, de faire dire à vn autheur ce qu'il n'a onques penſé. C'eſt en quoy
elle môſtre plus ſes effects, de no⁹ deſuoyer de
la verité, au preiudice des choſes les plus veritables. Elle nous dône les fauces pour certaines: & deſtourne les bons autheurs en vne lecture toute contraire, peruerſe, & malicieuſe.
Car ſon naturel eſt de ne pouuoir veiller ny
dormir auec la verité. Il ne luy chaut quelque
part qu'elle viſe, tant elle eſt implacable & ve-
nimeuſe, pourueu qu'elle bleſſe & offence. Elle
doit

3
La haine la
plus violente
paſſion de l'a-
me.

doit foit fur tout eftre efloignee de l'amè de
ceux, qui veulent par leurs efcrits, laiffer à la
pofterité la memoire des actions d'autruy. La
haine, ny l'amour, ne doiuent auoir aucun credit fur la plume d'vn hiftorien, dict Tacite.

4
*Oporin Im-
primeur de
Luther.*
IEAN Oporin Lutherien, & Imprimeur
ordinaire de cefte boutique, d'où font fortis
les premiers boutefeux de la Chreftienté, qui
dedie cefte verfion de Calcondile faicte par
Claufer, à deux feigneurs Allemans, s'excufe
de ce, qu'il n'a peu recouurer le Grec, afin de le
conferer auec le Latin, comme il a faict celuy
de Zonare & de Nicetas, pour la crainte, où il
eft, qu'il foit mal correct. Comme à la verité
l'ayant conferé auec celuy de Vigenere, i'y ay
marqué plufieurs chofes differentes, non toutesfois qu'il ait en autre fubiect, adioufté du
tout, ou du tout retranché le texte entier, fi ce
n'eft lors qu'il parle de cefte fabuleufe Papeffe, laquelle il a voulu faire cognoiftre à Calcondile, encores qu'il n'en euft iamais ouy
parler, non plus que les autres Grecs, beaucoup plus prochains d'elle comme vous verrez cy apres.

5
*Gafpard Peu-
cer plus con-
fciencieux.*
GASPARD Peucer, lequel à continué
la Chronique de Melancthon fon beau pere,
s'eft monftré plus confciencieux, que les autres:& quoy qu'il fut ennemy de la Religion
Catholique & des faincts Peres, a iugé, que ce
qu'on difoit du Pape Iane, eftoit vne fable,
n'ayant voulu luy donner place dans fa Chronique.

nique. Ce qu'il n'euſt obmis, s'il y euſt trouué tant ſoit peut de vray-ſemblance.Peut eſtre
à il ſuiuy les memoires de Melancthon, lequel
a eſté le plº modeſte de toº ceux,qui ſe ſont dé- *Melancthon
uoyez de l'Egliſe,ceſt luy qui dreſſa & eſcriuit *modeſte.*
de ſa main la côfeſſion Auguſtane preſentee à
l'Empereur.Il eſtoit touſiours en trêble de faillir. Des autheurs de bône foy racôtêt que s'ar-
reſonnât ſouuent auec Luther il luy diſoit, encor qu'il fut pluſtoſt Manicheen, que Luthe-
rièn,Noſtre maiſtre, certes ie ſuis en merueilleuſe apprehêſion, que nous nous deceuôs en
tel & tel point. Philippe,mon amy, reſpon-
doit Luther, i'en ay peur comme toy, mais ie
ne veux donner ceſt auantage à mes ennemis
de m'en deſdire : cela rendroit le reſte de ma
doctrine ſuſpecte. Il faut laiſſer ceſte cauſe à *Arreſonne-*
Dieu. Apres ma mort,fais en ce que tu vou- *ment de*
dras. Il ne faut meſcroire, ce que Hoſius, Lin- *Melancthon*
danus,Cocleus,Empſer,& autres ont eſcrit de *auec Luther.*
Luther:car on ſçait bien,qu'il a forgé la plus
part de ſa religion,pour ſe vâger du ſainct ſiege, eſtant fort marry, comme il eſcrit,qu'il ne
pouuoit pis faire,& nier la verité & realité du
corps au ſainct Sacremêt,parce qu'il euſt faict
creuer de deſpit le Pape,& toute la Papauté.
Retournons au gendre de Melancthon.La verité donc luy a fermé la bouche. Ce n'eſt pas
pour nous faire faueur,qu'il paſſe par deſſus ce
conte,il eſt trop noſtre ennemy. C'eſt elle,qui
baille de terribles entorces à noſtre malice,

toutesfois & quantes que nous la cuidons
fufforquer. Nous ne la pouuons que mal ai-
fement defguifer à nous mefmes.

ELLE ne peut pourtant arrefter le fucceffeur de Caluin en la chaire de Geneue , lequel
au Colloque de Poiſsi, pour interrompre cefte
belle fucceſsion continuée par tant de fiecles,
que nous monftrons, en la chaire fainct Pier-
ré, oſa mettre entredeux Iane la Papeſse, & enrichir ſon harangue de ce conte , à la veuë des
premiers & plus doctes perfonnages de la
Chreſtienté. Vn de leurs efcriuains à faucement couché dans ſon liure , que cefte troupe
Papalle baiſsa les yeux de hôte au feul recit de
cefte hiftoire. Pardonnez moy tref-illuſtres &
doctes Prelats, vous ne deuiez permettre , que
ceſt homme s'en allaſt , fans auoir rabatu ſon
audace, & môftré ſon impofture, comme vous
fiftes la defformité de ſa reformation.   Cefte
mefme verité n'a peu contenir vn des plus rares efprits de noſtre fiecle , qui bien fouuent,
comme de quelque pierre precieuſe , orne fes
efcrits de la Pſeudo-Papeſse. Ie paſse ſon nom
foubs filéce, par ce que defpuis il eft reuenu à
l'Eglife , de laquelle il auoit efté afpre & capi-
tal ennemy. Quelque mefchante ame a eftouf-
fé le liure, qu'il fit peu auant ſon decez , pourtant tefmoignage du regret qu'il auoit d'a-
uoir efté malheureux pere de fi malheureux
enfans , lefquels il condamna à la mort, & à la
peine du feu.   Ny Theodore de Beze ny ceft
autre

autre ne peuuent eſtre accuſez d'ignorance, ſi
ce n'eſt vne ignorance affectée & inexcuſable.
L'vn & l'autre ſçauoit bien qu'il parloit contre
ſa conſcience. S'il eſt mal ſeant dire vne choſe,
& en penſer vne autre, dict Seneque, apres le
Philoſophe Thales, il eſt plus indigne, eſcrire
autrement qu'on ne croid.   Mais au dire de
Pindare.

> *Alors que noſtre ame eſt troublée*
> *De mille erreurs elle eſt comblée.*
> *Le plus ſage en ſes paſſions*
> *Reçoit dix mille impreſſions.*

CHAPITRE VII.

Contrarietez au nom
de Pape Iane ſeptieſme,
ou huictieſme.   1.

Diuerſité à quel Pa-
pe elle a ſuccedé.   2.

Replique de noz ad-
uerſaires & la reſponce.
3.

Diuerſitez infinies.
4.

Diuerſité ſur ſa naiſ-
ſance.   5.

Nul Pape Iean, An-
glois ou Allemand.
6.

POVR cognoiſtre encores mieux & à l'œil
l'impoſture de tous ces autheurs, qui eſpui-
ſent tout le treſor de leur induſtrie, affin de
nous mettre quelque rideau deuant les yeux,
& la nuit en plain iour, il faut remarquer la
diuerſité, qu'il y a entre eux. Celuy, ſur lequel
ils ont aſſis le premier fondement de leur opinion,

D 2

Contrarietez
au nom de la
ſeptieſme ou
huictieme.

nion, qui est Marian, l'appelle Iane. Pourquoy
luy ont ils donné vn nom masle? Encor sur ce
mesme nom, ils sont en doubte : Car les vns,
comme i'ay monstré , l'appellent Iean septiesme, lesquels le mettent neãtmoins apres Leon
quatriesme, & disent que Benoist troisiesme,
luy succeda. Toutesfois ces mesmes autheurs
font mention d'vn autre Iean septiesme , qui
est bié esloigné de Leon quatriesme, puis qu'il
tint le siege l'an sept cens cinq. Voila donc par
leur propre bouche deux Ieans septiesmes. Ce
n'est pas le vulgaire , qui est tumbé en cest erreur, ce sont les escriuains qui ont le plus de
reputation parmy ceux, qui font la deduction
de ce conte, ainsi qu'on à peu veoir par ce que
i'ay dict cy dessus.

OR il est certain, que Iean huictiesme, qui
fust, non l'Angloise, mais ce docte Romain
tant loué, tint le siege l'an 872, immediatement apres Adrian second: Et toutesfois presque tous ceux, qui ont moulé en leur fantasie
ceste paillarde infame, la mettent apres Leon
quatriesme. Vn seul ay-ie veu qui la loge apres
Benoist troisiesme. Ie n'ay peu descouurir son
nom: Car cest vn vieux liure, qui n'a ny pieds
ny teste, à demy mãgé de rats, imprimé en Allemagne , lequel le feu Comte de Candale
PHEDERIC de FOIX me donna, seigneur
qui aimoit & manioit dextrement les liures,
autant qu'autre de son aage. Cest vne famille
tres-illustre & en armes & en lettres. Autres,

2.
Diuersité à
quel Pape
elle a succedé.

Phederic de
Foix Côte de
Candale.

com

comme i'ay remarqué ey deuant, la mettent
apres Leon cinquiesme, comme à faict Sce-
remberg, lequel en l'ã 1565 fit representer vne
tragi-comedie de ceste femme. Encor il en y a
d'autres, qui la logent apres Martin premier.
S'ils s'arrestent à Iean huictiesme, ils trouueront la place remplie de ce grand homme,
qui porte ce nom, ayãt eu cest hóneur de couronner trois Empereurs, quoy qu'ineptement
ou plustost malicieusement Ballée, pour faire
place à sa Pape Iane, appellée ce Romain Iean
neufiesme. Les voila donc aux prises, pour sçauoir, si cest Iean septiesme, ou Ieã huictiesme,
& a quel de noz pontifes elle a succedé.

  ET PARCE que, peust estre, quelque
opiniastre & bon tenant, pour ce demesler de
la cõfusiõ de ces autheurs, dira qu'elle est sur-
uenue à cause du trouble, que nous voyons en
l'histoire, sur la vie des Papes, qui ont porté
ce nom de Iean, le lecteur considerera, que la
diuersité des Papes de ce nom, laquelle a mis
bien souuent l'ordre, & le tissu de l'histoire en
vn miserable estat, ne peut venir de leur Iane,
pour auoir par aucuns, comme ils disent, esté
mise en son rang, & par les autres effacée:
Car ce desordre n'est suruenu que despuis Ieã
douziesme l'an 955, lequel ayant esté vne fois
chassé du pontificat & en sa place esleu Leon,
s'empara despuis d'iceluy, & tint le siege quatre mois, ce qui donna occasion à quelques historiens de penser que ce fussent deux diuerses

        D 3   per

*3.
Replique de
noz aduersai-
res & la respõ-
ce.*

*Confusion en
l'histoire de
l'Eglise, &
pourquoy.*

personnes & en suite deux Papes, côme remarque tres-bien Lambert historien de ce téps là.

Cent. 10. ca.
10. cent. 11.
cap. 10.

Les Centuriateurs de Magdebourg forcez de
la verité l'ôt escrit ainsi destruisant en vn mot
tout ce qu'ils asseurét de leur Papesse auec tât
d'opiniastreté. Ils n'y ont pas prins garde. Ils
se sont eux mesmes engagés dâs vn embrouil-
lé labytinthe, d'où ils ne peuuent se demesler.

4.
Infinies diuer
sitez, en ce con
se.

MILLE & mille diuersitez & contradictions se presentent en ce subiect. Car on ne
s'est pas contenté d'en obscurcir la lumiere,
mais l'esloigner & escarter du tout de nostre
œil. Ceux là disent, qu'elle tint le siege vn an,
vn mois, quatre iours: Ceux cy deux ans, deux
mois, quatre iours: Autres deux ans, & demy:
autres deux ans: Quelques vns vn an, cinq
mois, trois iours: Autres quatre mois seulemêt:
Les vns que son siege commença l'an 854. autres l'an 857. & l'an 858. & quelques vns l'an
904. plusieurs qu'elle succeda à Leon 4. quelques vns à Leon 5. autres à Benoist 3. Quelle
s'appelloit Gelibette: autres Aghés, Marguo-
rite, Izabelle, Iutte, Dorothée: Quelle fut
nourrie en Angleterre: les autres en Allemaigne: & la plus part en Athenes: Qu'elle fut entretenue d'vn moine de Fulde: autres d'vn ieune homme Anglois: Qu'elle fut engrossée des
œuures de l'vn de ses valets: autres de son chapelain: les autres d'vn Cardinal: Qu'elle accoucha oyant la Messe: les autres en la procession:
quelques vns en se promenant à cheual par la
ville.

ville. Qu'elle mourut fur le châp: autres qu'elle
fut traînée en vne prifon obfcure : Qu'elle
paruint au Papat par mauuais artifices , autres
par fa bonne vie & rare fçauoir, qui tiroit tout
le monde en admiration , auec telles diuerfi-
tez & contrarietez qu'on a peu voir cy deffus,
& que ie remarqueray par cy apres.

ENCOR font ils en doubte d'où elle   *5.*
eftoit : Car aucuns difent , qu'elle eftoit An- *Diuerfité fur*
gloife, les autres Allemande. Autres la font fil- *le lieu de fa*
le d'vn preftre Anglois, affin que le conte euft *naiffance.*
meilleure grace, mais née en Allemaigne, & en
la ville de Majance.   Iean Hutichius des l'an
1517, mit au iour les antiquités de cefte ville.
Il n'euft obmis cefte piece , pour l'embelliffement de fa patrie. C'eft vn grand cas , qu'on
trouue dans noz liures , qui eftoit le pere de
Linus, Cletus, Clemét, Anaclet, & de tous les
autres , qui ont prefidé en la chaire fainct
Pierre, & la maifon de celle-cy feule demeure
incogneüe. Suiuons le refte. Celuy, qui a efcrit
le liure intitulé le Fefceau des temps, dict que
fon furnom eftoit Anglois, mais qu'elle eftoit
Allemande: Qu'en haine de cela quelques vns
penfent, que nul ne doit eftre receu Pape , qui
foit Allemand. Qu'elle eft l'yureffe de ces
efprits? en fut il iamais vne pareille ? Bien toft
apres Damafe fecond, & Victor fecond Alle-
mâds, furent appellez au pontificat. Et comme
à prefent les Cardinaux fe prennent de toutes
les nations de la terre , auffi nulle nation eft

forclofe d'afpirer à cefte premiere dignité. I'ay
deux copies de ce Fafciculus, l'vne imprimée
par Adam Allemanus l'an 1480,& l'autre fans
date ny nom de fon Imprimeur, toutesfois de
vieux caracteres,lefquels fur ce propos de la
Papeffe fe monftrent fort differens & contraires,& neantmoins par tout ailleurs font d'accord & fe trouuét femblables.Tout cela eft venu,ou de la fimplicité,ou de la malice de ceux
qui les ont mis fur la preffe. Car croiuant ce

R.T. Miniftre
de Bearn a
efcrit contre
l'autheur.

conte à dire,il leur a femblé,que ce feroit œuure charitable de l'y mettre.I'ay cotté cefte diuerfité icy deffoubs en la fixiefme annotation,
que i'ay faicte fur la refponce d'vn Miniftre de
Bearn,lequel a feul ofé mettre la main à la plume,contre ce que i'auois defja publié, touchant ceft erreur des erreurs.

    I L y a bien de la difference de la faire ores
Angloife,ores Allemande. Et ce Fafciculus a

6.
Nul Pape
Iean Anglois
ou Allemád.

fongé à plaifir,qu'elle fe nommoit en fon furnom Anglois, car nul ne l'a dict que luy : mais
que la verité eft, que ce Iean Anglois eftoit
d'Allemaigne. Voyez le cathalogue des Papes,
vous n'en trouuerez vn feul de vingt quatre,
qu'il en y a eu, qui ait efté Anglois ny Allemand. Le premier fut Tofcan, le fecond &
troifiefme Romains, le quatriefme de Dalma-
tie, le cinquiefme d'Antioche, le fixiefme &
feptiefme Grecs, le huictiefme,neufiefme, dixiefme,vnziefme, douziefme, treziefme Romains,le quatorfiefme Padouá,le quinziefme,
                                                           &

& feziefme Romains, le dixfeptiefme Grec,
le dixhuictiefme,& dixneufiefme Romains, le
vingtiefme Tofca, le vingt vniefme Portugais
le vingt deuxiefme Frãçois de Cahors en Quer
cy, le vingtroifiefme & vingt quatriefme Neapolitains. Où eft donc ce Pape Anglois ou
Allemand portant ce nom de Iean ? Iugez , ie
vous prie, vous qui voulez iuger des chofes legerement, combien cela eft fufpect, veu qu'vn
acte fi remarquable deuroit eftre cotté fi
curieufement, qu'on n'y peut voir nulle contradiction ,ou diuerfité, laquelle neantmoins
on rencontre icy par tout. Iamais les Grecs ne
furent en fi grand peine, pour leur Sibille Hie-
rophile, diuerfifiée par les noms de Delphique
Eritrée, Scicilienne, Sammienne, Rhodiote,
Clarienne, Arthemife : que ceux icy pour
leur Iane, Agnés, Geliberte , Dorothée Allemande , & Angloife. Et tout ainfi que iadis
Colophon, Rhodes, Salamie, Chio, Argos,
Smirne,& Athenes entrerent en debat fur la
naiffance d'Homere : de mefmes ils veulent
faire entrer en combat, l'Allemaigne & l'Angleterre , fur l'origine & extraction de leur
faux pontife.

D 5   Chap.

CHAPITRE VII.

I.
Les choses
estranges plus
remarquables.

COMME ce peut il faire, que tant de contrarietez se puissent rencontrer, en chose de telle importance? La rareté & estrangeté de l'acte le deuroit rendre d'autant plus certain: parce que toutes choses extraordinaires sont plus remarquables. Et comme on voit, qu'vn visage d'vn air non commun & rare, est plus aisé à representer, les traicts se monstrans plus faciles soubs le craion, que celuy, auquel nous ne trouuons aucun rencontre, pour y arrester d'abordée noz yeux.

    Ce contrefaict Tersite
Au pieds torts, nés camus, à tout son corps vouté
De tous les assistans retient l'œil arresté,
Aussi ceste marque de laideur est si estrange & tellement repugnante à la belle institution des succcesseurs de sainct Pierre, qu'on pouuoit tirer preuue de la mesmes à cause de ceste rare singularité, nouuelle & inoüie. Car ces traicts vicieux,

vicieux, que nous deuons tous ietter hors l'E-
glife, se font beaucoup mieux voir, que les ver-
tueux: & nous apportent vne telle marque &
certitude de leur deformité; que cela mesme
nous les faict tenir pour certains, de sorte que
nous ne les sçaurions mescognoistre.

IL NE se lit aucune histoire, pour anciéne
qu'elle soit, d'Empereur, Roy, ou Pape, si variable que celle cy, au nom, au temps, à sa vie,
à sa creation, à sa succession, & à sa mort. Où
il y a de la diuersité, il y a tousiours du mensonge. Car comme dict le prince de la Philo-
sophie, il faut chercher la verité és choses, qui
sont tousiours semblables, & qui ne reçoiuët
aucune mutation. Et tout ainsi que cest excellent peintre Zeuxis voulant representer la rare beauté, qui arma iadis l'Europe contre l'A-
sie, fist chois d'vn nôbre de filles des plus belles de toute la Grece, lesquelles il contempla
nues tout à son aise, & en desroba les beautez,
prenant de celle cy la bouche, de celle la l'œil,
de cest autre empruntant le sein, & d'vne autre la taille & l'embonpoint, si qu'enfin il ren-
côtra vne beauté de tous poincts accomplie: &
vint à bout de ce rare tableau, que Pline dict
auoir esté achepté si cher, apporté à Rome
soubs le Consulat de Philippe: Ainsi ces bons
& excellents maistres, qui ont moulé ce pontife Hermaphrodite, ont recherché çà & là
toutes les choses, qu'ils ont estimé les plus propres pour l'ébellir, côme vo' auez veu iusques
                              icy,

2.
*Nulle histoire
plus variable
que celle de
la Papesse.*

Comparaison.

icy,& pourrez cognoiſtre cy apres.   Mais ils
n'ont pas prins garde,comme auec tāt de pieces rapportées au lieu de l'embellir ils ont gaſté toute leur beſongne.

3.
*Beau traiſt
de Diogenes.*

COMME Diogenes s'eſcria ayant ſur-
prins vn ieune homme dans la tauerne, lequel
pour ſe cacher de la veuë du Philoſophe,
entroit touſiours plus auant, Tant plus, dict le
ſage,tu fuis au dedans,d'autant plus ès tu auāt
dans la tauerne. Le meſme poūuons nous dire
a ces autheurs , Tant plus vous fardez &c. ac-
commodez voſtre Chimere, taut plus elle ſe
móſtre en ſon naturel. Tant plus vous en par-
lez,d'autāt plus vous voit on embourber dans
le menſonge,& voſtre fable ſe monſtre à deſcouuert,groſſiere & ſans apparance de veriſſi-

Comparaiſon. militude. Vous reſſemblez celuy qui a faiſly le
chemin des l'entrée. Plus il s'auāce & ſe haſte,
plus il ſe fouruoye.Auſſi d'autāt plus que vous
auez taché de l'érichir,d'autāt plus vous trouuez vo° enueloppez de toilles,qui vo° arreſtēt.

4.
*Les Papes les
premiers 900.
ans prins de
Rome.*

VOVS dictes,que c'eſtoit vn ieune homme,fille arriué à Rome, qui tira tout le monde en admiration ; deſorte qu'il fut eſleu chef
de l'Egliſe.Voila vn grand heur iamais aduenu
à perſonne. Ceux qui ont auec curioſité recherché les vies & actions de noz pontifes , &
qui ont eſcrit de noſtre temps , lequel ſans les
ſeditions qui le trauaillent, ſe pourroit appeller le ſiecle d'or,pour les beaux & admirables
eſprits,qu'il a produict, ont remarqué , qu'on
n'a

n'a iamais appellé les premiers neuf cens ans Perfonne au fainct fiege, qu'on ne l'euft choifi entre ceux, qui eftoient nourris, & efleuez dãs la court de Rome: & n'euft obtenu quelque dignité dans l'Eglife, voire mefmes attaint l'an cinquantiefme. Le premier efleu fans auoir toutes ces qualitez fut Formofe l'an huict cens nonante. Defpuis qu'on y euft fait breche (malheur ordinaire en ce monde) peu à peu cefte louable couftume fe perdit. Cela fut caufe, pour y retenir encor quelque bride, qu'il fut religieufement ordonné, que nul ne pourroit eftre appellé au pontificat, qui ne fut Cardinal, afin que par degrés & nõ tout d'vn faut, il montaft à ce grade. Par ce moyen on obuia aux fchifmes & diuifions, qui s'eftoient iettées en l'Eglife, pendant que la porte eftoit ouuerte à tous. Encor n'y peut on mettre le dernier remede. Le monde eft toufiours monde.

OR IL eft certain, qu'on ne promouoit les perfonnes aux ordres Ecclefiaftiques, auec moins de refpect & confideration, qu'on faict à prefent. La tonfure eftoit neceffaire, il failloit au preallable verifier, qu'on eftoit fils naturel & legitime de tel pere & de telle mere, de tel pays & de tel lieu, & monter par les fept ordres ordinaires l'vn apres l'autre. Pour eftre Preftre, il eftoit neceffaire auoir tiltre de benefice ou patrimoine. Ce font les regles de ce temps fuiuant les anciennes conftitutiõs & obferuations. Qui a efté le pere de cefte femme.

5.
Promotion aux ordres.

me. No° ſçauôs, que celuy de Linus ſucceſſeur
de S. Pierre s'appelloit Herculanus, Qu'Aemi-
lian fut pere de Cletus, Fauſtin de Clemẽt, Iu-
da d'Euariſte, Heluidius de Sixte. Ceux, qui ont
tenu le regiſtre des Papes, nous ont laiſſé le nõ
du pere & le pays de tous ceux qui ont tenu le
pontificat iuſques auiourd'huy. Et de ceſte putain, on n'en ſçait rien. En outre quel Eueſque
eſt ce, qui luy auoit baillé la tonſure & les ordres? Quel benefice a elle eu iamais? car de dire, q̃ de l'eſtat lay elle paruint à ceſte dignité, ce
ſeroit faire trop de breſche aux ſaints Côciles,
& vne loy particuliere pour elle, q n'auoit nul
ſupport, faueur, ou ayde. Elle eſtoit arriuée cõme vn paſſager, & hôme incogneu dãs Rome.

Conſideration
notable.

C'EST choſe, que ceſte ville a veu biẽ rarement, & qu'elle n'a peu ſouffrir ſans beaucoup de troubles & ſeditions, comme on peut
voir de Leon huictieſme l'an 903. qui fuſt le
premier lay, qu'on ſçache môté tout d'vn coup
au Papat. Cela a eſté trouué eſtrange, non ſeulement aux Papes, mais auſſi aux Eueſques : &
n'a eſté octroyé qu'a perſonnes de quelque rare & ſinguliere valeur, comme à ſainct Ambroiſe & ſainct Germain Eueſque d'Auxerre,
qui eſt celuy, au nom duquel on a fondé l'Egliſe ſainct Germain de Lauxerrois pres du l'Ouure Royal à Paris. Surquoy liſant les Epiſtres
de Nicolas le Grand, qui fuſt appellé treſ-bon,
treſ-pie, doux au bons, & formidable aux meſ-
chans, & lequel Regino appelle vn ſecõd Elie,

6.
Des lays par-
uenus aux grã
des de l'Egli-
ſe.

j'ay

l'ay remarqué qu'il blafme grãdement la pro-
motiõ de Phocius au patriarchat de Cõftanti-
nople, parce qu'il eftoit Lay, lors qu'auec l'ai- *Phocius.*
de de l'Empereur il s'empara de ce fiege, ce qui
caufa des troubles infinies en l'Eglife. C'eft, dit
ce grãd homme de Dieu Nicolas (lequel Ballée
appelle brigand impudent, befte, Ante-Chrift)
renuerfer les faincts Conciles & les conftitutions du fainct fiege. Y a il apparence, que fi
cefte mefme faute fut fi fraifchement furue-
nue, en la creation de cefte paillarde punie
de Dieu publiquement, que Nicolas euft eu
la hardieffe d'vfer de ces reproches contre vn
tel & fi grand aduerfaire, que Phocius? Ce
n'eftoit pas feulement y mettre vn Lay, mais *Notable con-*
vne Laye, vne fouue, & fi quelque chofe de pis *fideration.*
fe peut dire. Phocius n'euft oublié à s'en re-
uancher à belles iniures. Il euft eu affez d'a-
uantage, comme il auoit fait auparauant fans
fubiect, & dont il porta la peine, comme on
peut voir par le difcours de fon proces qu'Illiricus a couché dans fon catalogue. Nicolas
doncques n'euft efté fi mal aduifé de le dire,
ny Phocius fi defpourueu d'entendement de
fe taire. Il auoit affez dequoy faire profit de ce
fait, fans en aller mandier ailleurs. Ce feul acte
luy fourniffoit affez de matiere, pour deffendre
le fchifme par luy introduit entre l'Eglife
Grecque & Latine. Il auoit beaucoup de pri- *Schifme en*
fe fur les Papes, qui auoient condamné fa pro- *l'Eglife.*
motion au patriarchat. Cefte putain infame
l'euft

l'euft mis à couuert côtre toute la batterie que
les Pontifes Romains dreffoient contre luy.
C'eft cet hôme qui caufa ce grãd diuorce entre l'Eglife Oriétale & l'Occidétale. Auffi A-
drian fucceffeur de Nicolas celebra contre luy
le Concile vniuerfel tenu à Conftantinople. Il
fut en fin defmis. Phocius vlceré & d'vn efprit
própt & vif, euft il oublié à faire fon profit de
ceft eftrange fcandale, aduenu de fon temps a
Rome, s'il euft efté veritable ? On voit qu'il a
vomy mille iniures contre l'Eglife Romaine.
Tous fes efcrits, qui viuét encores, en font rem
plis. Il eftoit trop habille, docte, & neantmoins
mefchant, pour oublier & paffer foubs filence,
ce qui donnoit plus de couleur & d'apparãce
au fchifme par luy grandement augmenté en
l'Eglife Chreftienne. Les Empereurs Grecs, à la
paffion defquels il feruoit en cefte mefme faifon, eftoient mal contens & ennemis de noz
Papes, par ce qu'ils auoient eftably & fauorifé
Charlemagne & les fiens contre eux, apres
auoir diftraict de leur obeiffance les peuples
Occidentaux. Les Papes d'ailleurs iettoient fur
eux les efpouuantables tonnerres d'excommu-
nication, par ce que prefque tous les Empereurs Grecs eftoient heretiques, ainfi que le
mefme Nicolas tefmoigne en fes epiftres.

Chap

CHAPITRE IX.

PAR le diſcours de la plus part de ces autheurs, qui ont voulu armer ceſte Iane de toutes pieces, on a veu qu'ils la font aller habillée en garſon aux eſcolles d'Athenes, auec vne ardante ſoif des lettres, accōpagnée de ſon moine Anglois, qui l'auoit débauchée à Fulde, où d'vn eſcollier, de l'amour duquel elle eſtoit eſpriſe, l'ayant ſuiuy & ſeruy de garſe, deſpuis l'aage de douze ans. Scoremberg, qui en a ſçeu quelques particulieres nouuelles, eſcrit qu'elle print ſes degrés à Paris. Bocace & Zuingere au contraire, qu'elle fit ſes eſtudes en Angleterre. Il eſt raiſonnable, que la plus grād voix l'eporte, qui dict, qu'en ceſte grāde & renōmée vniuerſité Athenienne elle fut eſleuée aux bonnes lettres, auec vne telle curioſité & bon heur, qu'il n'y auoit perſonne, qu'elle ne deuançeat, la faiſant par ce moyen cōpagne de Laſthenie & Axiothée, leſquelles autresfois, pouſſées du deſir d'ouyr les leçons du diuin Platon, allerēt à Athenes habillées en hōmes, trompāt ſoubs

1. La Papeſſe va eſtudier à Athenes.

E   ceſt

ceſt accouſtrement le ſurplus des auditeurs.

2.
*Athenes en
ce temps la
ruinée.*

IE ne me puis aſſez eſtonner, cöme ces gens
ſont tumbez en ceſte faute , de nous faire ceſ
cōntes, cōme ſi iamais nous n'auions ouy parler d'Athenes, autresfois le doux & gracieux ſe
jour des bonnes lettres, nourrice de tant de bös
& rares eſprits. Et toutesfois au temps qu'ils y
enuoyent leur eſcolliere, plus cömode à nichèr
des hibous & chats-huäs dans les ruines de ſes
antiquitèz & dans ſes eſtudes, qu'a eſleuer les
beaux eſprits aux lettres , comme elle ſoulpir.
Ceſte belle cité a receu pluſieurs ſecouſſes, leſquelles l'ont ſouuent portée par terre. Muſée
auoit raporté dans ſes vers, ceux des Sibilles,
qui chantent ſa ruïne.

Griefue calamité va menaſſant Athenes,
A cauſe des grãds maux faits par ſes capitaines.
Ils la mettront à ſac, & tous les citoyens,
A la fin, malheureux perdröt tous leurs moyens.

Celle la eſt vn peu trop eſloignée : deſpuis remiſe ſuſ-bout elle fut de rechef reduite en vn
miſerable eſtat par Xerxes & Liſandre: & puis
Sylla la ruïna preſque du tout. Et ſi en ce meſme temps, diſt Plutarque, elle ne retenoit plus
rien, qu'vne ombre ſeulement de ceſte ancienne reputation. Apres ceſte ruïne & en l'an
119. de noſtre ſalut , elle fuſt derechef remiſe
par l'Empereur Adrian , dequoy faiſt foy vne
inſcription Latine , qu'on lit encores auiour-
d'huy dãs vne vieille colomne, au lieu où eſtoit
anciennement ceſte cité appellée par les Turcs
Seti

Setine : laquelle traduicte de mot à mot dict ainſi.

>Ceſte Athenes, cité de Theſée a eſté,
>Ceſt d'Adrian, non pas de Theſé la cité.

Mais deſpuis ce temps, ſoubs Claude ſecond, les Scithes la ruinerent de fons en comble.

IE SCAY qu'on dira, ſelon que Zonare a eſcrit, que leurs liures, qu'on auoit mis à grãds, tas, pour y donner le feu , ſeurent conſeruez, comme le vray inſtrument, à rendre auillis, laches, & poltrons les Atheniens, naturellement plus propres à bien dire , qu'à bien faire : & à manier les liures, que les armes. Mais deſpuis ce temps, les Huns, Gots, & Vandales, dont la rage & forcenerie n'a pas meſmes pardonné aux pierres & autres choſes inſenſibles, y planterent les marques de leur barbarie. Au temps de Mahomet, qui auoit deuancé de deux cens trente vng an leur papeſſe, Athenes auoit eſté du tout ruinée, dict Gaſpard Peucer. Ceſt ſur ceſte pauure ville (à ce que Calcondile, qui en eſtoit natif, a laiſſé par eſcrit) que les iniures, les iniquitez du temps , & les longues guerres ont ioué leur tragedie , tout ainſi que ſur vn public eſchafaut. A peine y auoit il au temps, dont ils parlét, quelqu'vn, qui euſt la cognoiſſance de la pureté de la langue Grecque : ny qui ſe ſouuint de Solon, Socrate, Platon, Sophocle, Ariſtote ou Theophraſte , apres tant de deſolations dont elle a eſté mal menée. Long temps auant, Strabon parlãt des Gaulois dict, que les

E 2   bon

bonnes lettres eſtoient ſi floriſſantes en la Frã-
ce,que l'vniuerſité de Marſeille valloit mieux,
que celle d'Athenes. Au meſme temps auſſi,
dõt ils parlent,toute la Grece eſtoit abaſtardie,
& deſcheuë de ceſte grande & fameuſe reputa-
tion.Voila pourquoy, Nicolas tenant le ſiege,
l'Empereur fit remettre les eſcolles du tout
ruïnées dãs la ville de Conſtãtinople.& Athenes,cóme remarque Zonare & Cedrenus, Ce
qui aduint apres la mort de leur pucelle Iane,
qu'ils võt imaginant.Car ce fut ſoubs l'Empire
de Michel,celuy qui ſeul tint le ſiege l'an 856.
*Bardas,*dict le premier de ces autheurs, *oncle de*
Michel remit ſus & reſtitua les lettres du tout per-
dues par la nonchalance & faineantiſe des Empe-
reurs:dreſſa des eſcolles & colleges en toutes ſcien-
*ces,Ceſt homme,*dict Zonare, *ne fit rien de bon, ſi*
ce n'eſt qu'il euſt grand ſoing de remettre en leur
premier eſtat les ſciences du tout aneanties à cauſe
du peu de ſoin des Empereurs. A ces fins il inſtitua
des Colleges,ordonna des gages aux lecteurs.

4.
Ce que Sineſe
dict d'Athe-
nes.

  SINESE,qui viuoit auant le Pape Iane,
c'eſt à dire au temps qu'ils penſent, qu'elle a
veſcu,repreſente à ſon frère,ẽn la derniere epiſtre,qu'il luy eſcrit,le pitoyable eſtat de la ville
d'Athenes, & de ceſte iadis floriſſante acade-
mie,laquelle ne retenoit que le nom. *Puiſſe ce*
*meſchant pilote,*dict il,*meſchãment perir , qui m'a*
conduit icy:Car Athenes en ce temps ne retient rien
de venerable , que le nom celebre des lieux, qui
ont eſté,tout ainſi que d'vne victime morte il ne re-
ſte

ſte que la peau,qui teſmoigne qu'autrefois l'animal
à veſcu. Et vn peu ápres *Anciennement la ville*
d'Athenes eſtoit la demeure des ſages, à preſent les
maiſtres ſeulement qui font le miel la decorent. Il
y reſte encores deux ſages , que Plutarque nous re-
preſente,leſquels n'aſſemblent pas la ieuneſſe pour
eſtudier , mais bien pour porter les cruches,qu'on
charge en la montagne d'Himete. Voila le beau
eſtat,auquel eſtoit l'eſcolle,où ce nouueau pó-
tife alla apprendre les lettres, accourãt preſque
d'vn bout du monde à l'autre. Toutes les villes
voiſines auoient couru pareille fortune. *Ie ſuis,*
dict le meſme autheur à l'Empereur Arcadius,
enuoyé vers vous , pour mettre ſur voſtre teſte vne
courône d'or,& orner voſtre ame de preceptes phi-
loſophiques. Ville Grecque bien renommée de toute
ancienneté , tant de fois celebrée és liures des an-
ciens,maintenant pauure & du tout ruinée. C'eſt
vne chetiue maſure , qui a bien affaire du ſecours
Royal , pour la remettre vn peu ſus, & l'honnorer,
comme ſon antiquité merite. Quand il vous plaira
vous apporterez le remede neceſſaire à ceſte extre-
me calamité.

QVE s'il reſtoit encores en ce temps à 5.
Naturel de
l'Athenien.
Athenes quelque eſchantillon de ceſte docte
antiquité , eſt il poſſible , que quelque Athenien n'euſt mis la main à la plume , pour con-
ſacrer à l'immortalité la memoire de celuy qui
auoit eſleué aux lettres ceſte Papeſſe ? Ce peuple a touſiours eſté jalous de ſon honneur,d'vn
naturel ſubtil,plein d'inuention,& ſur tout au-

tre

tre ambitieux. Il se glorifioit, que le ciel luy
auoit esté si fauorable, d'auoir placé sa cité en
tel lieu, qu'en sortât en sentoit de toutes parts,
vn air moins bening, peuple au reste amateur
de nouueautez. Il n'eust voulu desrober ceste
gloire a son eschole, d'auoir esté la nourrice
d'vne femme esleuee à la Papauté. Il nous en
eust laissé quelques marques, pour brauer aux
despens & de nous & de nostre Eglise. D'ailleurs qui croira, ie vous supplie, ces gens icy
nous representans vne Angloise ou Allemande, quittant les escolles de France, d'Allemagne, ou d'Angleterre, pour aller estudier à

Charlemagne fonda les vniuersitez de l'Europe.

Athenes? On sçait, que l'Empereur Charlemagne, qui mourut l'an 815. & par ce moyen non
fort esloigné de leur Iane, fist florir tant les lettres Grecques, Latines, que toutes les sciences
en la France, Italie, & Allemagne, où il esta-
blit & fonda plusieurs belles vniuersitez, de façon qu'il ne failloit trauerser tant de mers à
ceste belle estudiante, pour aller en vain chercher loing ce, qu'elle auoit à sa porte. Ioinct
que le principal restaurateur des bonnes lettres en ce temps là, estoit vn Anglois nommé
Alcuin, precepteur de ce grand Empereur, duquel encor les œuures viuent. Ce fut de l'Angleterre, d'où il retira les hommes de sçauoir,
qu'il fit venir en France, comme Claude & Ian
Rabana, qui auoient esté nourris en l'escolle
du venerable Bede aussi Anglois, viuãt l'ã 730.
lequel auoit laissé apres luy de florissãs reiettõs.

LONG

LONG temps deuant, mefmes pendant l'empire de Conftantin le grand , qui eftoit Anglois, cefte Ifle eftoit peuplée de gens fça-uãs. Balduin au liure qu'il a fait des loix de Có-ftantin, dict qu'il y auoit vn college fort renõ-mé appellé Bonochorenfe, où il y auoit plus de deux mille efcolliers, eftudians en la philo-fophie Chreftienne , c'eftoit en l'an de noftre falut 342. Cefte fille donc fi auide de fçauoir, pouuoit aprendre les lettres en fon propre païs fans aller voyager fi loing. Ballée , qui a fi bien enrichi, comme vous auez veu, ce conte, la de-uoit conduire à Tolede , pour la faire eftudier en Magie, puis qu'elle eftoit non feulement forciere & Magicienne, mais en tenoit efcolle, ayant compofé vn liure de cefte fcience diabo-lique, comme il efcrit. Theodore Scoremberg, ainfi que i'ay dict ayant eu confcience de l'en-uoyer fi loing, affeure qu'elle paffa fes degrez à Paris, où elle acquift le titre de docteur, hon-neur rare en ce temps là. Voila comme ils luy font iouër tel perfonnage, que bó leur femble, fur le theatre de Chreftienté , Ores fauante vogant parmy toutes les vniuerfitez de l'Euro-pe, d'vne belle reputation , d'vne bonne & faincte vie, puis foudain debauchée, paillarde, effrontée, & fi hardiment mefchante , d'ofer mettre vn tel liure en lumiere. Ils abufent bien de leur loifir, & du noftre , de concepuoir des idées & formes fi affreufes, & fi eftranges, pour les efclorre auec beaucoup de peine , &

E 4   y vou

6.
L'Angleter-re au temps de la Papeffe ri-che en gens de fçauoir.

Selon Scorem-berg la Papef-fe fe paffe do-cteur à Paris.

y vouloir arrester noz yeux,& noz esprits, &
qui est encores pis , y asseruir & engager nostre creance.

_____

CHAPITRE X.

Nul de ceux , qui ont vescu au teps de la Papesse, ne parle d'elle. 1	Les ennemis des Papes au temps de la Papesse. 4
Ny ceux, qui ont vescu peu apres. 2	Libels diffamatoires cõtre le sainct siege. 5
Les Papes obiect de la fortune. 3	Belles considerations sur ce subiect. 6

1.
Nul des autheurs du teps
de la Papesse
ne parle
d'elle.

TOVS les autheurs, que nous aurons en
main, lesquels ont escrit au temps qu'on
fait viure ceste femme, dõt la foy ne peut estre
mise en dispute, ne font nulle mẽtiõ d'elle. Les
aucuns ont vescu en ces mesmes iours , les autres peu apres. Il n'y a point d'apparence, qu'ils
eussent voulu ou pensé pouuoir desrober à la
posterité la memoire d'vn acte si prodigieux,
& neantmoins que les siecles suiuans, tout ainsi que d'vn feu desrobé par Promethée, le vins-
sent à monstrer au iour , & en descouurir la
memoire si long temps cachée aux hommes
de leur aage , & par leur moyen le laisser de
main en main iusques auiourd'huy.   Il seroit
mal-aisé de parcourir d'vn bout à l'autre tous
ces autheurs. Ie me contenteray des principaux.

paux. Il en y aura affez. Voicy donc ceux, qui
ont vefcu enuiron le temps de Leon quatriefme, & Benoift troifiefme, c'eft à dire defpuis
l'an huiɛ̄ cens quarante fept, iufques en l'an
huiɛ̄ cent cinquante huiɛ̄, lefquels par ce
moyen pouuoient auoir veu la môftreufe efle-
ɛ̄ion de leur Iane. Rabanus Maurus eftoit Abbé de Fulde, ou on diɛ̄ qu'elle perdit fon pu-
celage. Strabus eftoit compagnon de celuy, qui
la débaucha, car il fut moine au mefme côuɛ̄.
Haimo, qui a fait la guerre des vices & des vertus, viuoit au mefme temps, & Anaftafe gardien des liures du Vatican, fecretaire des Papes
Leon quatriefme & Benoift troifiefme, entre
lefquels ils logent ce Pape imaginaire homme
doɛ̄e, qui a efté employé en plufieurs charges
honnorables, & l'vn des deputez au concile
de Conftantinople. Ie referue la preuue qu'on
tire de ceft autheur, tefmoin croyable autant
que nul autre, preuue fort preffante contre ces
gens, qui fe font donnez en proye à la calomnie. En cefte mefme faifon efcriuoit Teopha-
nus Freculphus, qui a compofé l'hiftoire du
monde iufques à fon temps, Aimonius moine
de fainɛ̄ Germain des pres, fameux hiftorien
François, Ado Archeuefque de Vienne auffi
hiftorien, Luppus Seruatus, Ademarus, Luit-
prandus, Lambertus, Leo Archidamus, lequel
a efcrit du mariage des Preftres contre les Romains, auffi eftoit il Grec. Fueillettez tous ces
autheurs d'vn bout à l'autre, vo° ne trouuerez

E 5 vn

vn feul mot de ceſte hiſtoire,dont vous faites
tant de cas. Ils eſtoient tous de meſme aage,
voiſins de la Pſeudo-Papeſſe.

ENCOR peu apres ont veſcu Ioannes
Diaconus, qui eſcriuoit la vie des Papes l'an
huiƈt cens ſeptante,Milo Monachus l'an huiƈt
cens ſeptante & vn, Paſſeratius Rabertus l'an
huiƈt cens oƈtante & vii, Almanus l'an huiƈt
cens nonante. Regino l'an neuf cens & dix,
duquel nous auons vne treſ-belle Chronique,
& ce qui ſe fit de plus memorable au temps
meſmes de la Iane,Hermanus Contraƈtus,qui
a eſcrit iuſques à ſon temps la Chronique des
ſix aages du monde , viuant l'an mil nonante
quatre. Conradus Abas qui a tant eſcrit à Cologne l'an vnze cens , Otho Friſingenſis l'an
mille cent cinquante , & l'Abbé Vſpergenſis
Chroniqueur treſ-bon eſcriuant au meſme
temps. Tous ces autheurs ſont de miſe , auec
infinis autres Italiens , Allemans & François,
leſquels ne parlent non plus de ceſte Papeſſe,
que d'Vrgande la deſcogneuë.L'Angleterre en
meſme temps n'a non plus eſté deſpourueuë
deſcriuains.Ie ſuis content leur faire tenir bā-
de à part en faueur de leur Angloiſe. Gildus
quatrieſme a veſcu enuiron l'an huiƈt cens ſoi-
xante.Burgardus Dorceſtrius l'an huiƈt cens
ſeptante.Neƈtus Adulphus l'an huiƈt cens ſeptante,Ioannes Erigena , qui a tant eſcrit l'an
huiƈt cens quatre vingts & quatre , Aſſerinus
Manebenſis, viuāt l'an huiƈt cés quatre vingts
& dix,

2.
Ceux qui ont
veſcu peu a-
pres le Pape
Iane.

& dix, Alphredus Magnus Roy d'Angleterre,
qui compoſa pluſieurs liures au meſme temps
de leur Pape Iane: Car il regna trente ans , &
ne mourut que l'an huiɛɫ cens quatre vingts &
vn. Ce fut celuy, à qui Adrian deuxieſme , qui
veſquit quatorze ans apres ceſte putain fabuleuſe , permit porter couronne , comme diɛɫ
Polidore, accuſant par là l'impoſture de Ballée,
lequel effrontément aſſeure, que ce fut la Papeſſe, comme vous verrez cy apres.

M A I S pourquoy prés ie la peine à ramaſ-
ſerce long cathalogue d'autheurs. Voyons
ſeulement ceux, qui ſe ſont declarez en meſme
temps ou peu apres ennemis de noz pontifes
(car ils ont touſiours eſté & ſeront non ſeulement l'obiɛɫ de l'enuie, mais de la haine) pour
auoir eſté par eux degradez, ou ſouſtenu le parti des Empereurs. C'eſt touſiours la couſtume,
que l'enuie talonne les dignitez les plus eſle-
uées.

L'enuie attaque la grandeur:
    Et les vents au plus haut lieu donnent:
    Et des tonnerres la roideur
        Le ſommet des hauts monts eſtonnent,
diſoit Ouide. Au contraire , comme chantoit
vn autre de noz poëtes,
    Celuy qui ſe tient bas, eſt loin de tel dommage,
    Et guieres ne voit on le furieux orage
    Gaſter les arbriſſeaux, qui humbles ſans danger
    Croiſſent en doux repos, ſans ſe voir outrager,
L'enuie laiſſe ſa pointe au renom des plus ver-
                              tueux:

§.
Les Papes ob-
ieɛɫ de l'enuie
& de la hai-
ne.

tueux:& meprife de s'adreſſer aux autres. C'eſt
a ce blanc où elle viſe,& où elle deſcharge tous
ſes traicts.Mais ſouuent par la conſtance & ſolidité du ſubiect,qu'elle pourſuit,ſes coups re-
jaliſſent,& comme dict l'autheur de la Satyre,
l'offencent elle meſme. La vertu eſt touſiours
ſuiuie de ceſte malitieuſe compagne,tout ainſi
que la lumiere de l'ombre. Voyons donc ces
teſmoins A N T I P A P I S T E S.

4.
*Les eſcriuains
ennemis des
Papes au téps
de la Papeſſe.* N O V S liſons les eſcrits de quelques Euefques côtre le Pape Nicolas dés l'an huict cens
ſoixante,ceux au meſme temps de Iean Euefque de Rauenne,& de Methodius Illiricus, lequel Auantin dict auoir eſcrit côtre les Papes,
comme fit auſſi pour lors l'Empereur Michel
Paleologue contre le meſme Nicolas. Et encor que ces liures ſoient morts , ſi eſt ce qu'on
peut voir par les reſponſes de pluſieurs gens de
bien de ce temps là, les iniures,dont ils char-
geoient le ſiege Apoſtolique , deſquelles ils
ont eſté forcez faire mention , tout ainſi que
nous faiſons auec regret & deſplaiſir de celles,
que noz aduerſaires ont publié.Ils s'eſuanoüi-
ront comme les autres. Leur condamnation
dort pour vn temps.Il faut attédre ce que Dieu
en a ordonné , Ce coup , qui vient du ciel,ne
peut eſtre guery que par luy. Suiuons le reſte.
Ce n'eſt pas tout. Hincmarus Archeueſque de
Reins s'en eſt auſſi meſlé. Theodorus Nicus
ſouſtint le parti de l'Empereur Otho premier
contre le Pape: Vltramus Eueſque de Noremberg,

berg, celuy de Henry quatriefme, fecondé par
ce tant renommé Benno pretendu Cardinal,
dont les ennemis de l'Eglife font tant de fefte.
Mais c'eft vn autheur fuppofé à la naiffance du
Lutheranifme, comme i'ay particulierement
môftré au dixfeptiefme chapitre de mon Ante-
Chrift. I'ay auffi veu vn vieux efcriuain, qu'on
n'a mis au iour, que en l'an mil cinq cens &
vingt, Et vn autre, chez lequel Auantin m'a
guidé, appellé Conradus. Ces deux ont mer-
ueilleufement chargé fur le pauure Gregoire
feptiefme. Nicolas l'an mil cinquante a efcrit
contre le Pape Leon, comme ont faict Pierre
Amian, & Otho Euefque de Conftance auffi
en mefme faifon. Naucler raporte la refponce
de Leon, par laquelle on peut iuger combien
afprement on eftoit venu aux prifes.

VINCENT l'hiftorial fait mention d'vn
Hideberg, qui a fait des vers diffamatoires
contre les fainéts Peres l'an mille cent quinze,
comme a fait auffi Theodorinus l'an mille
cent vingt. Rupertus Euefque Anglois excommunié par le Pape, pour fe venger, efcriuit fort
afprement contre luy, comme fit auffi vn autre
Anglois nommé Matthæus Parifienfis: Et auât
ceux cy en l'an mil, vn nommé Pierre de Bruis.
On voit encores auiourd'huy le liure que Iean
Saborienfis fit en l'an mille cent cinquante,
qu'il intitule, *Obiurgatorium Cleri* ; & celuy
de Hunnonius Auguftodinienfis en l'an mille
cent vingt, & encor celuy de Ioachin Calaber.

        Tous

(marginal note) *5. Libels diffamatoires contre le S. fiege.*

Tous lefquels pouffez de rage & inimitié vo-
miffent mille iniures contre les Papes, qui fie-
geoient en leurs temps, & ramenent fur leur
tefte toutes les reproches qu'ils peuuent imaginer. Ce dernier efcriuoit l'an mil deux cens
trente. Nous voyons ça & là quelques fragmés
des Vaudois, pauures de Lyon, dans les ordures defquels noz reformez vont chercher l'antiquité de leur religion, comme on voit auffi
des liures des Vuiclefuiftes, mefmes dans le
Cathalogue de Mat. Flaccus Illiricus, & dans
vn gros volume intitulé *Fafciculus rerum fu-
giendarum & expetendarum*, que i'ay de l'im-
preffion de Cologne ramaffé par Orthuinus
Gracius, encor eft en nature vn finode tenu à
Reims, l'an neuf cens quatre vingts vnze, lequel Illiricus a eftendu dans fon liure, qui con-
tient la plainte des defportemens des Papes vi-
uãs, dans la céturie de la Pfeudo-papeffe, où les
folies, debauches & mefchancetez de Iean &
Boniface font bien reprefentées. *O deplorable
Rome*, dict le difcours, *qui nous as mis deuant
les yeux de tref-claires lumieres, & à prefent nous
iettes dans des obfcures tenebres, dont il fera parlé
aux fiecles à venir. Autrefois nous auons eu les re-
nommez Leons; les grands Gregoires. Que dirons nous de Gelafe, & Innocent, dont la fageffe &
eloquence furpaffe de beaucoup toute la Philofophie
mondaine. La narration feroit trop longue de ceux,
qui ont remply tout le monde de leur doctrine. Mais
que n'auons nous pas veu en noftre fiecle?* Ie laiffe

le

Grande preu-
ue contre les
autheurs de la
Papeffe.

le surplus qui le voudra voir, life le catologue
des faux teſmoins d'Illiricus.

A VOSTRE aduis ſi ces eſcriuains, qui
n'ont rien obmis de poignant, & qui peut offencer le ſainct ſiege, euſſent couuert d'vn voile ceſte putain mitrée ? (car ils ne diſent rien
d'elle) & s'ils n'euſſent fait valoir ſon pótificat
feminin, puis qu'ils racontent & enfilent les
turpitudes & villenies de ce ſiecle, auquel on
dit qu'elle a veſcu? Ouy, mais ils l'ont ignoré:
Vne choſe faicte en plain iour, en plain mi-
di, à la veuë de toute la Chreſtienté peut elle
eſtre ignorée ? Peut elle eſtre teuë d'vne langue ennemie? Il n'y a rien de ſi clair-voyant, dit
Plutarque, que l'œil de l'ennemy. Le Dante,
qui a eſcrit l'an mil deux cens cinquante, euſt il
obmis vne telle hoſteſſe? ne luy euſt il pas donné logis en ſon enfer, qu'il a ſi richement ela-
bouré. Virgile le promenant parmy ces lieux
ſombres & obſcurs n'euſt failli de luy mōſtrer
ceſte femme, ſi elle euſt vagué parmy ces om-
bres, comme il fit Iean & Boniface? C'eſtoit vn
trop bon ouurier, riche, & plein d'inuentions,
pour laiſſer vne telle piece en arriere. C'eſt
donc vne choſe trop groſſiere de croire, que
tant de diuerſes bandes d'eſcriuains, coniu-
rez contre le chef de l'Egliſe, aucuns deſquels
eſtoient heretiques, les autres, Schiſmatiques,
excommuniez, partiſans des Empereurs ayent
amonceſé tout ce, qu'ils ont peu ramaſſer contre eux, & le plus ſouuent voire preſques touſ-
jours

6.
Belles cõſide-
rations ſur ce
ſubiect.

jours faufement, felon que la haine & la vengeance les poulfoit, fans toucher cefte particularité fi vilaine & orde, pour tout le Clergé & fiege Apoftolique, & la plus infame & malencontreufe, qui aduint iamais, ny auant ny defpuis, n'euffent ils donné quelque attainte, à cefte infortunée Papeffe, pour rendre la bonne vie de tant de grands perfonnages, qui auoient tenu le pontificat, odieufe par fon exemple, & par la fin ignominieufe, qu'ils luy donnent, plus à la honte du fiege, que de celle qu'ils y ont placé?Cela monftre que toutes ces inuentions font nées & forgées defpuis leurs temps.

CHAPITRE XI.

QVE ce grand nombre d'efcrihains, contre les fouuerains Peres de l'Eglife, ne vous eftonne, Ames Catholiques, & n'enfle le cœur à ceux, qui difformant toutes chofes, fe difent enuoyez pour reformer le monde: le

cabiner

cabinet du diable n'a iamais esté despourueu
de tels esprits, qui n'ont pas mesme pardonné
aux plus saincts hommes, qui furent iamais,
Dieu le permettant : à fin que la vertu assaillie
deuint plus claire & plus illustre, & le vice
fust plus honteux. Ces escriuains sont autant
de peintres, qui estallent & exposent leur vie
comme vn tableau en public, à leur honte &
vergongne, s'il y a de notables deformitez.
La vertu, la grandeur est tousiours comme vne
bute, où lon vise. C'est l'ordinaire à ce qui est
releué par dessus le commun, d'estre subiect à
la batterie des langues venimeuses. Vn monde
d'ennemis frappent à sa porte. Demetrius l'as-
siegeur souloit dire, qu'il n'y auoit rien de plus
mal'heureux, que celuy qui viuoit sans ennemis, comme si fortune le iugeoit lasche & pol-
tron, & indigne qu'elle s'attaquast à luy. Pourquoy affronteray-ie celuy là, disoit elle dans
Seneque, il posera incontinent les armes. Il
n'est ia besoin que ie desploye contre luy la
moindre de mes forces. Ie le mettray en fuite
d'vne simple menasse. Il ne peut soustenir
mon seul regard. I'en veux bien choisir vn autre, auec lequel ie manie les mains. I'ay honte
de me prendre à vn homme prest à se rendre.
Celuy là vainc sans honneur, qui se peut sur-
monter sans peril.

    IE SVIS las de dire tant de fois, que ce-
la doit estre consideré, qu'il n'y a point d'apa-
rance, que tant d'ennemis eussent passé soubs

*Consideratiõ
notable sur ce
suiect.*

         F   silence

silence vne hiſtoire ſi infame , qui euſt ſeruy
comme d'appaſt & nourriture , pour y aſſeoir
leur venin. Si la maladie ſaiſit le corps , elle ſe
deſcharge ſur la partie la plus foible. Celuy
qui tua Achille , lè bleſſa au talon , par ce que
par tout ailleurs il eſtoit inuulnerable. Tout
aïnſi que celuy qui bat vne forte place , dans
laquelle tiennent bon de braues & determi-
nez ſoldats , ne fait pas volontiers la batterie
à l'endroit le plus fort, mais donne dans quelque coin mal flanqué,& qui ne ſoit pas en defence, pour les emporter plus aiſément. Ainſi
la meſdiſance , qui aſſaut le nom des hommes
illuſtres , les attaque la part où il les croit plus
foibles. Le ſiege Romain euſt eſté fort batta-
ble de ce coſté la , veu que la verité ſe fuſt
eſleuee contre luy. Il n'y a non plus de raiſon
de croire , que ceux qui eſtoyent affectionnez
au ſainct Siege, euſſent peu, ou ſceu cacher vn
tel forfait. Vne ſi grande intelligence , ou plu-
toſt vn tel complot & coniuration d'vn monde d'eſcriuains , qui ont tenu regiſtre des choſes paſſees, ne ſe peut imaginer. Malaiſement
tant de teſtes de ſi diuerſes langues & nations
ſe fuſſent peu rencontrer en meſme volonté.
Ils ne pouuoyent auoir intelligence & communication enſemble. Encor n'eſt il pas poſſible qu'entre tant de gens de ſçauoir Catholiques, ne s'en trouuaſt vn qui euſt quelque peu
de conſcience, pour ne mentir ſi impudemment,ou s'il en euſt ouy parler,qui n'euſt vengé

Comparaiſon

gé par vn contraire efcrit, vne fi grande iniure
faite au fainct fiege Apoftolique. Nulle corruption peut auoir faifi les hommes de ce temps
la fi vniuerfellement, que quelqu'vn n'euft ef-
chappé la contagion. Ce filence certes eft vn
certain tefmoignage de la fauffeté & impofture, quand mefme il n'y auroit autre preuue.

IL N'EST pas croyable, que tous ces
grands hommes euffent iamais fait cefte faute, de fe taire en chofe de telle confequence,
attendu que c'eftoyent des ames reueftues de
pieté, ames à la vieille marque : Car vray ou
faux il n'importoit rien à la verité de la Religion Chreftienne. La vie d'vn Prelat ne peut
bleffer vne bonne confcience, moins encores
vne bonne Loy, non plus que l'infirmité ou
maladie du Medecin ne peut corrompre la
vertu de la medecine. C'eft à la verité vne belle harmonie, quand le faire & le dire vont enfemble. Mais tout ainfi que la bonne & faincte vie n'apporte le fondemét & fermeté, auffi
la mauuaife n'a le pouuoir de fecoüer les Loix
fondamentales de la Religion. L'vne y apporte de l'edification, & l'autre du fcandale. Miferable condition du Chreftien, fi fa religion
dependoit de la bonne ou mauuaife vie de fon
Pafteur. Elle fe fouftient d'elle mefme, & de
fon propre poids. Ie feroy trop de fejour fur
ce fubiect, qui me fourniroit de la matiere
fans fin, fi ie voulois fuyure les belles & doctes
fentences de ceux qui manient les facrees loix

3
La vie du Pa-
fteur n'altere
la Religion.

F 2   de

de là Theologie.

IL Y A vn'autre raison, qui euſt peu eſmouuoir ces eſcriuains du iadis, d'en laiſſer
quelque memoire dans leurs liures : C'eſt que
les choſes non accouſtumees, & ſi extraordinaires, comme celle cy euſt eſté, ſemblent non
ſeulement plus eſtranges, mais auſſi, comme
i'ay dict, par leur ſeule nouueauté plus veritables. Ie ſçay qu'on nous a laiſſé le nom de
quelques femmes, leſquelles pouſſées de deſir
de ſeruir à Dieu, ſe ſont ſoubz vn habit maſle
renfermées dedans vn Conuent. Entre autres
Ephroſine, Marine, Theodore, Pelage, Eu-
genie, & la belle & chaſte Anaſtaſé, noble &
riche damoiſelle de Conſtantinople, laquelle
pour eſchapper la ſale pourſuite de Iuſtinian
Auguſte, ſe retira aux deſerts d'Egypte habillée en homme. La vertu & chaſteté de celles
cy deſcouurit leur tromperie. Nos hiſtoriens
les ont bien remarquées : & quoy qu'elles fuſſent dans vne grotte, & en vn lieu caché, elles
ont eſté miſes à la veuë de tous, & deſcouuer-
tes par ceux qui ont veſcu en leur temps. Et
celle la eſleuée en la premiere dignité de la
terre, ayant peu deſrober ſon ſexe, vit longuement couuerte, & cachee en vn lieu où rien
ne ſe peut couurir ny cacher. Les Lutheriens
d'Allemaigne iamais las de forger des inuentions aux deſpens de l'Egliſe, s'aduiſarent n'a-
guieres de faire publier contre ceux de la ſo-
cieté de I E S V S vn libelle diffamatoire. Parmy

4
*Fêmes entrees
en religion
ſous l'habit
d'homme.*

*Calomnies des
Lutheriës cō-
tre les Ieſuites*

my leurs riches calomnies, celle cy ne fut ou-
bliee, qu'vne ieune fille s'eſtoit miſe en leur
nouitiat, habillée en homme, & qu'en fin le
ventre luy eſtant enflé, elle fut deſcouuerte.
Mais au ſon on cognut tout auſſi toſt que ceſte monnoye n'eſtoit pas de miſe, ains battue
au coin de la haine, de la malice, & de l'enuie,
trois furies infernales, dont ſont agitez ceux
qui ſe ſont ſeparez de la bergerie Chreſtienne.
Vn ardant flambeau ne s'eſteint pas pluſtoſt,
quand il eſt plongé dans l'eau, que la calomnie
iettee ſur vne vie innocente, comme il aduint
en ce fait: Car la plainte en ayant eſté faite par
le pere general, à la iuſtice & à l'Empereur,
auec la honte des calomniateurs, leur inno-
cence fut cognue d'vn chacun.

M A I S quand bien ce mal'heur ſeroit
aduenu à l'Egliſe, qu'vne femme euſt tenu le
ſiege Romain, puis qu'elle y eſtoit paruenue
par ruſes & tromperies, & que la monſtre
& parade qu'elle faiſoit de ſa vertu & ſainŧe
vie, auoit esblouy les yeux de tout le monde,
la faute deuoit eſtre reiettée ſur elle, & non
ſur les electeurs, leſquels tenant le grand chemin, & marchans à la bonne foy ſans brigue,
ny menée, ne pouuoyent eſtre accuſez d'auoir
part à la ſuppoſition. Ceſt accident ne pourroit eſtre ſi monſtrueux, s'il eſtoit veritable,
comme ce que ceux, qui ſe ſont appellez Reformez, Euangeliſtes, & Puritains, ont non
ſeulement tolleré, mais eſtably, voire forcé

Du ſchiſme de Bearn.

F 3   aucu

aucunes Roynes & Princeſſes de ſe dire &
publier chef de l'Egliſe en leurs Eſtats & Sei-
gneuries,diſpoſans des choſes pies & ſainctes,
& des charges Eccleſiaſtiques à leur appetit &
volonté. Ie ne me veux engager en vn long
diſcours, ſur les occaſions du ſchiſme aduenu
en Bearn, ſoubz l'auctorité de leur Princeſſe,
ny rafreſchir la memoire des Edicts qu'on luy
fit faire l'an mil cinq cens ſoixante & vnze,qui
teſmoignent aſſez ceſte ſouueraine & pontificale auctorité, qui luy fut miſe en main, par
ceux, qui fraiſchement venus de Geneue, di-
ſoyent auoir trouué vn nouueau chemin pour
aller en Paradis. Ie laiſſe pluſieurs particularitez ſur le changement aduenu pendant ſon
regne. Auſſi depuis HENRY ſon fils venant à la couronne de Nauarre, oſta en partie
la ſeuerité de ſes loix, permettant à ſes ſubjets
aller ouïr le diuin ſeruice hors ſes terres,n'ayāt
peu changer l'ordre deſia approuué en ceſt
eſtat, de crainte qu'il auoit d'y eſmouuoir de
nouueaux troubles. Il en eſtoit aſſez enueſop-
pé, ſans les reietter encores en ſa maiſon. Et
puis que le ciel tournant ſes yeux de miſeri-
corde ſur nous,a voulu que ce Prince, qui a ſi
longuement,& auec tant de hazards combatu
ſa fortune, ſoit deuenu non ſeulement le premier Monarque de la Chreſtienté,mais auſſi ſe
ſoit remis en la poſſeſſion de ceſt Auguſte &
glorieux nom de TRES-CHRESTIEN,
eſtant ſur le dernier ſouſpir de noſtre vie r'entré

*Conuerſion
du Roy.*

tré dans l'Eglife, hors laquelle il n'y peut auoir
efpoir de falut. Nous efperons, que preftant
l'oreille aux iuftes requeftes des miferables
Bearnois depuis fi longues annees priuez de
leur Religion (Dieu quelle mifere eft compa-
rable à la leur) il releüera les autels qui portoyent tefmoignage de la pieté & deuotion
des Princes fouuerains de Bearn, & des anciens
Comtes de Foix.

Vueillez, ô Roy magnanime, ILLVSTRE RACE DE SAINCT LOVYS, & mef-
huy non moins heritier de fa Reli-
giõ, que de fa Couronne, mais fameux & riche de trophees, p deffus to⁹ les guerriers qui ont porté
le diadéme François, replanter les
armes & les bannieres de IESVS
CHRIST en voftre terre Bearnoi-
fe. Et apres que Dieu aura rapai-
fé fon ire, & révny le cœur (bon-
heur que nous attendõs bien tôt)
de tant de peuples, qu'il a fait naiftre vos fubieâs, ioignant vos for-

fupplication au Roy Tref-chreftien.

F 4 ces

ces indomptables, auec celles des
autres Princes Chreftiens, allez
voir la Syrie, la Paleftine, la Iudee,
iadis marquees des pas victorieux
de vos anceftres. Ie voy la Bulga-
rie, la Seruie, & la More e trembler
au feul nom d'vn fi grãd & redoutable Prince. Cefte fameufe & glo
rieufe ville, fi long temps fiege de
l'Empire Grec, ne pourra fouffrir
l'effort de vos armes, qui trauerfe-
ront le Bofphore, & feront cour-
ber fouz la puiffance Chreftienne
la Natolie, la Capadoce, & la Ca-
ramanie, & tous les peuples qui
s'eftédent en l'Afie, depuis la mer
Ægee, iufqu'aux riues de l'Eufra-
te. Viuez Prince biẽheureux: cefte
gloire vous eft fatalement deuë de
recõquerir à l'Eglife Catholique,
& à la chaire fainct Pierre, tant de
diuerfes prouinces, peuples, & na-
                                    tions

tiõs, que l'herefie, ou le Mahome-
tifme en auoit feparées. Puiſſent
les aftres à iamais dorer voſtre
ſceptre, de telles & femblables có-
queftes. Puiſſent les deftinées vo'
refaire de nouueaux fiecles, auſſi
excellans en pieté, qu'en armes, &
en lettres, & qui portēt teſmoignage à iamais de vos heroiques la-
beurs, & entreprinſes militaires, en
ſemble iuftes, enſēble religieuſes.
Puiſſent mes vœux, O NOV-
VEAV CONSTANTIN,
O NOVVEAV THEO-
DOSE, eftre exaucez : Et vous
qui eftes l'immortel & le verdoyāt
rameau de cefte diuine ſouche de
nos Princes Tref-chreftiens, fils
aiſnés de l'Eglife, protecteurs du S.
fiege, répandiez l'ōbre, les fueilles,
& les fruicts de voſtre pieté & de
vos armes, par le monde vniuerſel.

F 5   CHA

CHAPITRE XII.

Changement en An-   *Serment des Eccle-*
gleterre.   1   *siaſtiques Anglois.* •

4

Quand l'Angleterre   *Bon heur de la Fran-*
fut faite Chreſtienne.   *ce en ſon mal' heur.*

2   5

Cōment & pourquoy   *Puiſſante & eſtēduë*
elle ſe ſepara de l'Egliſe.   *du chef de l'Egliſe.*

3   6

1
Changement
en Angleter-
re.

REPRENANT le propos , que i'ay
laiſſé pour tourner le viſage deuers ce
grand & redoutable prince , Si on conſidere
ce qui ſe paſſe en Angleterre , on verra , que
ces gens , qui veulent peupler le monde de
nouueautez , abuſans de la ſimplicité & fragilité de leur Royne, luy ont fait à croire, qu'elle ſe pouuoit dire ſouueraine Pontife. Ils la
recognoiſſent pour telle & luy rendent ceſte
obeiſſance , meſmes ez choſes qui dependent
de leur ſalut & de leurs conſciences. On ne
voit ſoubs ce nouueau Pontificat que feux,
que gibets. On oit les cris d'vn milion de perſonnes innocentes , ſans que tant de Princes
Chreſtiens s'en eſmeuuent , que pour leur in-
tereſt. Ce manteau de Religion ſouuent ne
ſert , que de couuerture à leurs eſtats : & n'a-
longent leurs bras que pour leurs commoditez.

Touſ

Touſiours le mal d'autruy, legeremët nous bleſſe.
Et lors que par l'obiect d'vn triſte euenement
Les pleurs naiſſent aux yeux, auſſi ſoudainement
La ſource ſe tariſt: & le regret nous bleſſe.

diſoit le Chancelier l'Hoſpital. Dieu peut e-
ſtre reſerue à ſoy la vengeance : il a les pieds de
laine. Auſſi dict quelqu'vn de nos poëtes apres
Homere.

    Le tout puiſſant, quoy qu'il tarde,
    Sa peau de cheure regarde:
    Et plus il va lentement
    Plus il punit aigrement.

ENCORES que ce Royaume ait touſiours reſſemblé vn vaiſſeau, qui flotte ores
doucement, ores auec violance, ſelon que l'eau
eſt courroucéee ou bonace : Toutesfois il s'e-
ſtoit maintenu plus de mil ans ferme & ſtable
en la Religion Catholique, ſans s'en demen-
tir, ayant eſté du tout retiré de l'idolatrie par
le Pape Gregoire, encor que ſoubs le regne
de Lucius, le nom de Ieſus y euſt eſté annon-
cé. Ce ſainct pere, a bon droict ſurnommé le
grand, y enuoya Auguſtin & Melitus doctes
religieux de ſainct Benoiſt, où ils planterent la
Croix, laquelle en nos iours a eſté arrachée.

    O gent infortunée, à quel mal'heureux ſort
    Te garde la fortune.

Voicy l'hiſtoire de la creation de ce nouueau
chef de l'Egliſe en peu de mots, parce qu'elle
bat ſur noſtre ſubiect, afin que nous reiettions
veritablement ſur eux, ce que faucement ils
                      nous

Quãd l'An-
gleterre fut
faite Chre-
ſtienne.

nous attribuent. Que fi ie n'eufſe faiĉt tort au
ſubieĉt, que ie traicte, de laiſſer ceſt exemple
ſi voiſin qu'il nous eſt preſque domeſtique, ie
n'eufſe prins la peine de faire le traieĉt en Angleterre, pour vous faire voir comme on ſe
gouuerne ſoubs ce pontificat feminin. Il faut
parler ſobrement des Dieux.

Auſſi la Royauté
Retient ie ne ſçay quoy de la diuinité.

3
Comment &
pourquoy Eli-
ſabeth ſe ſepa
ra de l'Egliſe. PENDANT le regne de Marie ſoubs le
gouuernemét du Cardinal Polus, le Royaume
fut Catholique, lequel peu auant, ſoubs celuy
d'Edouart auoit eſté Zuinglien. Ceſte princeſſe morte, Eliſabeth fut retirée de priſon,
couronnée & ſacrée Royne. Ceux qui auoient
quelque authorité en l'eſtat, ne penſant pas
pouuoir ny viure en repos, ſi les autres y
eſtoient, ny exercer leurs vengeances (car le
regne dernier auoit eſmeu diuerſes humeurs)
luy mettent en teſte, que ſi elle ne ſe ſeparoit
de l'obeiſſance de l'Egliſe Romaine, ſa couronne ſeroit fort esbranlée. Que le Pape, en
faueur de l'Eſpagnol, ne reuoqueroit iamais
les bulles, qui l'auoyent declarée illegitime,
par ce que ſans diſpence Henry ſon pere auoit
eſpouſé Anne de Boulan, viuant encor Catherine d'Eſpagne ſa femme: Et qu'auſſi noſtre bon Roy Henry auoit faiĉt proclamer &
couronner la Royne d'Eſcoſſe ſa belle fille,
Royne d'Angleterre eſtant la plus prochaine
du ſang Royal. Comme c'eſt l'ordinaire des
Princes

Princes de n'auoir plus grand soing que de *Coustume des* bien establir & maintenir leurs estats à quel-*Princes.* que prix que ce soit, ayant ceste opinion, qu'il n'y a nul mauuais moyen pour cest effect. Ils ne craignent pas mesmes de s'allier auec Ma- homet, de se rendre tributaire des Othomans, marque ignominieuse & infame à l'Empire Chrestien. Ainsi ceste Princesse, sur ce trou- ble, voyant le sainct pere sourd à ses prieres, *Elisabeth se* print ce mauuais conseil, de se separer de son *separe de l'E-* obeïssance, entre en ligue auec ses ennemis. *glise.* Pour cest effect elle renouuella tout aussi tost la vieille querelle de son pere, qui auoit le pre- mier vsurpé ce titre CHEF DE L'EGLI- SE, qui n'a nul cousinage auec la royauté. Pour s'y maintenir iusques à ce iour, la ialou- sie du François & de l'Espagnol & depuis nos diuisions & subdiuisions luy ont de beaucoup seruy.

ORLE premier acte, qu'on luy fit faire *4* en sa Royauté pontificale, fut de forcer les pre-*Serment des* lats de son Isle à faire serment solemnel en ces *Ecclesiasti-* mots. *I'atteste, iure, & declare en ma conscien-*ques *Anglois.* *ce, que ie tiens la Royne estre supreme & seule* *gouuernante* (voyez la ruse de rayer ce mot *Caluin sur* Chef blasmé mesmes des siens, pour y loger *Amos.* celuy de gouuernante, qui estoit la mesme chose.) *de ce Royaume d'Angleterre, non seule-* *ment ez choses temporelles, mais aussi spirituelles* *& Ecclesiastiques, sans que nul Prince, Prelat,* *ny autre de faict ou de droict, ait aucune puissance,* *supe*

superiorité, iurisdiction, preeminance ou auctorité
Ecclesiastique, ou spirituelle en ce Royaume. Et par
ainsi ie renonce à toutes autres puissances, iurisdi-
ctiōs, & auctoritez. Apres que quelques prelats
& ecclesiastiques ne songeans qu'à la soupe,
eurent faict ce serment, le peuple fit le mesme. Aussi disoit vn poëte.

> Communement on voit que la prouince
> Forme ses mœurs au moule de son Prince.

Les subiects
singes de leurs
Princes. ils sont ses singes, dict Herodian. Ils changent
& rechangent leurs mœurs auec les siennes, escriuoit Sinese à l'Empereur Arcadius. Costan-
tin fils aisné de l'Eglise n'eut plustost embrassé
Iesus-Christ, que tout le peuple en fit le mesme. Le monde fondit en l'armes, escrit S. Hierosme, de se voir Arrien, lors que Constance
le fut. Le mal'heureux Iulian quittant le Christianisme, voila l'idolatrie en credit, tout court
apres cest apostat.

Bon-heur de
la France en
son mal'heur. CE ROYAVME de France parmy
tant de diuers mal'heurs, encores bien heuré
& fauorisé du ciel, n'a pas couru pareille
fortune: Car pendant le temps, que nostre
Roy a seiourné dans les tenebres, où il auoit
esté enuelopé des le berceau, & que ses armes
victorieuses sembloyent espouuanter ses ennemis, a peine en a on veu deux ou trois quitter l'ancienne routte, pour aller au change, &
courir apres leur maistre, qui les en estimoit
moins (ames miserables, dont la Religion depend de la faueur & de la fortune.) Ains tout

au

au rebours plufieurs fe remettre dans l'enceinte de la vieille bergerie Chreftienne. Apres
Dieu nous deuons cela à la bonté & douceur
de fa nature, haut louée de tous, laquelle n'a
iamais voulu fouiller dans la confcience de fes
propres domeftiques. Angleterre mal'heureufe, Elifabeth par defpit changeant fa Religion, tu en fis le mefme. France bienheureufe,
tu laiffes H E N R Y en fon opinion, & par ta
patience en viens à bout, le conduis en triomphe au pied de l'autel, Mais le vaincu rapporte
la victoire.

E N C E grand defordre & changement *Puiffance &*
eftrange, qui furuint en cefte Ifle, les plus *eftendue de*
grands Idolatres de leur Royne, & plufieurs *Chef de l'E-*
Ecclefiaftiques reffemblans le pourceau de *glife.*
Pirrho, mirent nonchalemment la main à
l'œuure. Ainfi fe perdit la Boheme, dit
Æneas Siluius. Mais cependant que ce petit
coin du monde fe fepare de l'Eglife; les mon-
des entiers y entent, foubs l'auctorité de ce
Chef Romain & non d'autre. Car I E S V S
C H R I S T n'a voulu que fon nom fut imprimé au cœur des peuples par autre main que
de celuy, qu'il a eftably fon Vicaire. C'eft ce
Chef, qui peut conuoquer à foy le Gange
auec l'Ebre, le Nil auec le Rhin : qui faict paffer fes decrets iufques au Iappon d'vne part,
& aux Ifles fortunees de l'autre. Qui eftend fa
puiffance au dela la mer Atlantique, au Pe-
rou vers le midy, & en l'Amerique & Themi-
ftitan

ftitan vers le Nort. C'eſt ce Chef, diſ-ie, qui
peut vnir & conioindre enſemble, ſoubs vne
meſme foy & meſme predication, les peuples
ardants de Mahicongo & de Melinde, auec
les nations glacées de Serifinie & de Biar-
mie.

CHAPITRE XIII.

1

*Ordonnances
d'Eliſabeth.*

CESTE Princeſſe, pour s'aſſeurer auec
ſa royauté, l'authorité pontificale, qu'elle auoit vſurpé, fit des ordonnances nõ ouyes,
pour monſtrer que tant le temporel, que ſpi-
rituel eſtoit en ſa main. Ainſi fit ce bandolier
fondateur de l'Empire Romain. L'authorité,
diſoit-il, & ſuperintendance abſolue de tout
ce qui concerne la Religion & les ſacrifices,
ſoit deuers le Roy. La premiere de ceſte
Royne eſt de telle teneur. *Nous voulons, &*
ordonnons, que d'ores en auant tous priuileges,
preeminances, prerogatiues, primautez ſpirituel-
les, qui peuuent eſtre exercees par le droict hu-
main,

main, ou Ecclefiaftique, touchant la vifite, correction, reformation de tout le Clergé, ou bien pour
la cognoiſſance, ou amandement de tous erreurs,
bereſies, ſchiſmes, & abus, nous appartienne, &
à noſtre ſceptre. Et en vn autre endroit. Quiconque niera que la Royne ſoit de ſouuerain chef de
l'Egliſe és choſes Eccleſiaſtiques, ſera condamné
és priſons perpetuelles, & tous ſes biens confiſqués.
Mais elle ne s'eſt pas cotenue dans la douceur
de ſes premieres loix. En voyci d'autres ſur le
meſme ſubiect. Quiconque aura dict, affermé,
ou autrement ſignifié, par chiffes, ou l'aura con-
feſſé en eſtant interrogé, que l'Eueſque de Rome
ſoit le chef de l'Egliſe d'Angleterre, ou auoir quelque authorité és choſes Eccleſiaſtiques, celuy là
ſera tenu pour criminel de leze Maieſté, & puny
de telle peine qu'on à accouſtumé traiter ceux, qui
ſont traiſtres à la republique. Si quelqu'vn per-
ſuade vn autre d'obeir à l'Eueſque Romain, il ſera condamné comme coulpable de leze Maieſté:
côme ſera auſſi celuy qui permettra qu'on le luy per
ſuade.

ENCOR n'eſt ce conſeil content de tenir
oppreſſées les conſciences de tant de milliers
de perſonnes: mais pour effacer du tout le ſouuenir de la religió Catholique à tous ceux, qui
ſont nez dans l'Angleterre, il y a quelques années, qu'vn Edict a eſté publié non ſeulement
contre ceux, qui reſident dans leur Iſle, mais
auſſi, quï ſe ſont retirez en France, Italie, Eſpagne & autres pays, pour euiter la perſequutió.
G Par

2.
Merueilleuſe
rigueur en
l'Angleterre.

Par ieeluy tous ceux-là font declarez criminels
de leze Majefté, qui pour quelque occafion que
ce foit, enuoyeront aucuns moyens ny fecours
à leurs freres, parens, ou amis Catholiques. On
a veu de gràds feigneurs & dames fugitifs mã-
dier leur vie, fans pouuoir retirer aucune commodité de leurs biens, ny des leurs. Pour l'obferuation de ces loix, & autres encores plus fe-
ueres, on n'a veu que feu, que fang, & vn horrible carnage des pauures Catholiques, qu'on
efgorge & brule, non feulement à Londres,
mais par tout le Royaume, comme on lit dans
les liures imprimez par les Anglois, qui fe glo-
rifient d'efpandre le fang innocent. Ie laiffe la
miferable & infortunée Royne d'Efcoce, Royne, deux fois Royne, ayant honoré le liét nup-
tial du plus grand Roy de la Chreftienté. C'eft
vn fubieét plus propre pour ceux, qui manient
les affaires d'eftat.

3.
Puiſſance &
authorité de
Eliſabeth en
ſes Egliſes.

VOILA comme on vit foubs ce Pontife.
Ie puis fans offence luy donner ce nom, car cóment peut on appeller celle, qui difpofe des
confciences, qui diét auoir les clefs du paradis
& de l'enfer, ayant forgé vne religion à fa fantafie, qui a la fouueraine authorité de l'Eglife,
qui faiét comme chef d'icelle la vifite de fon
Royaume, qui eftablit les Archeuefques, &
Euefques & autres prelats de fa propre auth o-
rité, & fans auoir l'impofition des mains? auffi les appelle on EVESQVES A LA REY-
NE, lefquels elle remuë d'vn Euefché à autre,
de

de trois en trois ans,ou quand il luy plaiſt. De
meſme en fait le grand ſeigneur,qui oſte à ſon
plaiſir & deſmet,quand il veut , ſón Meuphti
grãd patriarche de ſa loy.Cóment peut on , ie
vous prie,baptiſer celle,qui alonge,racourcit,
chãge,& rechãge la religion cóme il luy plaiſt?
Qui a retenu dans ſes temples,les orgues , les
cloches, les chappes,les ſurplis,les rochets, les
calices en adminiſtrant leur Cene , le nom des
Eueſques,Archeueſques,Chanoines,,Diacres,
Preſtres,Curez,les heures,les chants, les preſ-
ches ordinaires du Careſme, les jeuſnes d'iceluy , les iours de Vendredy & Samedy , auſquels il eſt prohibé de manger chair ? Qui a
gardé les Croix, les Crucifix, marque ancienne de la pieté Chreſtienne ? Encores auiour-
d'huy dãs ſa chappelle,qui eſt à Grinnochçche, *Chappelle de*
on en voit vn ſur ſon autel paré de blanc, auec *la Royne.*
deux grands cierges à coſté ſur deux chande-
liers d'argent. Elle en ſouloit porter vn pendu
au bras,dequoy Theodore de Beze s'eſt plaint
à elle par ſes lettres. Car non content de ſon
Eueſché de Geneue,il a voulu eſtendre ſon authorité ſur toutes les autres pretendues Egliſes:& a faict ce qu'il a peu , affin que la Royne Angloiſe ſe reformaſt à la Françoiſe. Mais
elle n'a iamais voulu changer ſa façon& ſa police Eccleſiaſtique, ny ietter ſa religió au moule de Luther,Zuingle,ou Caluin. Pluſieurs de
ſes ſubiects,comme s'ils auoient vne creance
plus eſpurée que les autres , ſe ſont dicts Pu-
G 2   ritains,

ritains,ceux la faifoient leurs temples en leurs
maifons:& feruant Dieu à leur mode, ne pou+
uoient en confcience, difoient ils,participer à
Les Puritains tant de cerémonies papiftiques, que la Royne
à retenu.En fin elle les a forcez de viure à fa
façon.Bref il faut confeffer qu'elle a eu plus de
prudence & fageffe, que les premiers baftif-
feurs de L'HVGVENOTAGE. Car cefte religion dénuée de toutes ceremonies fe môftre
foible,feche,fans nerfs,ny liaifons aucunes,au
iugemét mefmes de bon nôbre de leur troup-
peau. Vn gentilhomme de cefte Guiene m'en
a difcouru fort particulierement. Celuy la à
refidé aupres d'elle mandiant quelque argent
pour le fecours des Seigneurs liguez, pour la
deffence de la nouuelle religion (pauures Frâ-
çois,qui allez queftant & hurtant a la porte de
voz voifins,& qui tédes la main à l'Anglois &
à l'Efpagnol pour voftre ruïne) il me difoit,
qu'elle prent volontiers plaifir d'entretenir la
nobleffe Françoife,ayant de couftume fe van-
ter & glorifier,qu'elle a fon Clergé fort honorable dreffé de fa main : Que fes Eglifes font
bien autrement regies,que celles de France &
Allemagne, qui n'ont rien d'augufte & venerable : Qu'elle a fouueraine puiffance fur tou-
Couftume de tes chofes.Bien fouuent on la veüe fe leuer de
la Royne. fon fiege, & impofer filence aux prefcheurs,
leur difant tout haut, Laiffez ce difcours, fui-
uez voftre texte.Ce n'eft pas chofe , que i'aye
apprinfe de Sanderus:celuy la & plufieurs Frâ-
çois

çois defpuis m'ont affeuré luy auoir veu prendre cefte authorité à la veüe de tout le peuple.
Comment peut on doncques baptifer celle,
qui fe dict chef de l'Eglife, fi ce n'eft du nom
de Papeffe? C'eft la premiere, que la Chreftienté ait iamais veu: Car celle, qu'ils imaginent en
noftre Eglife, eft vn vain fantofme.

C'A ESTE' vn des artifices de ceux, qui
ont voulu faire vn monde nouueau, pour attirer les Princes à leur cordelle ; de leur perfuader, qu'ils ont toute puiffance és chofes Ecclefiaftiques. Ce pendant ils empietent le bien
de l'Eglife, diftribuent ce qui n'eft pas à eux.
Tel met fa confcience au croq, pour en atrap-
per quelque loppin, Et pour conferuer ce qu'il
a acquis, fe maintient apres opiniaftre en l'erreur qu'il a embraffé : Car noz commoditez
marchent bien fouuent les premieres. Brance,
encor qu'il ne foit pas fuiuy de fes côpagnons,
ny de Caluin, a confirmé ceft erreur par l'efcriture, Mais c'eft elle, qui le dément côme on
peut voir, dans tous les faincts Peres. C'eft
Empire eft diuifé: le partage en eft fait au ciel.
Voila pourquoy fainct Ambroife refpondit à
l'Empereur Valentinian Arrien. *N'eftime pas
Empereur, que ton authorité & puiffance imperiale s'eftende ez chofes diuines. Tu as la charge des
affaires d'eftat, & non de l'Eglife.* Theodoret
raconte qu'vn fimple preftre eftát exhorté par
Bartes lieutenant de Valens, à ce qu'il euft a
fe ioindre à l'Empereur, pour la doctrine de la

4.
Artifice des reformez.

Belle refponfe d'vn fimple preftre.

G 3   foy,

foy, fit cefte refponce, *Quoy Valens a il obtenu le pontificat auec l'Empire? Nous auons vn pafteur, auquel nous obeiffons.* Le mefme fut refpondu à Leon Ifaurique par les Catholiques. *N'effaye maintenant, Empereur, à diffoudre l'eftat Ecclefiaftique: Car la faincte parole aict, Dieu à eftabli en fon Eglife premierement d s Apoftres, puis des Prophetes, apres des Pafteurs & Docteurs, Il n'a pas dict Roys. A vous, Sire, l'eftat ciuil & les armes font commifes, ayez le foing des chafes. Laiffez, ainfi que dict l'Apoftre, l'Eglife aux pafteurs.*

5.
L'obeyffance propre à la femme.

QVE fi l'authorité d'vn Prince, d'vn Roy, & d'vn Empereur, a efté en telles chofes non feulement blafmée, mais auffi deteftée, de cóbien eft il plus infame, & indigne de plier le col, foubs les loix Ecclefiaftiques d'vne femme? Ie le laiffe au iugement de ceux, qui en auront tant foit peu. Cela certes eft contre nature, de voir celle, qui eft crée pour obeïr, cómander imperieufement: Et celle, qui par l'efcriture eft exclufe de toute adminiftration des chofes Ecclefiaftiques, lier & deflier les plus faincts & facrez myfteres de la Religion à fon appetit, & ordóner de la police de l'Eglife, tout ainfi que de fó filet de fon efguile, & de fa toile

Nature n'a voulu que la femme commande, Difoit le Comique. Que fi elle luy euft donné la force, efcrit Seneque, il euft efté impoffible d'habiter au monde. Tous les plus fages legiflateurs, qui furent iamais, les ont efloignées tout

au

autant, qu'ils ont peu, des charges qui appar-
tiennent a l'homme: Les philofophes, de la
philofophie: les jurifconfultes, de la police ci-
uille. Mahomet, fi l'authorité d'vn tel impo-
fteur merite d'eftre alleguée, les a mefmes pri-
uées de fon paradis. Bref tous les peuples leur
ont fermé la porte des charges publiques. Auffi difoit Philo, fi la femme fe veut entremettre
de ce, que concerne l'homme, qu'on l'appelle
Homaffe. Ce n'eft qu'inconftance & legereté.
Le vent, la plume, la fumee; & la femme, c'eft
tout vn. C'eft pourquoy les anciens parlans
fimplement de l'infirmité, entendoiét la femme. Et le plus grand legiflateur, qui fuft iamais
a efté en doubte, s'il la deuoit loger entre les
animaux raifonnables. Que fi les fages Romains, fi les Grecs auifez, & prudens ont eu,
comme nous voyons par leurs loix, fort fufpe-
cte l'infolence, mollefse & fragilité de ce fexe,
le propre duquel eft de fe laiffer piper & deceuoir, difoit fainct Chrifoftome: fi par leurs
loix, ils les ont forclofes de tout maniement
public: fi cela a efté comme droit des gens,
ainfi que parle noftre jurifconfulte, combien
deuons nous, nous qui fommes Chreftiens,
empefcher que les chofes diuines & fainctes
ne foiét pollues & prophanées foubs les mains
de celles, qui ne font dignes d'en approcher,
quelque grandeur que nature leur ait defparty?
Car comme difoit le Comique.

Qualitez de la femme.

Il ne faut pas que l'homme pense.
Trouuer es femmes difference.

C'est vne Royne, c'est vne Imperatrice : Tant
grande & fage que tu voudras, mais en fin c'est
vne femme. La fageffe force malaifément noz
conditions naturelles.

EN CELA ces reformateurs Anglois fe
font mõftrez les vrais enfans de leurs premiers
peres, lefquels comme l'on voit dans leurs annales, fouloient cõbatre foubs la conduite des
femmes & foubs leur enfeigne : & ce qui eft
encores pis, ont fuiuy & imité les heretiques
Ariens, qui donnoiét les principaux fieges, &
l'authorité des chofes de l'Eglife, à leurs Impe-
ratrices, comme remarque l'hiftoire Ecclefiaftique, & Suidas parlant de Leontius, qui pour
s'y eftre vertueufement oppofé, fuft appellé la
REGLE DE L'EGLISE. Les beaux mots
de cest autheur, meritent que ie les loge en ce
lieu. Comme Eufebia femme de Conftance, enflé
du gloire eftoit fi outrecuidée de fe faire reueter
aux Euefques, par deffus fon merite ; Leontius feul
fe mocquant de tels flateurs, demeura chez foy. Dé
quoy l'Imperatrice offencée tacha à le gaigner par
promeffes ; pour obtenir feulement ce poinct qu'il
vint vers elle. A quoy d'vne conftance affeuréé il
fit telle refponce, Si tu veux, que i'aille vers toy,
garde l'honneur deu aux Euefques, defcens de ton
fiege, & viens au deuant de moy inclinant ta tefte
pour receuoir la benediction. Et comme ie feray affis, tiens toy debout auec la modeftie que tu
dois,

6.
Couftume des
Ariens.

Leontius.

dois, iusques à ce, que ie te face signe de te seoir. Si
tes conditions te plaisent, ie suis prest d'aller vers
toy, si non, sçaches, que tout ce que tu sçaurois fai-
re, ny dire, ne me pourroit forcer à faire la moin-
dre breche à l'honneur ieu à la charge, que Dieu
m'a mis en main. Eusebia Imperatrice & vrayement femme, grandement outrée de l'hardie
respôce de Leontius, ne laissa pierre à remuer,
pour se vanger de luy. Mais la honte luy tum-
ba à elle mesme sur la teste. Le Catholique
n'est iamais venu à cest erreur : & n'a onques
esté si lache de tendre la main à ce sexe fragile,
luy donner puissance ès choses, qui concernêt *Arrest de*
l'Eglise. Voila pourquoy tressagement ce grãd *Paris.*
& illustre Senat de Paris, lors de la verification
de la regence de Madame Louyse, mere du
Roy Fraçois, l'an mil cinq cens quinze, & pendant sa prison l'an mil cinq cens vingt quatre,
ordonna, qu'elle ne pourroit à'entre-mettre
des choses Ecclesiastiques, ny admettre aucune resignation, ou nommer aux benefices va-
cans en regale, priuilege octroyé à noz Roys.
Les Arriens, dont i'en fay mention, auoyent
suiuy les traces de leurs deuanciers, dont la
plus part ont desparti aux femmes peu ou prou
des charges Ecclesiastiques, comme on peut
voir dans Epiphane escriuant de Marciô, qu'il
a doné pouuoir aux femmes de baptiser. *Com-*
bien sont impudentes & effrontées les femmes
des heretiques, disoit Tertullian, de disputer,
faire des exorcismes, & entreprendre d'enfei-
      G 5   *gner?*

guer? Ca esté aussi l'infame police des Pepu-
siens, & Quintiliens, entre lesquels les femmes
faisoient l'office d'Euesques, comme dict Epiphane, & sainct Augustin.   Ceux-cy ont esté
suiuis des Vaudois, & depuis des Vuiclefuistes.

Valdon mar-
chant de Lyõ.
Car Valdó, marchãt de Lyon chef de ceux, qui
furent appellez pauures de Lyon, fust le premier, qui leur mit en main la Bible en François enuiron l'an mille cent soixante. Illiricus
asseure, que ce fust luy mesmes, qui la tradui-
sit, & Constans Ministre de Montauban, & des
premiers de la France en son exposition pro-
phetique sur Daniel, enrichie de diuerses cu-

Il n'a encor-
mis au iour ce
liure que i'ay
veu.
rieuses recherches, fait valoir, comme vn grãd
miracle, que cest homme idiot, il l'appelle ainsi, ait le premier apporté la lumiere au monde,
Ioseph de Perpignan autheur ancien escrit au
cótraire qu'il la fit traduire à vn homme clerc,
car il ne sçauoit du tout rien: Il auoit quitté le
monde, & donné ses biens aux pauures, eston-
né d'auoir veu tomber mort à ses pieds vn sien
compagnó, se promenãt auec luy en la place
de Lyon, cóme font les marchãs ordinairemēt.
Ce pauure homme ayant mis le nez dãs les es-
critures sainctes, profita si bien, qu'il se rendit
chef de ceste secte, qui fust baptisée de son nó.
Despuis au temps de Luther il y eust des femmes si temeraites, qui oserent tenir des theses

Argula.
publiques sur le fait de la religion. Entre lesquelles presidoit vne dame nommée Argula.
Noz reformez en France se sont contentez de
les

les laiffer chanter pefle-mefle parmi le peuple,
chofe qui a efté prohibée mefme en la primi-
tiue Eglife. Et Lin°, qui fucceda à S. Pierre, ordóna qu'elles n'entraffent au temple fans eftre
voilées. Cela, difent ils, eftoit bien digne du foin *Cent. 1 liure*
d'vn Euefque. Le lecteur m'excufera fi ie me fuis *2. cha. 10.*
fi longuemét efcarté de ma droicte route, pour
luy faire voir comme on fe porte en Angleter- *Louanges de*
re foubs cefte nouuelle Papeffe, Princeffe, la- *la Royne*
quelle à la verité, felon le monde, eft digne de *d'Angleterre.*
beaucoup de gloire & loüange, pour la prudé-
ce & fageffe, auec laquelle elle à fçeu deffendre., & maintenir iufques à ce iourd'huy fon
eftat en paix & concorde, tádis que fes voifins
fe font entre-mangez, & fe demefler de ce grãd
& redouptable ennemy, qui luy a ofté fi fouuent fur les bras. Vueille le tout puiffant exau-
cer les prieres des Catholiques, qui en telle
perfequution batét à la porte du ciel, affin que
rentrant en l'Eglife où elle a receu le Baptefme
& vne couronne periffable, elle foit digne de
pardon, & d'vne immortelle couronne, imitãt
ce grand Roy, fur qui toute la Chreftienté iette les yeux, lequel ne voudroit changer auec
tous les empires de la terre, l'aife & contente-
ment, qu'il fent en fon ame, la voyant en repos
dans le fain de l'Eglife Catholique, Apoftolique & Romaine, laquelle en fin triomphera
glorieufe & victorieufe de tous fes ennemis.

Chap

CHAPITRE VIII.

1.
Grande preu-
ue contre la
Papeffe tirée
d'Anaftafe.

R EPRENANT mes brifées, & les hiftoriens, qui ont efcrit du temps de leur
imaginée Papeffe, ie me refouuiens d'auoir
referué cy deffus parmi ceux la, Anaftafe fecretaire des Papes, gardien des liures & regi-
ftres du Vatican, qui eft la plus belle, rare, &
mieux fournie bibliotheque de la terre. Laquelle par vne fainte & louable inftitutió de tous
temps obferuée, eft ouuerte à tous ceux qui la
veulent voir. Il y a des hommes gagez, pour la
garder, & n'en partir tant qu'elle eft ouuerte.

La librairie
du Vatican.

C'eft Anaftafe a efcrit fort curieufement les
vies des Papes, iufques à celuy, qui a tenu la
place cent dixiefme. Il fe fu digne auoir affifté
au couronnement de Sergius deuxiefme, de
Leon quatriefme, de Benoift troifiefme, Nicolas premier, Adriâ deuxiefme, & Iean huictiefme. Et ces inuenteurs de fables difent, que leur
Iane tint le fiege apres Leon quatriefme. Voici les mots d'Anaftafe, qui ne parle pas par
ouïr dire, comme font ces quatre ou cinq che-
tifs

tifs autheurs forgeurs de ceste Chimere. Le
tressainct Pere Leon quatriesme rendit l'esprit à
Dieu le quinziesme Iuillet: & fut enseueli à sainct
Pierre. Le siege vaqua quinze iours. Apres sa
mort tout le Clergé Romain, les grands & le peuple furent assemblez, inuoquant la bonté de Dieu,
affin qu'il luy pleust leur donner vn bon pasteur,
qui gouuernast paisiblement le sainct siege. Eux
diuinement inspirez d'vn commun consentement,
d'vne mesme volonté, prononçerent & nommerent
pasteur de l'Eglise Benoist, à raison des graces &
perfections qui estoient en luy. Tout le peuple
auec vne allegresse incroyable l'accompagna au
Patriarchat Lateran auec Hymnes & Cantiques,
& suyuant l'ancienne coustume on le mit au siege
pontifical. Ce n'est pas vne ellection fai cte à la
volée d'vn ieune homme venu d'Athene, ce
n'est pas l'ellection d'vne fille perdue, & d'vne
vilaine putain fugitiue, qu'Anastase raconte.
C'est la promotion de Benoist, successeur de
Leon, dont il parle, pour y auoin esté present,
Benoist, dis-ie, successeur de Leon, & non de
Iane, que ces esprits febricitans ont fantasié.
Ce n'est pas icy vn on dict, on tient communement, le bruit en est tel: mais bien l'histoire pure & simple, de l'ellection de cinq ou six
Papes, qu'il a veu, asseurant qu'entre Leon &
Benoist, il n'y eust que quinze iours, pendant
lesquels le siege vaqua. Quelle apparence est
ce qu'il y a, qu'Anastase eust obmis vne chose
si remarquable, aduenue en son temps, luy
estant

Election de Benoist.

eſtant officier de la maiſon. La verité l'a faict
ainſi parler, & non ſa paſſion ou affection. Il
auoit occaſion, ſi la haine peut quelque choſe

ſur la plume d'vn hiſtorien, deſcrire tout le
contraire. Par ce que Leon quatrieſme, predeceſſeur de ce Pape Iane l'auoit códamné, pour
quelque faute par luy commiſe: & priué de ſes
benefices, à faute d'auoir reſidé. La preuue
que nous tirós de ceſt autheur eſt ſans reſpóſe.

2.   AFIN qu'Anaſtaſe ne demeure ſeul de ce

temps là, qu'on liſe les epiſtres de ce ſainct
perſonnage Nicolas le grand, ſucceſſeur de
Benoiſt troizieſme & ainſi eſleu trois ans apres
la Papeſſe. En pluſieurs & diuers lieux de ſes
epiſtres, diſcourant des elections des ſaincts
Peres, il nomme Leon quatrieſme, & Benoiſt
troizieſme, ſans laiſſer nul temps entre deux, ny
faire mention de Iean, ny de Iane, racontant
luy meſmes comme il fuſt appellé au pontificat. Lon y rencontre ſouuent ces mots.
Mes predeceſſeurs d'heureuſe & loüable memoire, Leon & Benoiſt, meſmes en l'epiſtre
qu'il adreſſe à l'Empereur Michel ſon ennemi.
Ce n'eſt pas par la bouche d'autruy, que ce
grand homme de bien diſcourt ainſi des pontifes, qui l'ont deuancé. C'eſt choſe, qu'il a
veüe, laquelle il n'euſt oſé farder aux yeux de
ſes ennemis. Où eſt donc le temps, que ceſte
paillarde a tenu le ſiege? Attédu qu'on le trouue remply par la ſuitte des Papes, qui ont veſcu
en ces iours-là?

EST

EST il poſſible, qu'on ſe puiſſe perſuader,
que ces gens ayent ainſi effacé de leur viſage
toute honte, pour impoſer à tout le monde,
quand ils l'auroient peu faire,ce larcin de deux
ou trois années, attribuées au ſiege & temps
de ceſte Papeſſe,pour ſauter de Leon à Benoiſt,
& n'y mettre que quinze iours entre-deux,
pendant leſquels le ſiege vaqua. En quoy non
ſeulement ceux qui ont eſcrit particulierement les vies des Papes s'accordent : mais
auſſi les hiſtoriens Fraçois & Italiens , comme
Aimonius & Ado Archeueſque de Viéné, duquel voicy les mots. *Le Pape Gregoire mort,*
Sergie eſt crée. A celuy cy ſucceda Leon , lequel
eſtant decedé Benoiſt fut ſubſtitué au ſiege Apo-
ſtolique , Ademarus , qui viuoit ſoudain apres
en dict le meſme,comme fait Paule Emile &
les hiſtoriens Anglois. Ie laiſſe Polidore Virgile,& autres pour aller aux plus anciens. I'ay
leu vn autheur Anglois nommé Veſt-Monſta-
rienſis, lequel viuoit treze ans auant Martinus
Polonus premier forgeron,cóme on a veu , de
leur fable.Il a eſcrit l'an mille trois cés ſeptan-
té,la fleur des hiſtores Angloiſes, deſpuis imprimées à Londres l'an mille cinq cens ſeptante trois. Eſtant ſur le propos de Leon quatrieſme,& de ce,qui aduint apres ſa mort, il ameine la ſucceſſion immediate de Benoiſt , ſans
donner lieu à ceſte femme,diſant ainſi , *Apres*
Leon quatrieſme fut eſleu Benoiſt troiſieſme , qui
tint le ſiege. Ie m'aſſeure que s'il euſt paſſé par

les

3.
Conſideratiós
notables.

Ado.

Veſt Monſta-
rienſis.

les mains des Lutheriens Allemans, il ne fuſt pas ſorty de leur boutique, ſãs mettre Iane entre deux. Le meſme en diſent les autres Annaliſtes, comme Valerianus. *Apres Leon, dict il, Benoiſt troiſiéme fuſt aßis dans le ſiege Romain.* Voicy encor l'Abbé Vſpourg. *L'an huict cens cinquante cinq, mourut le Pape Leon : auquel Benoiſt Pape cent quatrieſme ſucceda : lequel trepaßé, Nicolas fuſt eſleu.* Celuy ci encore vſe de ce mot, cent quatrieſme, qui monſtre d'autant plus la verité de ce qu'il eſcrit.

Valerianus.

4   IL FAVT que i'accable noz ennemis de preuue. Oyez vn Abbé de noſtre Gaule, lequel eſcriuant au Pape Benoiſt parle ainſi, *Au temps de voſtre predeceſſeur d'heureuſe memoire Leon, Ie fus enuoyé à Rome, à laquelle par l'authorité de Dieu vous preſidez. La ie fus & bien veu & bien receu de luy. Ayant ſçeu que vous n'eſtes moins religieux, que le bruit & la renommée qui eſt eſtẽdue de vous porte, & que vous participez & à la puiſſance de ſainct Pierre & à ſon humilité, comme voz vertus teſmoignent, l'ay prins la hardieſſe de vous eſcrire.* Puis il le ſupplie luy vouloir donner les copies de quelques pieces de ſainct Hieroſme, Cicerõ de Oratore, & Quintilien. C'eſt Abbé s'appelloit Loup, lequel auoit reſidé en la cour de Rome pendant le pontificat de Leon. Il ne parle pour l'auoir ſongé. Il ne raconte ce qui s'eſtoit paſſé deux ou trois cens années auant luy, mais ce qu'il à veu. Il appelle Benoiſt ſucceſſeur de Leon. Ce ſont autheurs

Lettre de Loup abbé des Gaules à Benoiſt 3. Pape de Rome.

theurs qui ont vescu en mesme temps. Ce sont
de grands tiltres & pieces iustificatiues pour la
verité que nous maintenons. Qu'on nons en
donne vn seul pour tesmoignage de leur histoire, qui puisse tant soit peu reuocquer en
doute l'authorité de ceux cy. Augustin Onuffre Chambrier des Papes, qui a veu & leu tous
les registres de Vatican, dict auoir trouué dedans les memoires de sept diuers autheurs, escrits à la main, où la successiõ des premies Pasteurs de l'Eglise est deduite selon le temps que
ils ont vescu. Tousiours Benoist suyt Leõ, sans
qu'en aucũ de ces autheurs il y ait vn seul mot
de Iane. Parmy ces escriuains il y a vn Poëte
qui les a mis en ordre iusques à son siecle, aussi
elegamment qu'il a peu. Ie me suis contenté
de ces trois vers, qui seruent à nostre subject,
lesquels i'ay laissé en leur naturel :

Gregorius quartus, & Sergius, & Leo quartus
Pontificem dictum: post quos legimus Benedictum.
Hinc Nicolae tuo, tua gaudet Roma decore.

He quelle supposition seroit-ce, en son lieu &
aux iours qu'on dit qu'elle a tenu le siege, faire
viure Benoist troisiesme, & nous raconter
auec sa creation, ce qui aduint pendant deux
ans & demy qu'on dit qu'elle presida. Ces historiens, la voulant arracher du siege papal
pour l'honneur d'iceluy, eussent plustost mis
le temps de ceste femme en siege vacquant,
comme il a esté faict, lors que la creation & la
memoire de quelque Pontife a esté reprouuee,

H que

que de les attribuer à Benoiſt, & le faire en ce
Note toy qui
ne peux deſ-
croire ce côte.
meſme temps occuper le Pontificat : Car de
dire qu'on a donné à Leon les deux ans qu'ils
aſſeurent qu'elle ſiegea, cela par leur propre
teſmoignage ſe monſtre faux, puiſque les autheurs chez leſquels ils ont puyſé leur Papeſſe,
& les noſtres qui n'en parlent pas, ſont d'accord du temps que Leon & Benoiſt tindrent
le Pontificat, ſans qu'entre eux & nous il y ait
de la contradiction. Ces deux ans donc ne
peuuent eſtre attribuez à Leon, ny auſſi à Be-
Argument
preſſant.
noiſt. Ceſt argument prins de la choſe meſme
monſtre clairement, quand tout autre nous
defaudroit, que ce Pape Iane n'a iamais eſté:
& ſi on veut ouurir les yeux, que c'eſt vn conte
faict à plaiſir & vne fable, comme i'ay dit des
l'entree, introduite, releuee & enrichie par les
ennemis du ſainct Siege, qui ont penſé par la
apporter quelque laideur à l'Egliſe, & bleſſer
la reputation & renommee de ceux qui preſi-
dent en icelle.

5
Es bons au-
theurs nulle
nouuelle de la
Papeſſe.
　　Q v i ne ſera content de tant d'autheurs,
qu'il liſe & fueillette d'vn bout à l'autre Zonare, qui a eſcrit tout ce qui s'eſt faict de plus
memorable iuſques en l'an mil cent dixſept,
& Nicetas qui l'a ſuiuy iuſques en l'an mil
deux cens vingt, Nicephore Gregoras depuis
ce temps iuſques en l'an mil trois cens quarante neuf, Cedrenus, le reſte de tous les autheurs de miſe, & il trouuera que tous tant
qu'ils ſont ne diſent rien de ces contes, non
plus

plus que nos bons hiſtoriens François, des fables de Renaut de Montauban, Ogier, ou Maugis. Cela eſt bon pour entretenir les petits enfans, & leur ſeruir de iouët, & de ſubiect à nos aduerſaires pour vomir leur colere contre le ſiege Apoſtolique. Ouy, mais, dira quelqu'vn, Nicolas, Anaſtaſe, Aymond, Loup, & tout ce long catalogue d'autheurs qui ſont venus apres, ont voulu cacher vn acte ſi meſchãt pour ne marquer l'Egliſe d'vne ſi orde & vilaine tache. Cela n'a rien de vray ſemblable. Ces riches ames du temps paſſé marchoyent auec plus de conſcience. Ils euſſent pluſtoſt excuſé que caché ce qui eſtoit, s'il fuſt aduenu notoire à tout le monde, & à la veuë d'vn chacun, & non d'eux ſeulement, qui ont eſté domeſtiques, ou priuez des Papes, aucuns deſquels ont eu des charges honorables en l'Egliſe. Cela euſt apporté à la Chreſtienté quelque opinion qu'ils auoyent participé à vn ſi vilain & deteſtable forfaict. Au lieu que ſans honte & vergongne ils pouuoyent dire, le diable nous a deceuz en l'election de ceſte femme, ſoubs l'apparence de ſaincteté & doctrine : Mais Dieu vengeant l'iniure & offenſe faicte à ſon Egliſe, l'a punie ſelon ſon merite, ayant permis que ſa meſchanceté fuſt cognue d'vn chacun, à fin de nous rendre plus ſages à l'aduenir.

LE PEVPLE Romain ne l'euſt non plus couuert, s'il eſt ainſi, que nos aduerſaires

6
Le peuple Romain lors mal affectionné aux Papes.

H 2 eſcriuent

efcriuent , qu'il fuft lors & depuis mal affectionné enuers les Papes, à caufe que Charles
le grand les auoit rendus fubjects au fainct Siege. La playe en eftoit encor toute frefche : il
n'y auoit pas quarante ans qu'il eftoit mort.

Ce nouueau ioug leur eftant infupportable, ils
euffent aiféement prins la fortune aux cheueux , pour le fecoüer , lors que ceft horrible
fcandale arriua en leur ville. Ils auoyent la
commodité par eux tant defiree de fe fouftrai-
re de leur obeïffance, & fe remettre foubs celle des Empereurs , qu'ils ont fouuent recherchee, comme il fe voit par ce qu'ils efcriuent à
l'Empereur Conrad. L'acte de cefte paillarde
euft feruy de planche à leur reuolte , veu mef-
Couftume du mement qu'à l'endroit du peuple , les incon-
peuple. ueniens & accidents finiftres ont force de la
plus valable raifon qui foit. L'eftrangeté mefmes y donne credit. Il contente ordinairement
fes opinions fur les inconueniens qu'il voit
aduenir és affaires du monde : fe regle du tout,
& fonde fon aduis fur les mal'heurs qu'il rencontre en ce qu'il veut iuger : & le plus fouuent tout au rebours, croyant plus fermement
ce qu'il fçait le moins. Voyla pourquoy Plutarque difoit , Plaire au peuple , c'eft defplaire
aux fages :

Car qui fçait mieux au gré du peuple dire
Eft bien fouuent entre fages le pire.

CHA

CHAPITRE XV.

Les vices & les ver- *tus sont pourtraits dans* *nos liures.* 1	*Institution des Car-* *dinaux. Leur habit, &* *nos bonnets carrez.*
Les Papes ne sont es- *pargnez par les histo-* *riens, & comme bons ou* *mauuais nous leur de-* *uons obeyssance.* 2	4 *L'Eglise Romaine ne* *peut estre deceuë.* 5
Erreur de Funcius. 3	*Tesmoignage d'Au-* *gustin Onuffre.* 6

POVR monstrer que tous ces escriuains
de ce temps là, ou qui ont esté peu apres,
n'eussent sceu, quand bien ils l'eussent voulu, oster la cognoissance de ce faict à la posterité, il faut remarquer que cest accouchement infame, duquel is font tant de cas, & qui
descouurit (ce qu'ils disent) la tromperie,
n'est pas aduenu entre des rideaux à la desrob-
bee, ou dans vn cabinet, mais à la veuë de tout
le monde, en plain midy, durant vne procession generalle, & suitte d'vn peuple infiny. Escrire donc les choses memorables de ce temps
là, & passer cest accident soubs silence, c'est
vne trop lourde impudence, vne faussseté trop
remarquable, vne profession de mésonge trop
ouuerte, & qui eust condamné la foy & le tesmoignage de ces autheurs, & de leurs escrits,
ores que le surplus eust esté veritable. Les

1
Les vices &
les vertus sont
pourtraites
dās nos liures

H 3   mesmes

mefmes hiftoires , qui nous ont reprefenté les
bien-heureufes graces & qualitez , qui ren-
doyent l'Empereur Titus fi recommandable,
ont exprimé au vif les vices , l'orgueil , les
cruautez,& deteftables conditions de ce monftre Domitian fon frere,& fucceffeur.On trouuera dans nos liures en mefme fueillet, le grãd
Iules Cefar infiniment loué de fa vaillance, li-
beralité,clemence,beauté,bonne grace,& fuffifance à bien dire & bien efcrire : Et tout incontinent blafmé d'vne extreme ambition,
conuoitife de regner , orgueil infupportable,
infame patience,& paillardife. L'hiftoire, pour
flateufe qu'elle foit, ne peut couurir d'vn hau-
drier d'or,comme dit le Poëte latin , les playes
& les vlceres des Princes qui font expofez à la
veuë de tout le monde.

IL n'eft donc croyable , ie le dy encores vn
coup , que ceux , qui ont efcrit de ce temps
la , fuffent tombez en cefte faute , defpargner
l'honneur de cefte femme fans honneur. Ils la
nous euffent auffi viuement tirée ; comme ils
ont fait les autres Papes,lors qu'ils ont efté ta-
chez de quelques vices, veu qu'on les voit ordinairement depeints de toutes couleurs ; &
des pinceaux les mieux choifis , quand les hiftoriens,qui tiennent le conte des chofes bonnes & mauuaifes, en ont trouué quelqu'vne à
redire en leur vie. Auffi bien y voit on repre-
fentez les vices d'Eftienne fixiefme , Chrifto-
phle premier , Sergie troifiefme , Iean douziefme,

ziefme, treziefme, & autres vfurpateurs du
Pontificat, que les vertus des bons Leons, des
faincts Gregoires, & la pieté des Pies. Leur
vie deuroit eftre pure, nette comme vne fon-
taine, où chacun va prendre & puifer l'eau.
C'eft vn miracle & vne grace fpeciale de Dieu
fi en l'homme il n'y a toufiours de l'homme:
& fi l'humaine nature ne laiffe de la lie & de la
craffe. Mais n'admirez vous pas, hommes reformez, le grand & merueilleux effect de la
prouidence de Dieu fur fon Eglife? Confide-
rez qu'il feroit bien aifé d'eferire dans le
rond d'vn anneau tous les noms des bons
Empereurs qui furent iamais, voire mefme y
pourtraire leur figure, difoit fagement vn de
leurs fols. A peine entre cinquante en troue-
rez vous vn bon. Et Dieu mercy, parmy ceux
qui ont prefidé en l'Eglife, à peine entre cinquante en trouuerez vous vn mauuais. Et encor que Dieu nous l'euft donné tel en fa fu-
reur, c'eft à nous à baiffer la tefte. Il eft efleu
de la part de Dieu, & non pas de foy. Il eft appellé au Pontificat, & non à la gloire. Il eft au
nombre des vrais Pontifes, mais non au loyer.
Ce pendant l'obeyffance eft noftre partage.
Nous ne pouuons percer dans le fecret iugement de Dieu, qui tire profit des mefchás. Celuy qui a donné l'Empire à Augufte, l'a d'vne
mefme main donné à Neron: & auffi bien au
cruel Domitian, qu'au doux Vefpafian. Mais ie
referue ce difcours ailleurs.

Commèt nous deuons obeyr au Pafteur bõ ou mauuais.

au 71. et 72. chap. de l'An techrift.

H 4 ESPLV

ESPLVCHONS les autres circonstan-
ces du subject que nous auons entreprins. Ie
ne veux permettre que ceste Chimere sorte de
mon cabinet, sans l'auoir du tout despouillee
des plumes dont on l'a paree, à fin qu'on la
voye en son propre naturel, comme la corneil-
le d'Horace, le Singe de sainct Basile, qui
estoit reuestu en damoiselle. Funcius chroniqueur Allemand, pour ses demerites mort au
gibet, comme i'ay dit, s'esmerueillant que le
sainct Esprit ait celé vn tel fait à la trouppe il-
luminee des Cardinaux (il l'appelle ainsi par
mocquerie) pour faire passer plus aisément sa
fable pour histoire, dict qu'il a esté bien aisé
à ceste femme de tromper les Cardinaux qui
l'ont esleuë. Vn petit nombre, dict il, est facile à deceuoir. En quoy ce Lutherien a monstré qu'il estoit ignorant és choses où il veut
faire l'entendu : Car au temps qu'ils font viure leur Papesse, vn petit nombre n'auoit pas
ceste authorité comme auiourd'huy. Au contraire, tout le clergé Romain s'assembloit, tout
le peuple estoit appellé pour porter tesmoin-
gnage de la bonne ou mauuaise vie de celuy
qui estoit nommé. Chacun auoit quelque part
en ceste election. On a peu remarquer cecy par
les mots que i'ay rapportez d'Anastase lors que
il parle de Sergie, Benoist, Nicolas, & autres.
Cela apporta plusieurs desordres en la ville de
Rome, car ceste beste furieuse & insol* te vint
souuent aux mains, comme lors que Damase
fut

fut efleu , Amian Marcellin & Ruffin efcriuent , qu'en vne Eglife cent trente fept hommes furent tuez fur le champ , les vns fauori-
fans fon ellectió & les autres tafchâts de l'empefcher. Le mefme cuida aduenir lors de la
creation de Canon premier, & Sergie premier
686.687. Cela dura iufques en l'an mil cin-   *Voy Onuff.*
quante neuf, auquel temps la fouueraine puif-   *Blond. Ca-*
fance d'eflire les papes fuft donnee aux Car-   *rion.*
dinaux feuls , pour obuier à tant de defordres,
& empefcher les brigues & menees que les
Empereurs & les grands faifoyent parmy ce
peuple , lequel bien fouuent comme forcené
court au pire party, ainfi qu'on a veu de noftre
temps,qu'au fortir du conclaue il fe cuida ruer
fur la troupe des Cardinaux , pour auoir efleu
Adrian fixiefme : & toutesfois noftre fiecle n'a
rien veu de meilleur , encor que Balee die que   *Adrian 6.*
ce n'eftoit qu'vne hippocrifie fardee. Mais qui
eft celuy qui a euité la dent venimeufe de ceft
homme?Ie m'eftonne qu'Illiricus ait ofé efcri- *Erreur d'Illi-*
re que cefte puiffance a fans contredit demeu-   *ricus.*
ré parmy les lais , iufques en l'an mil deux cés
cinquante, car Alexandre troifiefme fut efleu *lib.2.de rebus*
par les feuls Cardinaux , comme Radeuicus *geft. Frideri.*
efcrit & Gregoire feptiefme , comme il fe voit *primi.*
dans le decret de fon elfection qui eft dans
Platine & ainfi les autres. Ces gens ne defi-
rent rien tant que nous remettre dans l'ancien
Caos:

H 5   ILS

4
Inſtitutiõ des Cardinaux.

ILS ne ſe ſont pas contentez d'eſcrire
q̃ leur Iane fut appellee au pótificat & eſleuë
par les Cardinaux, choſe qui ne pouuoit eſtre:
mais auſſi que ce fut vn Cardinal qui luy fit
enfler le ventre, & qu'vn autre Cardinal apres
ſa mort fit ſon epitaphe. Surquoy ils ſe ſont
encor fouruoyez & deſmantis. Car tout autant qu'il y a d'eſcriuains ſortis de leur eſcole
aſſeurent, que c'eſt vne nouuelle inſtitution en
la cour de Rome, pour le moins inuentee plus
de deux cens ans apres qu'ils ſe font à croire
ceſte femme auoir veſcu, ce qui eſt en partie
veritable. Car l'ordre des Cardinaux fut eſtably ſoubz le ſiege de Benoiſt huictieſme l'an
mil trente trois, & Innocent quatrieſme l'an
mil quarante ſept. Ceux-là toutesfois ſe trompent, qui ont eſcrit qu'auant ce temps là, c'e-
ſtoit vn nom incogneu en l'Egliſe, car au contraire il eſt fort ancien. Au temps de Sylueſtre
au concile de Rome, il en eſt faict mention.

Erreur de Caluin.

Et toutefois Caluin dit qu'il n'a iamais trouué
autheur, qui en ait parlé auant ſainct Gregoire. Mais quoy Sylueſtre ne l'auoit il pas pre-
cedé enuiron trois cens ans ? Il s'eſt trompé,
tout de meſmes que quand il dit, qu'au temps
de Gregoire ceſte qualité de Cardinal appartenoit aux ſeuls Eueſques, ſans qu'il fuſt com-
muniquable aux preſtres & diacres. Toutes-

lib.5.ep.11.li. 11. ep 34.

fois le meſme ſainct Gregoire eſcriuant à For-
tunat Eueſque de Naples, & à Iean Eueſque
de Siracuſe faict mention des Cardinaux preſtres

ſtres & diacres. Et Ioannes Diaconus en la vie
de ce ſainct perſonnage, nous a laiſſé le nombre des Eueſques qu'il crea prins & choiſis des
Cardinaux preſtres. Or ce ſenat Romain tel
que nous le voyons auiourd'huy, auec ſa pompe & maieſté venerable fut eſtably au temps
deſdicts Benoiſt & Innocent, afin d'aſſiſter
continuellement le chef de l'Egliſe, luy ſeruir *Belle inſti-*
de conſeil tous les iours, & à toutes heures, *tion.*
ſans qu'il fut beſoing appeller les Eueſques
des prouinces, comme on faiſoit anciennc-
ment, auec beaucoup d'incommodité pour
les Egliſes Chreſtiennes, ſouuent à ceſte occa-
caſion deſnuees de leurs paſteurs. Ceſte venerable compagnie qui eſt touſiours à ſes
coſtez, le ſert, le ſoulage, l'aſſiſte, & l'aide à
ſouſtenir le poids de toute la Chreſtienté, auec
vne telle & ſi longue experience des affaires
du monde, qu'il eſt malaiſé qu'vn mauuais
conſeil puiſſe partir de ce ſacré conſiſtoire. Ce
Cardinal empourpré qu'ils ſeignét amoureux
de la Papeſſe, eſt vne plaiſante inuention pour
l'embelliſſement de leur conte. Ceſt habit il- *Leur habit.*
luminé, dont parle Funcius, ce bonnet & cha-
peau rouge leur fut dóné ſiegeant iceluy Innocent, par le concile general tenu à Lyon, afin
que ceſte couleur ſanglante leur remiſt ordinairement deuant les yeux, le ſang du Re-
dempteur, & fut comme vne proteſtation,
qu'ils faiſoient de ne vouloir eſpargner leur
ſang, ny leur vie, pour l'honneur & gloire de
Dieu,

Dieu, & deffence de son Eglise grandement
affligee en ce temps là par l'Empereur Frederic. Ce fut la mesme occasion de l'inuentió des
bonnets carrez, que portét les géŋ de robe lon-
Nos bonnets gue d'vne façon qui semble estrangè. Mais ce-
carrez. ste forme carree represente la croix, laquelle
nous mettons sur nos testes, pour monstrer &
tesmoigner nostre submiffion. Afin auffi que
toutes les fois, que nous descouurons le chef,
prenant le bonnet en main, nous ayons souue-
nance de la croix, salut du monde, qui est fi-
guree en iceluy. Au commencement les seuls
gens d'Eglise les portoyent. Depuis ceux, qui
on eu la charge de la iustice les ont auffi prins.
Ie ne sçay, si pour ceste occasion, & pour l'horreur, que nos aduersaires ont de la croix, ils
ont au lieu des bonnets croisez, dóné au commencement des bonnets de drap à la bour-
geoise, & depuis des chappeaux à leurs mini-
stres, & la toque de velours aux gens de Iustice, comme au parlement de Bearn.

L'Eglise Ro-   COMMENT donc, pour retourner à
maine ne peut nostre propos, pourroit elle auoir aueuglé
estre deceuë. tout le peuple Romain, & trompé le clergé?
Il estoit non seulement malaisé, mais impossible. Vn petit nombre ne l'auoit pas esleüe:
c'estoit tout le clergé: c'estoit tout le peuple.
Regino, q l'a presque touchee du doigt, seroit
bien impudent de dire, lors qu'il parle du téps
qu'on attribue à son siege, *Il faut tenir pour*
fols & esceruelez ceux, qui ont pensé pouuoir
trom

tromper la chaire S. Pierre, laquelle ne s'eſt ia-
mais deceuë elle meſme, ny ne l'a peu eſtre par au-
cune hereſie. Que ſi elle euſt eſté ſi recente-
ment & ſi lourdement pipee, à voſtre aduis ſi
Regino euſt tenu ce langage ſi eſloigné de la
verité ſans y adiouſter quant & quant, Elle n'a
iamais eſté trompee, ſi ce n'eſt par ceſte malheureuſe femme, qui vient de tenir le ſiege, &
qui eſt malheureuſement morte.

6
Teſmoignage
d'Auguſtin
Onuffre.

LE meſme Onuffre, que i'ay cy deſſus allegué, dit & teſmoigne auoir leu des memoires manuſ-cripts de ce temps là de Damaſe &
Pandulphe Piſans, leſquels parlans des Papes
n'en ſont aucune mention. *Toutesfois, dit-il,*
au marge, entre Leon quatrieſme & Benoiſt troi-
ſieſme, d'autre ancre fort differente du vieux ex-
emplaire, ceſte fable de la Papeſſe a eſté adiouſtee
par quelque autheur. C'eſt, peut eſtre, de celuy
là, duquel Polonus, Martin le penitentier, Platine & autres peuuent auoir tiré ce qu'ils en
ont eſcrit. Et comme ils s'eſtoyent trompez,
ils ont auſſi deceu ceux, qui ſont venus apres
eux. Il eſt vray ſemblable, puiſque ceſte gloſe
eſt d'autre ancre, d'autre main, & de caracteres differents des autres, qu'il y a eu de la malice en celuy qui l'a faicte : lequel, peut eſtre,
eſtoit du nombre des ſchiſmatiques, & heretiques de ce temps là. Comme Claudius Tho-
dinenſis, Godiſcalcus Gallus, Bertrandus Fre-
debardus, Ioannes Scotus & autres. Ou eſtant
ignorant & facile, il s'eſt laiſſé aller à ceſte
                                        opi

opinion, ayant ouy parler de Theodore, ou de
Iane, qui ont donné occasion à ceste fable,
comme il sera dit cy apres.

L'ignorant à deux mains reçoit ce qu'il oit dire:
Et souuent pour le bon il embrasse le pire.

CHAPITRE XVI.

Les Allemans pre-miers bastisseurs de ce conte. 1	Marian a escrit au temps de ces diuisions. 4
Inimitiez entre les Papes & les Empereurs. 2	Les grandeurs papa-les suspectes aux Em-pereurs. 5
Euesques partisans des Empereurs. 3	Beau traict d'vn Em-bassadeur Espagnol. 6

1
Les Allemäs premiers ba-tisseurs de ce conte.

CEvx, qui ont le plus imprimé la folle
creance de ce Pape Iane aux peuples,
sont les Allemans, lesquels ont tousiours esté
grands faiseurs de liures, aussi ce conte est premierement sorty de chez eux. Ils ont esté
principalement poussez à ce faire, pour raualler la grandeur & authorité des Papes, contre
lesquels bien souuent ils se sont bandez en faueur des Empereurs ialoux de la grandeur
pontificale. On sçait combien ils ont desiré remettre leur siege dans ceste princesse des villes, ancien trosne de leur Empire : combien
ils ont eu pour suspectes les actiós des Papes,
qui

qui pour les contenir en deuoir, les menaf-
foient de rendre aux Empereurs du Leuant, le
mefme pouuoir, qu'ils auoient deuant Charle
magne. C'eft cefte inimitié qui a enfanté ces
deux noms de faction, Guelphe & Gibelin,
Ceux la partifans des Papes, & ceux cy des
Empereurs : Ligues, qui ont faict baigner l'I-
talie en fon propre fang.

D'AILLEVRS le ioug de l'Eglife leur
eftoit infupportable, pour eftre par elle bien
fouuent excommuniez, depofez, declarez heretiques, Comme il aduint à Frederic deuxiefme, Philippe, Conrad, Otho quatriefme, Loys
de Bauiere, Henry quatriefme & cinquiefme.
Les Empereurs en faifoyent le mefme contre
les Papes, les perfecutant à leur pouuoir, comme fit Henry quatriefme le Pape Gregoire
feptiefme. Nous voyons les efcrits & libels
diffamatoires de ceft Empereur en diuers lieux.
Ce ne fut toutesfois fans refponce & fans pu-
nition. On lit encores auiourd'huy des vers
latins de Frederic, & Gregoire, qu'ils s'entre-
enuoyerent, lefquels i'ay faict François en cefte forte de mot à mot.

Rome ia chancelant, ou maint erreur abonde,
Cherra & ceffera d'eftre le chef du monde.

Le Pape Gregoire refpond auffi en deux
vers.

Tu tafche en vain, de Pierre enfoncer le vaiffeau
Il flotte, mais iamais il n'enfonce foubs l'eau.

L'Empereur replique.

Les

2
Inimitiez en-
tre les Papes
& les Empe-
reurs.

Les eſtoilles, le ſort, le vol de main oyſeau
Deſtinent Frederic du monde eſtre le fleau.

le S.pere luy r'enuoye ces deux pour reſponce.

L'eſcriture, le ſort, ton peché nous reuelle
Ta vie eſtre fort courte, & ta peine eternelle.

le Pape fut meilleur augure, que l'Empereur:
Car Frederic eut vne fin miſerable.

3
Euesques par-
tiſans des Em-
pereurs.
NON SEVLEMENT les Empe-
reurs, mais quelques Eueſques abandonne-
rent leur chef, pour ſuyure le party de
ceux, qui ſe declaroyent ennemis de l'E-
gliſe, comme on a peu voir cy deſſus, &
dont on lit pluſieurs lettres & cartels çà & là
eſpars chez Auentin & Illiricus. C'eſt l'ordinaire des factions de produire telles choſes.
Sans l'expreſſe deffence & commandement
du Roy, long temps auant qu'il euſt eu ce
bon heur d'eſtre receu en l'Egliſe, celuy qui a
L'anti-Xiſte. faict l'Anti-Xiſte, ne ſe fuſt arreſté en ſi beau
chemin. Sa Majeſté, qui n'a iamais aymé ces
ames deſreglees, & tranſportees de paſſion de-
meſuree, commanda que ce liure ſatyrique
fuſt ſupprimé. Il ne fut pourtant poſſible. Que
s'il vit en quelqu'autre ſiecle, il ſeruira d'armes & de bouclier aux ennemis de l'Egliſe,
qui renaiſtront des cendres de ceux cy, pour
attaquer à leur couſtume ce chef, qui eſt leur
terreur & eſpouuentement, contre lequel ils
Comparaiſon. ont tourné tous leurs deſſeins. Mais comme
les plus furieuſes marees s'aplatiſſent au rencontre des eſcueils & rochers: Auſſi tous leurs
efforts

efforts s'euanouyſſent,quand ils viennent ſeulement à conſiderer d'vne penſee profonde &
retiree,l'eminence & ſolidité impenetrable de
ceſte grandeur pontificale. Ne nous perdons
pas en ce diſcours. Ie pourrois de trop loing
abandonner leur Papeſſe. Noz liures nagent
de tels exemples,& d'exemples domeſtiques.

A v temps que Marian eſcriuoit, lequel,
comme i'ay dit, on fait le premier autheur de
ce conte,on remarquera ſemblables inimitiez,
& troubles pareils entre les Papes & les Empereurs:Car lors Gregoire ſeptieſme, vn des plus
grands piliers qui fut iamais de l'Egliſe, excommunia l'Empereur Henry quatrieſme, lequel bruſlant de vengeance,aſſembla vn Conciliabule à Vormes, où vingt & quatre Eueſques ſe trouuerent,par leſquelles fut ordonné,
que Gregoire ſeroit deſmis du Pontificat.Pour
reprimer l'audace de ceſt Empereur, le Concile fut conüoqué à Rome,& luy priué de l'Empire,& l'Archeueſque de Majance,chez lequel
viuoit Marián, excommunié, comme principal autheur de la rebellion. Henry ſe trouua
ſur le poinct de perdre ſon eſtat. Les Princes
deſia l'abandonnoyent, on le tenoit pour chef
de l'hereſie des Simoniacles, appellee de ſon
nom Henriciane. De ſorte qu'il n'eut autre
remede,que s'en venir deuers le Pape, & nuds
pieds luy crier mercy, & demander pardon,
qu'il obtint, apres auoir faict le ſerment de fidelité,comme teſmoigne l'Abbé d'Vſpourg,&

Marian a eſcrit au temps de ces diuiſiōs

Luitpräd. li. 5. Albo Fridſin. lib. 7.

I   Lambert

Nauclere
Platin.li.3.
Lambert hiftoriens de ce temps là , & depuis
eux Platine,& tous noz hiftoriographes François. Toutesfois l'Empereur retournant à fon
vomiſſement,ſe rendit encor ennemy de Gregoire , contre lequel ſes partiſans dreſſerent
mille cartels,& placarts. Vltranus Eueſque de
Norémberg, & vn autre nómé Venericus publierent quelques eſcrits contre le ſainct Pere.
Ce dernier eſt autheur du liure intitulé La diſ-
corde de l'Egliſe & de l'Empire. Iamais les
Princes n'ont faute de tels aduocats & deffen-
ſeurs de leur cauſe, ſoit elle bonne ou mauuaiſe. Nos aduerſaires font grand feſte de ces autheurs , commé on peut voir dans le long diſcours de Matthias Flaccus Illiricus. Mais il n'y
voit que d'vn œil. Ils nous repreſentent ce
Gregoire,qu'ils appellent Hildebrand , encore
qu'il ait eſté vn tref-grand Pape , & fort homme de bien,pour le plus vilain & ſalle monſtre
qui fuſt iamais reueſtu de nature humaine,có-
me i'ay diſcouru plus particulierement, reſpó-
dant à leurs calomnies, dás mon Ante-Chriſt,
& comme on peut auſſi lire dans ſainct Anſel-
me ſon contemporanee, Otho Friſingenſis,
Nauclere,Lambert,Leo,Hoſtienſis.

5
Les grädeurs
Papales ſuſ-
ſpeétes aux
Empereurs.
S 1 on veut ſuyure ceſte Centurie , ou bien
rebroſſer plus arriere,voire meſme obſeruer le
temps auquel on dit que Iane a veſcu,on trouuera ordinairement ſemblables partialitez, tãt
les grandeurs Papales ont eſté ſuſpectes aux
Empereurs. *Deux choſes ſe voyent* , diſoit Innocent

cent à l'Empereur Anaſtaſe , *par leſquelles ce monde eſt principalement gouuerné, L'authorité ſacree des Pontifes , & la puiſſance Royale. L'vne tient la Republique en paix, l'autre remplit les ſieges du Ciel. Celle-cy a ſa fin mondaine, & l'autre celeſte. L'vne regarde les corps, l'autre les ames.* Cela eſt cauſe qu'au departement & diuiſion que nous faiſons de nos Eſtats , nous mettons l'Egliſe la premiere, pour dire qu'il faut que le ſeruice de Dieu, duquel le Pape eſt le ſouuerain miniſtre , ſoit au deuant de toutes choſes. Et que ſi nous venós à faire comparaiſon de l'excellence des Rois, & du diadéme des Princes, auec la principauté de l'Egliſe , le diadéme ſe trouuera plus bas, & moindre que ſi vous rapportiez le plomb à l'or, diſoit ſainct Ambroiſe. Voicy la belle comparaiſon d'Innocent, parlãt à l'Empereur Anaſtaſe. *A l'eſtabliſſement du ciel, c'eſt à dire de l'Egliſe vniuerſelle, Dieu a fait deux grandes lumieres & flambeaux, c'eſt à dire, donné deux dignitez, L'authorité Pontificale, & la puiſſance Royale. Mais celle qui preſide aux iours, c'eſt à dire, aux choſes ſpirituelles, eſt la plus eſclatante : De maniere qu'on remarque entre les Papes & les Rois auſſi grande difference qu'il y a entre le Soleil & la Lune.* Au contraire les partiſans des Empereurs ſouſtenoyent, que l'Empire eſtoit la premiere coulonne de la Chreſtienté. Les Empereurs mal affectionnez au Siege, ont ſouuent conteſté ces honneurs contre les ſouuerains Pontifes.

Le

Le ciel ne peut endurer deux Soleils,
La terre moins, deux grands Princes pareils.

diſoit noſtre Virgille François. Le Romain
auoit eſcrit deuant luy.

Toute grandeur Royalle,
Ne peut ſouffrir nul autre qui l'eſgale.

6
Beau traict
d'vn ambaſ-
ſadeur Eſpa-
gnol.

IL eſt mal-aiſé que deux telles grandeurs
ne ſoyent incompatibles, qu'elles ne s'entr'en-
uient & redoutent l'vne l'autre. Auſſi eſt-ce le
propre de la ſouueraineté, de ſe vouloir eſleuer au deſſus de toutes choſes, debattre & emporter le premier rang à tous ordres, à tous
eſtats, & à toutes perſonnes. Voyla pourquoy
treſ-bien à propos à mon iugement, vn ambaſſadeur Eſpagnol reſpondit au Pape Clement
ſeptieſme, qui ſe plaignoit des remiſes de l'Empereur pour venir à Rome. Que le Pontificat
reſembloit à l'oliuier touſiours verdoyant, &
qui produit ſon fruict vert, comme auſſi l'Egliſe doit eſtre touſiours verdoyante : mais auſſi
que l'Empire reſſembloit vn cheſne fort &
puiſſant, qui ſe rit des vents, & des orages, qui
ſemblent le vouloir arracher & renuerſer pied
ſur teſte. Que ſi on plante, diſoit ceſt Eſpagnol,
ces deux arbres en meſme lieu, l'vn pres de
l'autre, bié toſt ſans porter fruict, l'vn des deux
deuiendra ſec & aride, cóme l'experience nous
monſtre, de ſorte qu'il valloit mieux les eſloi-
gner. Auſſi les ſages Ægyptiens, quãd ils vouloyent ſignifier vne haine naturelle dans leurs
Hieroglyphiques, ils entrelaſſoyent vne branche

Pline.

che d'oliuier auec vne de chefne. Par cefte cô-
paraifon, ceft ambaffadeur monftroit combien
ces deux grandes lumieres font incompatibles.
La haûteur mefme tonne à l'entour des chofes hautes, difoit Mecenas chez Plutarque: c'eft
à dire, la grandeur tient les chofes hautes en
frayeur & eftourdiffement. Leur voifinage les
met en alarme. l'ay remarqué femblables diuifions au temps qu'on dit Polonus auoir efcrit *Au temps de*
de la Papeffe. Car l'Empereur Louys, ennemy *Polonus pa-*
mortel (difent nos hiftoriens) de Iean 22. natif *reilles diuifiôs*
de Cahors, introduifit le fchifme en l'Eglife,
ayant fait eflire Pape, Nicolas 7. & publié contre l'honneur & dignité du fiege Romain plufieurs libelles diffamatoires. De tous ces diuor-
ces & troubles font forties les inuentions que
nous voyons parmy plufieurs autheurs qui de-
nigrent l'honneur & reputation du fiege Apoftolique. La haine leur fournissoit affez de ma- *La haine &*
tiere. L'enuie y a eu fa bonne part. Ce font les *l'enuie.*
deux limoniers, lefquels comme courfiers at-
telez au chariot de la volonté des ennemis
de l'Eglife, les emportent çà & là, où
bon leur femble, fans qu'ils
ayent le pouuoir de les
tenir en bride.

* * *

CHAPITRE XVII.

I Occaſion du mal-talēt des Allemands contre les Pa-pes.

IL y peut auoir, à mon iugement, vne autre raiſon, qui rendoit de ce temps là les Alle-mands, ie dy les Eccleſiaſtiques, mal affection-nez enuers les Papes. C'eſt que pluſieurs hom-mes d'Egliſe de l'Allemaigne, peu religieux obſeruateurs de l'ancienne diſcipline Eccleſia-ſtique, ſe ſont oppoſez par pluſieurs annees, & par tous les moyens qu'ils ont peu, aux loix du cœlibat, & aux ſainctes conſtitutions des Pa-pes, ſuyuant les traditiós des Apoſtres, approu-uees & confirmees par le premier Concile de Nice, l'an trois cens vingt cinq, comme font encor auiourd'huy nos aduerſaires, qui diſent que c'eſt vne des marques de l'Ante-Chriſt, deſignee par Daniel, leçon qu'ils ont appriſe de Luther, lequel bondiſſant les barrieres de modeſtie & obedience, fit voir, choſe mon-ſtrueuſe & inouye, vn moine & vne nonnain

couplez

couplez enſemble. Car il eſpouſa vne Reli- *La femme de*
gieuſe de Nimiſanſe , appellee Catherine de *Luther.*
Bore, apres la mort du Duc de Saxe. Ce qu'il
n'auoit oſé faire de ſon viuant. Les Allemands
ne pouuoyent eſtre r'amenez ſoubz la ſaincte
rigueur de ceſte loy, à laquelle le diable, le móde, & la chair fait la guerre, tant parce qu'ils e-
ſtoyent lors nouueaux Chreſtiens, que pour e-
ſtre d'vn naturel rude & aſpre, comme ſont au
iugement meſme d'Ariſtote , tous les peuples
du Nort. Auſſi ſont-ils ſerfs de leur appetit, ennemy iuré de la raiſon, & immoderez en l'em-
braſſement des femmes, bien qu'ils ſoyét ſouz
vn climat froid, comme ſont les Thraciens &
Samogitiens , partie de Moſcouie, deſquels le
plaiſir eſt, comme dit Munſter, d'eſtre ſouuent
aux priſes auec elles.

LE naturel donc de l'Allemand ne pouuoit *Mariage des*
patir ceſte faſcheuſe loy , ſi contraire à ſon hu- *Preſtres Grecs*
meur , il ne pouuoit , ou ne vouloit non plus
laſcher la femme, que le vin, diſent leurs hiſtoriens. Car ceſte groſſiere nation tient ſeule
en credit & reputation l'yurongnerie , & faict
honneur de ce que nous tenós à honte & vergongne. Ils franchiſſent les nuicts entieres entre les treteaux, & y attachét ſouuent les iours.
D'ailleurs , le voiſinage de l'Hongrie & de la
Poulongne, auec les Grecs les rédoit plus opiniaſtres , leſquels encor auiourd'huy tollerent
le mariage parmy les gens d'Egliſe, non cóme
pluſieurs penſent, pour permettre aux Preſtres

de

de ſe marier, ce qui ne s'eſt iamais veu parmy
eux, ny en tout le reſte de la Chreſtienté: mais
bien aux mariez de ſe faire Preſtres,& pouuoir
retenir leurs femmes. Ie diray cecy en paſſant,
qui eſt bien remarquable, qu'encores que
Loy des Grecs l'Egliſe Grecque tollere le mariage en la qualité que i'ay dict, ſi eſt-ce, que pour monſtrer
la difference qu'il y a entre ceux, qui mariez
viennent Preſtres, & ceux, qui dés l'entree
voüent la virginité, elle leur a fermé le pas à
toute dignité Eccleſiaſtique, & interdit d'ouïr
la confeſſion, pour la crainte, ce croy-ie, qu'il
y a, qu'entre les draps il entretienne ſa femme
aux deſpens de l'honneur d'autruy. Chacun
ſcait, que les Archeueſques & Eueſques Anglois ſe peuuent marier, ſelon la diſpenſe de
leur Royne comme font les miniſtres en Fran-
Loy de la Roy ce, ce qui a engendré pluſieurs Apoſtats & de
ne Elizabeth corps & d'ame: Mais pour fermer la porte à
contre les E- l'auarice & au deſir d'auoir des biens, ſoing qui
ueſques ma- accompagne nuict & iour les peres, la Royne
riex. Angloiſe a fait treſ-prudemment ceſte ordonnance, que nul Eueſque, ou homme d'Egliſe,
Egliſe, dy-ie, à ſa façon, ne peut rien acquerir
pour ſes enfans. Pour n'encourir la peine de la
loy, qui eſt la confiſcation, ils font ſoubs-main
faire les acquets au nom de quelqu'vn de leurs
parens ou amis, qui de bonne foy donne apres
cela à leurs enfans. Il eſt certain, que ces AR-
CHEVESCHESSES & Eueſcheſſes ne ſont
pas tenues au rang des femmes d'honneur en
leur

leur païs , ny leurs enfans exempts de quelque
honte. Nos François ont esté plus courtois. Ils
leur font plus d'honneur , mais non pas tant
qu'ils doyuent , puis qu'elle sont compagnes
des pasteurs de leurs ames. Or ces loix du celibat, soubs lesquelles on vouloit ranger l'Alle-
mant, luy ont seruy de poignãt esguillon, pour
escrire contre le siege Apostolique, tout ce que
bon luy a semblé , & aussi pour se bander à
guerre ouuerte contre luy.

C E S T E difficulté sur le celibat a duré
fort long temps en ces pays là, laquelle ne se
peut demesler sans beaucoup d'aigreur, entre
les vns & les autres , comme nous lisons dans
les belles epistres de Nicolas le grand sur ce
subiect, & dans la responce de Valdric ou Hilderic, soustenant le parti des Allemãs, si elle est
à luy, comme nos aduersaires disent, & ainsi
qu'Illiricus tesmoigne, asseurant son original
estre encores en Allemaigne. Mais c'est vne
lettre publiee faucement soubs le nom d'Hilderic, l'addresse seulement le monstre: Car Hilderic fut Euesque l'an neuf cens vingt quatre,
comme escriuent Hermanus Contractus &
l'Abbé d'Vspourg. Et le Pape Nicolas , auquel
on feint qu'il escriuoit, mourut l'an huict cens
soixante sept. Qui voudra plus particulierement cognoistre ceste imposture, lise Alanus
Copus en ses dialogues. L'autheur de cest'epistre , qui qu'il soit, n'eust pas oublié à faire son
profit contre Nicolas, de ceste infame Papes-

Autre argu-
ment contre
les autheurs
de la Papesse.

Lettre d'Hil-
deric suppo-
see.

L 5 se,

se, si elle eust esté au monde, Il en eust enrichi
son epistre. C'estoit le plus beau champ, qu'il
eust sçeu souhaitter, veu mesmement que. Nicolas tint le siege quatre ou cinq ans apres le
temps, qu'il s'imaginent qu'elle a vescu. Ioint
que nos aduersaires pretendent, que ce Pape
fust le premier, qui a commencé à contraindre
le Prestres à ne se marier point (dict l'Anglois Balee) mais son impieté est fort aigremét,
impugnee par Hilderic homme de bonne &
saincte vie. En quoy & luy & tous ses compagnons se sont lourdement trompez, car cest
vne constitution Apostolique, cóme plusieurs
de nos docteurs Catholiques ont monstré.

Nicolas grãd
persecuteur
des paillards. L'ESCRIVAIN de ceste lettre eust peu
faire rougir de honte le Pape Nicolas, luy re-
prochant la meschanceté de là Papesse sa compagne n'a gueres morte aussi hardiment, comme, peut estre, veritablement il luy represente le danger, qu'il y a, si la chair n'est tenue en
bride, d'establir la paillardise en prohibant le
mariage. En tout il y a des inconueniens, si
les loix sont franchies. La loy & l'ordonnance
du celibat est bonne, iuste & saincte, encor que
ceux là ne soyent bons, iustes, ny saincts, qui
apres veu de continance, ne laissent de seruir au ventre & à la volupté. Quelle nouuelle reformation est celle-cy, de reprouuer vne
loy, par ce qu'elle n'est gardee de tous, par ce
qu'il y a des contrauentions? Si cela auoit lieu,
nous voila sans loix. Ainsi fist Licurgue Roy
Thra

Thracien, qui fit arracher les vignes, parce que
le vin eniuroit. Retournons à Nicolas. C'est
luy, qui a fort asprement escrit contre ces desbauches & dissolutions : qui a faict vn canon,
par lequel il deffend, sur peine d'excommuni-
cation, d'assister à la Messe de celuy ; qu'on
sçait asseurément tenir vne concubine. *Mais*
voyez dict le mesme Balee, *cest hipocrite.* Et puis
que ce scandale estoit si frais & recent, & que
tous auoyent assisté à la Messe dicte par ceste
femme, comme les Centuriateurs asseurent, il
y a apparence qu'il eust fait quelque ordōnan-
ce, pour y pouruoir, sinon pour le siege, au
moins pour les particuliers Euesques & Prestres, qui peuuent plus facilement tomber en
cest inconuenient. Ioint que si ce conte estoit
vray, c'estoit le Premier Pape, qui auoit esté
non seulement conuaincu, mais soupçonné de
vice, ayāt tous les souuerains Euesques de Rome, qui auoyent deuancé ceste belle pucelle,
esté d'vne bonne & saincte vie ; & la plus part
Martyrs. Voyla pourquoy elle eust esté d'autant plus remarquable, comme la premiere,
qui auoit souillé le siege de sainct Pierre.

CECI est fort considerable, que nul autheur, de quelque langue ou nation qu'il soit
(ie parle des anciens) n'a voulu laisser aucune
memoire de ce Pape Iane, que les Allemans
seuls. Les François, Espagnols, Italiens, Anglois, Grecs, & Iuifs n'y ont point eu de part.
Les heresies, qui presque toutes, depuis

Les Allemās
seuls ont par-
lé de la Pa-
pesse.

Char

Charles le grãd, prindrent leur source en Allemagne, cóme auparauant elles eftoient la plus
part nees en Grece, les ont fouuent fait fortir
hors des gonds de raifon, & à quelque prix que
ce foit, attaquer d'iniures le fainct fiege, em-
braffant toufiours les nouueautez (car ce peuple va volontiers au change) Autant de vila-
ges, autant de fectes. Pour preuue de cecy, il ne
faut que le dire de celuy, qu'ils appellent leur
Apoftre, lequel au liure de la Cene, qu'il efcrit
contre Zuingle, parle en cefte forte.

6
Naturel de
l'Allemand.

C E S T grand cas, que nous Allemans foyons
de telle nature, & tels compagnons, que nous ha-
pons & trouuons de gouft, fols que nous fommes,
tout ce qu'au nous prefante de nouueau. Si on
nous veut empefcher, nous deuenons furieux & en-
ragez. Si on le nous permet, nous voila incontinent ennuyez & fafchez, demandant toufiours
d'heure à autre quelque nouuelleté. Martin, qui

Liberté de
confcience.

a caufé cela, fi ce n'eft cefte pernicieufe liberté
de confcience, liberté de tout faire, liberté de
tout dire, & qui eft encore pis liberté de tout
croire? De forte que chafcun cefte melancoli-
que à voulu forger vne religion. C'eft la pleinte des Centuriateurs en l'vne de leurs prefaces,
qui font en alarme de voir, que la religion de
Luther s'en va peu à peu perdue, que d'autres
nouuellement imprimees gaignent fa place.
Ils fe deuroyent refouuenir de ce, que ce vieux
François Vincent Lyrinenfe auoit efcrit, que
c'eft chofe folemnelle & couftumiere en toutes

here

herefies, fe reiouïr toufiours des prophanes
nouueautez, & en faifant naufrage en la foy
s'accrocher, comme homme qui fe nie, à la
premiere opinion,qu'on rencontre. Qui voudra voir combien Luther fe repentit d'auoir
ouuert la porte à cefte liberté de confcience,
life Erafme en l'epiftre qu'il efcrit à ceux de la
baffe Allemaigne,où il raconte ce que Luther,
Melancthon, & Oecolampade luy en dirent.
Ce fubiect eft plus propre ailleurs fans fortir
du noftre.

CHAPITRE XVIII.

POVR mettre en credit & reputation le
conte ridicule, qu'ils font de leur Iane, ils
penfent auoir dit quelque chofe de grãd poids
& bien difficile à foudre, quand ils font parade d'vne chaire percee, laquelle ils efleuent &
monftrent,comme quelque rare tableau,où ils
penfent leur hiftoire eftre efcrite. Et fur ce
Rompãt tous les liens,dont la honte eft eftrainte,
ils nous racontent, & font à croire, mefmes
aux

1
Obiection
inepte des
chaires per-
cees.

aux plus aduifez, que pour empefcher, que deformais la Papauté ne tombe en quenouille,
on manie encor auiourd'huy les parties honteufes aux Papes, qui font efleuz , criant lors
qu'on les touche auec grand fefte, *Il eft digne*
d'eftre faict Pape. Les Centuriateurs faifant le
recit de ces vilenies difent qu'auec vne grand
efioüiffance on crie, *Il en a,il en a.* A ce propos
Pānonius a fait ces vers, lefquels , encor qu'ils
foyent dignes d'eftre fuprimez , i'ay voulu loger icy traduicts en noftre langue , puis qu'ils
en font cas : afin qu'on voye par ces mefmes
autheurs leurs contradictions & calomnies.

Prendre les clefs des cieux , perfonne ne pouuoit
Sans monftrer fes tefmoins d'vne couftume fale.
Parquoy cefte couftume auiourd'huy ne fe voit
Chafcū auparauant fe monftre eftre bon mafle.

On voit par ces beaux vers, cōme luy-mefmes
eft forcé confeffer, que cefte façon n'eftoit pas
en vfage de fon temps. Les autheurs des Centuries & Balee n'ofent nonplus dire le cōtrai-
re , y adiouftant tout auffi toft vne belle raifon
digne de la profeffion qu'ils font. *Cefte couftu-*
me , difent-ils , de les vifiter eft aneantie & abo-
lie,parce qu'elle n'eft plus neceffaire, d'autant que
leurs concubines & paillardes donnent affeuré tef-
moignage de leur eftre.

Ie laiffe le refte de leurs iniures , & paroles
fales, n'eftant de l'aduis des Stoïciens , lefquels , comme dit Ciceron, auoyent opinion
que rien ne pouuoit eftre deshonnefte aux

pa

paroles.

On ne sçauroit parler auec honnesteté
De ce qui est rempli de toute saleté,
Disoit Sophocle.

C e v x, qui ont assisté aux ceremonies,
qui se font lors, que les souuerains pontifes
sont couronez sçauent, s'ils y ont voulu prendre garde, que tout ce qu'on dict de ceste in-
quisition, est faux & supposé. Et neant-moins
il en y a de si simple creance, que ie ne die
ignorance & malice, qui n'ont point de honte
d'oser auec beaucoup d'opiniastreté asseuror,
qu'encor auiourd'huy cela s'obserue, & qu'on
esprouue s'ils sont hommes. I'en ay veu plusieurs reuenus aussi sages de Rome, comme ils
y estoiét allez, qui m'ont asseuré, auoir veu faire l'espreuue telle, que les ennemis du sainct
siege disent, tant ils sont enyurez & saisis d'v-
ne opinion preiugee. Il m'aduint, il n'y a pas
long temps, d'ouyr vn Cordelier, qui auoit
monté, il y a quarante ans en chaire, & fort
veu le monde, lequel en son Sermon alla faire
recit de tout ce badinage, & du malheur aduenu à l'Eglise, à cause de ceste femme. Il le disoit à la bonne foy. Ce bon homme le donnoit
pour histoire de mise à ses auditeurs, & l'eust
laissee toute telle à ses religieux, & ceux-là à
leurs successeurs. Nous pouuons dire, comme
Virgile de la renommee,

Et d'affermer essaye
Autant le faux, comme la chose vraye.

A peine

marginal notes:
2
Simple creáce
de plusieurs.

D'vn Corde-
lier.

A peine puis-ie oster de la teste de ce bő homme cest erreur, ny luy faire descroire le surplus
de la fable, iusques à ce que ie luy eus fait voir
ce, que i'en auois escrit. Si ceux-là sont dignes
de blasme qui trop legerement adioustent foy
à ce qu'on dit, de combien le sont plus ceux,
qui se meslent de dresser les memoires & les
registres des choses de l'Eglise, & cependant
sans discretion laissent couler dans leurs escrits ces inepties? En ce rang puis-ie mettre
celuy, qui a faict n'a guieres l'armonie des
Magistrats Romains, lequel quoy qu'il soit
Catholique, dict & asseure qu'on faict espreuue, si celuy qui est esleu, est homme ou femme auant sa confirmation : & que Iane l'Angloise fut cause que ceste Loy fust instituee.
d'où cest erreur est sorty, nous le dirons si a-
pres.

3
Reproches
faicts aux
premiers
Chrestiens.

O R six cens annees auant qu'il fut nulles
nouuelles au monde de leur femme apostee,
Arnobe a laissé par escrit en son dernier liure
cōtre les Gentils, que les Payés & idolatres de
son temps, chargeoyent de presque semblables
reproches les Chrestiens. Il est vray que ie ne
sçay quelle honteuse vergongne à retenu ceux
icy de n'aller pas si auant : Car les Gétils accu-
soyent les Chrestiens, qu'ils adoroyent les parties honteuses de leurs Pontifes. Ils n'ont pas
osé tout à faict nous charger d'vne telle vile-
nie, mais ils s'en sont approchez, quand ils disent & escriuét que l'on leur manie auec beaucoup

coup defiouyſſance. Tout cela eſt ſi groſſier,
impie, & iniurieux, qu'il ne meritoit reſponſe.
Mais à fin qu'il ne reſte à ceux qui ſont trop
credules , nul ſcrupule de ce faict , qu'ils liſent
tant les anciens que les modernes , qui ont eſcrit la façon de l'eſlection des ſaincts Peres, ils
'ne trouueront aucunes nouuelles de ces ſotti-
ſes. I'ay parmy ces recherches vn diſcours non
imprimé, d'vn Secretaire du Pape Pol 4. contenant bien au long les façons & ceremonies
qui s'y font. Il n'euſt non plus obmis celle-la,
ayant eſté nourry, comme il eſt aiſé à voir, dãs
l'eſcole de Machiauel, que d'autres traicts qu'il
remarque , concernant les brigues & menees
qu'aucuns font dans le conclaue, pour patue-
nir à ceſte dignité.

CONSIDEREZ vn peu leurs diſcours,
il me deſplaiſt de dire rien qui ne porte coup,
& voyez comme ceux qui veulent contre Nature donner vie à ce fantoſme papal, ſe contra-
rient. Ils diſent, & c'eſt vne de leurs plus fortes & preſſantes raiſons , que tant d'eſcriuains
de ce temps-la , ne parlent nullement de Iane,
parce qu'ils ont voulu cacher la honte & infamie du ſiege Romain. Hé, qui euſt oſé,diſent-
ils, parler & eſcrire contre ceux qui font trembler le ciel & la terre? Ceſte propoſition auroit de l'apparence,s'ils ſe fuſſent arreſtez là.
Mais d'vne meſme main ils la deſtruiſent quãt
& quant : car ils diſent , que pour memoire
perpetuelle de ceſt acte, & euiter vn pareil ac-

Abſurdité, & contradiction des autheurs de la Papeſſe.

cident,on a faict dreffer cefte chaire perfee, où
le Pape foudain apres fon eflection , eft affis,
pour manier ce qui ne fe peut honneftement
nommer, à fin de difcerner fi c'eft vn homme
ou vne femme. Ceft acte , s'il eftoit veritable,
en eterniferoit beaucoup plus la memoire, que
l'efcriture de cét autheurs.L'vn demeure toufiours , & l'autre fe peut perdre : l'vn ne fe peut
cacher,parce qu'il eft à la veuë de tous, en vne
Eglife Cathedrale de la ville capitale du monde. L'autre peut eftre enfermé dans les librairies & bibliothecques , que le temps ruine &
côfomme. Les yeux,dit Herodote,font plus fi-
deles tefmoings que les oreilles , d'autant que
ce que nous oyons, s'en vole & s'efuanouyt
plus toft que ce qui eft expofé à noz yeux , &
qui eft accompagné d'vn obiect prefent & fta-
ble, qui tient attachez les yeux des regardans,
tant que l'obiect ferme & folide demeure , côme celuy-cy,qu'on dit eftre reiteré à toutes les
creations de nos Pontifes , Voire toufiours à la
veuë du peuple.

S
Replique
des ennemis
du S. Siege.
I L N E faut douter qu'à l'endroit des hommes , les impreffions qu'on prent de ce qu'on
voit,n'ayent plus de pouuoir que les plus fub-
tiles difputes, & les plus vifs argumens qu'on
fçauroit mettre en auant. Et fur tout enuers le
peuple , duquel la principale perfection confi-
fte aux fens naturels.Partant il y auroit de l'ab-
furdité, & vn peu par trop remarquable aueuglement, de vouloir d'vn mefme acte eterni-
fer

fer & fuprimer la memoire. Les efprits qui cui-
dent eftre aigus, monftrent fouuent qu'ils font
mouffes. Et la pointe de la calomnie fans autre aduerfaire, fe rebouche d'elle mefmé. S'ils
repliquent, que cela n'eft pas eftably pour en
perpetuer la memoire, mais feulement pour
remede à femblables accidents, la refponfe eft
bien ayfee, c'eft qu'ils font infeparables, comme l'vn eftant le fubiect de l'autre, & que par
le remede on tefmoigne la maladie, comme
par la Loy, felon fainct Paul, le peché fuft cognu: & la faute, ainfi que dit Tacite, fe defcou-
ure par la correction d'icelle.

AFIN qu'on puiffe voir comme les chofes
treffainctement & religieufement ordonnées
par l'Eglife, font toutesfois prinfes à contrepoil par fes ennemis, ie fuis content de reprefenter au vray, partie des ceremonies qui fe
gardent en l'eflection au couronnement, & à la
confecration des Pontifes Romains, lefquelles
fe trouuent en diuers lieux, & particulieremét
dans le liure intitulé, *Les Ceremonies facrées*,
prefenté au Pape Leon 10. par M. Electus. On
peut voir là dedans toutes chofes naïfuement
defcrites, foit de l'affemblée, eflection, offi-
ces, feruices, proceffions, entrées des villes, re-
ceptiós des Empereurs, Roys, Princes, & Ambaffadeurs, publication de paix, denonciation
de guerres, voire mefme les chofes particulieres, & affaires priuez. Ce ne font pas liures, ou
ceremonies des Hetrufques, & des Latins, en-

*Liure des ce-
remonies Pa-
pales.*

tre les mains de quatre ou cinq Preftres. Ils
font à la veuë de tous. Cela fe reprefente aux
yeux des femmes & des enfans, qui le veulent
voir. Mais cecy merite vn chapitre à part, qui
me pourra trainer dans quelque difcours, pour
contenter le Lecteur, ennuyé, peut eftre, d'ouïr
cefte Iane fi longuement battre fes oreilles.

CHAPITRE XIX.

Affemblee du facré confiftoire.

LE SAINCT Pere ayant rendu l'ame à Dieu, apres qu'on a donné neuf iours aux ceremonies de fes funerailles, reglemens, & aprets neceffaires pour l'election de fon fucceffeur, le dixiefme iour, & non plus toft, les Cardinaux entrent au conclaué (ainfi s'appelle l'enclos du Palais Papal, où ils s'enferment pour eflire les Papes) Ce qui fut introduict foubs le Pontificat de Gregoire dixiefme, à fin que l'Eglife ne tombaft plus au malheur où elle fe veit apres la mort de Clement quatriefme. Deflors que tous les Cardinaux,
qui

qui fe trouuent dans la ville, font entrez dans
le conclaue, la porte eft muree, fans qu'on y
laiffe qu'vne feule feneftre ou tour, pour le *Le Conclaue.*
feruice, & les neceffitez de ceux qui font dedans, comme on voit au parloir des Conuents
de noz Religieufes. Que fi quelque Cardinal
arriue, la porte eft defmuree pour le receuoir,
& auffi toft remife comme deuant: à fin d'empefcher les menees & pratiques, foit des Princes, des grands, ou autres, & fermer l'entree à
l'ambition, & à tout ce qui eft contraire à la
voye du fainct Efprit. Les Papes d'heureufe
memoire Nicolas fecond, Gregoire dixiefme,
Clement cinquiefme, & Clement fixiefme ont
faict de tref-belles & fainctes conftitutions.
Mais ils n'ont peu fi bien faire, que fouuent
elle ne s'y gliffe. Cefte mefchante trouue place
partout. Elle ne meurt iamais en nous, qu'a-
uec nous, dict Thucidide. Bien fouuent foubz
le voile de vertu trouuant l'huys ouuert, elle
fe vient loger entre les chofes pies & fainctes,
Elle fe iette parmy toutes les dignitez, gafte &
fouïlle les plus fainctz lieux. C'eft vne des paf-
fions de l'ame, laquelle accompagne toufiours *L'ambition.*
noz grädeurs, s'enflant iufques à fa ruine. Auffi
eft-ce le premier element qui a engendré les
mal'heurs en ce monde, difoit Thimon l'Athenien. Il n'eft donc eftrange, ny nouueau, qu'elle cherche à trouuer place dans le conclaue,
puis que laiffant les Palais & cours Royales,
elle fe vient loger dans les cloiftres plus ren-

fermez,&consistoires les plus reformez. Aussi
bien trouue elle son giste soubs le petit bonnet de Mantouë d'vn Predicant, que soubs le
bonnet ou chappeau rouge d'vn Cardinal ; ou
peut estre, soubs le capuchon cendreux d'vn
Cordelier, ou Capuchin. Pour empescher ces
Ordonnance brigues, & menees iour & nuict il y a au de-
côtre ces me- uant de ceste entrée des Euesques, Ambassa-
nees. deurs, Officiers, & autres Seigneurs, qui visitét
tout ce qu'on y porte, pour empescher qu'il
n'y ait lettres ou memoires. Car apres l'entrée
il n'est permis retenoir nul escrit, qui ne soit
veu de tous, ny parler en secret. Il est à craindre qu'vne clef dorée n'en face ouuerture.
C'est le passe-par-tout, qui crochette tous les
ressorts, qui ouure tous les cabinets, & les ser-
rures, pour secrettes, renforcées,& malaisées
qu'elles soyent. A l'entrée du conclaue tous
La Messe du les Cardinaux vont ouïr la Messe du sainct Es-
S. Esprit. ptit. Lors de l'ellection de Sixte, le dernier decedé,ce doute se presenta, si on diroit la Messe
du iour, par ce que ce fut au iour de Pasques,
que l'entrée au conclaue se rencontra,ou si on
la diroit du sainct Esprit. Mais on suyuit le dernier, à fin que la chaire sainct Pierre ne demeu-
rast longuement vuyde de Pasteur, comme il
aduint apres la mort de Clement quatriesme.
Le Pape Gregoire dixiéme au Côcile de Lyon
ordonna, que si les electeurs dans trois iours
ne tomboyent d'accord,les viures leur seroyét
retranchez,sans auoir autre chose que du pain
& du

& du vin : mais Clement fixiefme , à caufe de
l'inconuenient arriué à des Cardinaux vieux
& maladifs, ofta cefte rigueur , & leur permit
de manger vne feule forte de viande , ou de
poiffon.

OR il y a quatre façons & manieres pour
proceder à ces elections. L'vne s'appelle par
Compromis , l'autre par Scrutin , l'autre par
Acceffion, & la quatriefme par Adoration. La
premiere, peu vfitée toutesfois , eft quand tous
les Cardinaux compromettent & s'en remet-
tent à quelques vns d'entre eux , aufquels ils
donnent puiffance d'eflire celuy qu'ils iuge-
ront digne & propre pour regir l'Eglife de
Dieu. Leur pouuoir ne s'eftend qu'autant que
dure vne chandelle de cire, qu'on allume pour
ceft effet. Ainfi fut efleu le fufdit Gregoire : car à l'inftante pourfuitte de fainct Bona-
uenture tous les Cardinaux remirent la nomi-
nation entre les mains de fix. Le Scrutin fe
faict , lors qu'incontinent apres la Meffe, chacun des Electeurs porte fa voix par efcrit dans
vn billet caché, & plié à rouleaux , auquel
font efcrits les noms de ceux qu'il nomme,
auec fa fubfcription au bas, qu'il met dans vn
calice, qui eft fur l'Autel. Ce calice eft vifité, &
les billets ouuerts par le Doyen des Cardinaux , & cinq ou fix qui font choifis à ceft effect, pour luy affifter autour d'vne table, qui
eft pres l'Autel. Lors celuy eft Pape, qui fe
trouue auoir les deux tiers des voix,& vne par

*Façons pour
eflire les Pa-
pes.*

compromis.

Le Scrutin.

K 4　　deffus,

deſſus, ſuyuant l'ordonnance d'Alexandre troiſieſme, l'an 1179. Si ce nombre ne ſe rencontre en aucun, l'eſlection eſt remiſe au lende-
main, & de iour en iour apres la Meſſe, ne ſe
pouuant faire le Scrutin que lors ſeulement, &
vne ſeule fois chacun iour. Mais ſi quelqu'vn

L'acceſſion. des Cardinaux, voyãt que par la voye du Scrutin on ne peut tomber d'accord, de viue voix
dit qu'il luy ſemble vn tel, preſent ou abſent,
eſtre digne de preſider en la chaire ſainct Pierre, luy donnãt ſa voix, & que ſur l'heure il ſoit
ſuiuy des deux tiers, ceſte façon s'appelle Acceſſion, comme quand les Romains au Senat
par diceſſion alloyent aux opinions d'autruy.
La derniere maniere ſe nomme Adoration : &
celle-cy a eſté practiquee preſque à tous les
Papes qui ont eſté creez en noſtre ſiecle, comme Iules troiſieſme, Marcel ſecond, Paul quatrieſme, & tous les derniers. Lors que Sixte
cinquieſme fuſt appellé au Pontificat, vn des

Calõnie d'vn principaux reformez de la Guyenne ſe moc-
pretendu. quant auec toutes les impietez du monde de
nos ſouuerains Pontifes, aſſeuroit, comme ſi
autresfois il euſt faict l'office de Chambrier
au conclaue, que lon eſleuoit celuy qui eſtoit
eſleu ſur vn Autel, comme vn nouueau Dieu,
& puis tous les Cardinaux, les mains ioinctes,
l'alloyent adorer, luy baiſant les pieds. Voyla
pourquoy on diſoit le Pape auoir eſté eſleu
par adoration : qu'on le portoit ſur les eſpaules, pour ſignifier, que la terre n'eſtoit digne de
le ſou

le fouftenir. Ie veux, apres que ie me feray de-
meflé de ces ceremonies, & des chaires percées, luy donner vn chapitre, pour monftrer
qu'Adoration fouuent fe prend pour honneur
& reuerence, & luy apprendre (car encor faut
il faire du bien à fes ennemis) pourquoy par
fois on parle aux faincts Peres à genoux: pourquoy on baife la croix, qui eft fur fes fandales:
& pourquoy quelque fois on les porte. Cependant fuiuons noftre train. Cefte eflection dócques, qu'on appelle par adoration, eft quand *L'adoration.*
quelqu'vn des Cardinaux va mettre en vne
chaire deftinee à cela vn de fes compaignons,
les genoux à terre, luy baifant la main, en difant, Ie vous eflis Pape. On l'appelle adoratió,
pour exprimer l'honneur & la reuerence, qui
luy eft rendue par l'humiliation ou abbaiffe-
mét de corps, & l'humble baize-main de ceux,
qui l'eflizent, mot fouuent prins en cefte fignification en la faincte parole, & dans tous nos
autheurs prophanes, comme il fera dict cy-
apres. Que fi celuy-là eft fuiuy des deux tiers
en cefte falutation, l'eflection eft parfaicte: &
celuy qui eft affis en la chaire declaré fouuerain Pontife. Bien fouuent on arriue iufques à vne feule voix, attendant celuy, qui eft
affis longuement pour voir fi quelqu'autre fe
voudra prefenter, pouuant celuy-là feul dire, ie
vous fais Pape. De noftre temps le Cardinal
Moron, & en cefte derniere creation le Cardinal de fainct Seuerin font arriuez aux deux
K 5 tiers,

ERREVR POPVLAIRE

quables en
l'eflection des
Papes.

Pie quint.

Adrian fixief-
me.

tiers, priuez du Pontificat au deffaut d'vne
feule voix. Ordinairement on void plufieurs
traicts en ces eflections, où il y a du fecret &
diuin myftere : Car bien fouuent la plus part,
des Eflecteurs font le Pape contre leur intention & deffeing, fans qu'il y ait force quelconque qui les y pouffe, fi bien que tirez de la
crainéte l'vn de l'autre, ils courent apres tous
enfemble, où ils ne veulent aller: & tiénent vn
chemin tout contraire à celuy, qu'ils auoyent
pourpenfé, fans qu'ils puiffent defdire leur
guide & conducteur, ou pluftoft la prouidence de Dieu, qui les amene comme aueugles: de
forte qu'on a veu de noftre temps, que tel qui
eftoit hay ou craint de to° les Eflecteurs, a efté
par eux mefmes creé Pape, comme il aduint au
bon Pie quint, qui de pauure religieux de S.
Dominique, paruint en quinze ans a eftre In-
quifiteur, puis Euefque, Cardinal, & en fin Pape. Et auant luy à Adriã fixiefme, lequel eftoit
incogneu à tous ceux, qui luy donnarent leur
voix, fans qu'ils l'euffent iamais veu. Et tout au
rebours on void quelque autre aimé de tous;
& duquel on tenoit l'eflection pour certaine &
affeurée n'y pouuoir arriuer. Et apres au fortir
du cóclaue, comme on leur demande la raifon
du chois qu'ils ont faict, ils n'en fçauent alleguer autre, que la violence & la force du fainct
Efprit. L'eflection premiere de nos premiers
pafteurs eft immediatement venüe de Dieu.
Que fi depuis que les hommes y ont mis la
main,

main, on a par fois manqué à bien choisir, il ne,
le faut imputer ni à la foy de laquelle nous faisons profession, ny à la saincteté du lieu ou du
siege, mais considerer que Dieu nous donne
les chefs, selon qu'il nous veut punir & chastier.
Que ce sont des hommes, qui y mettent des
hommes, & que celuy qui est esleu, peut aussi
tost faillir à bien faire (sauf en la foy, puis que
c'est vne promesse faicte à sainct Pierre, & à
ses successeurs(comme les autres peuuent faillir à bien eslire. Il faut remarquer icy dessus:
(car cela sert pour respondre à l'infame visite,
que nos aduersaires alleguent pour la preue
de leur Pseudo-papesse) qu'on peut proceder à
l'election du chef de l'Eglise ailleurs, qu'à *On peut eslire*
Rome: car si le Pape arriue à deceder en quel- *les Papes ail-*
que autre ville, les Cardinaux s'assemblent en *leurs qu'à Ro-*
quelque Eglise, pour designer son successeur, *me.*
comme aussi on peut eslire par la voye du Cõ-
promis ou du Scrutin, celuy qui est absent,
comme furent Gregoire dixiesme, Clement
quatriesme & cinquiesme, & de nostre temps,
Adrian sixiesme. I'ay veu parmy les recherches
de nostre P O N T A C Euesque de Bazas, per- *Pontac Eues-*
sonnage d'vn exquis & rare sçauoir, & qui *que de Bazas.*
faict honneur à sa dignité, l'original du decret
de l'election de nostre Archeuesque de Bourdeaux Bertrand, depuis appellé Clement cinquiesme, qui est celuy qui a rendu plus illustre
la maison de Duras, ayant laissé de belles mar- *Duras.*
ques de sa grandeur & ancienneté, en nostre
　　　　　　　　　　　　　　　.Guyen

Guyenne. Cefte pancarte authétique, ou pen-
dent les fceaux des Cardinaux, qui l'eſlirent, a
efté trouuee dans vne maiſon non guieres efloignee du lieu d'Vſeſte, ou le corps de ce grãd
Vſeſte. Pápe repoſoit. Mais ceux, qui n'ont pardonné
aux pierres & aux os des treſpaſſez, ont barbá-
rement mis en pieces ce riche tombeau, ela-
bouré de marbre blanc, & ietté les cendres au
vent. Innocente poſterité qui ſuccederas à ce
ſiècle corrompu & gaſté, croiras tu la centieſ-
me partie des horribles ſacrileges, qu'vne veritable hiſtoire te repreſentera?

3
Ceremonie
lors qu'on va D E S L O R S doncques que de trois parts
à la conſecra- les deux & d'vn de plus des Cardinaux ſont
tion & cou- tombez d'accord pour l'election de celuy, qui
ronnement. doit eſtre le chef de l'Egliſe, s'il eſt au cóclaue,
on le fait ſeoit dans vne chaire, qui eſt deſti-
nee pour ceſt effect. Puis tous les Cardinaux le
vont ſaluër, le genouil à terre, luy baiſant la
main, le recognoiſſant pour le pere vniuerſel
de tous. Cela faict, il prend le nom qu'il veut:
on luy dóne l'aneau du pecheur, il ſigne les ordonnances faictes deuant ſon eſlection, leſquelles obligent celuy, qui eſt crée. Ce faict, le
premier Diacre annonce au peuple par vne
petite feneſtre le nom d'iceluy, qui eſt Pape.
Cependant on luy donne les habits Pontificaux. Apres on le faict raſſeoir dans la chaire,
ou quelques requeſtes luy ſont preſentees.
Puis ayant la mittre Papale en la teſte on le
met contre l'Autel, ou tous les Cardinaux luy
vont

vont faire la reuerence, comme deuant, l'vn
apres l'autre. Les portes font defmurees. A
l'yffue tous l'accompaignent à l'Eglife fainct
Pierre, où on va chanter le *Te Deum*, pour
rendre graces à Dieu de fon eflection. Apres
vn chacun des Cardinaux, Princes & grands
Seigneurs, qui y affiftent, le genouil à terre,
vont baifer la Croix, qui eft fur fa fandale.
Parmy tout cela on chante plufieurs Pfeau-
mes & Oraifons. Ayant donné fa benediction
au peuple, il eft conduit en fa chambre. Quelques iours apres, felon le temps & la commodité, on procede à fa confecration & couronnement. On l'accompaigne à l'Eglife fainct
Pierre. Comme il fort de la Chappelle fainct
Gregoire, le maiftre des ceremonies marchât
deuant le Pape donne le feu aux eftoupes, qui
font attachees au bout d'vn long bafton, puis *Belle ceremo-*
fe tournant deuers luy, il prononce ces mots *nie.*
tout haut, *Pere fainct, ainfi paffe la gloire de ce*
monde, imitant en cela les anciens Romains,
lefquels ez triomphes des grands capitaines,
leur faifoyent dire qu'ils fe fouuinffent d'eftre
hommes. Comme pour cefte mefme occafion,
les Ægyptiens parmy tous leurs banquets &
feftins, fouloient mettre aux yeux des affiftans
vne carcaffe du corps humain, image de la
mort, afin qu'elle iouaft fon roolle parmy l'al-
legreffe & la ioye: ce que les Romains apprin-
drent d'eux, comme on peut lire dans Petro-
nius Arbiter, Aufone, & autres. Le Pape Pie *De Pie 3.*

troi

troifiefme le iour de fon couronnement ne
peut fans larmes voir cefte ceremonie, & ce
feu auffi toft eftaint qu'allumé. De forte qu'on
le veid prefque efuanouy fur l'heure, prefa-
geant luy mefme ce qui talonnoit fa grandeur:
car vingt & fix iours apres, pour fon dernier
partage il n'euft que cinq ou fix pieds de terre, comme nous auons veu aduenir à noftre
Vrbain 7. qui ne vient de tenir le fiege que 12.
iours. Par cefte ceremonie, dez l'entree de
fon Pontificat, on luy reprefente l'inconftance & briefueté de la vie humaine, & que cefte
petite poignee de boüe, bien petrie, bien polie,& bien tournee,comme difoit vn Stoicien,
qui femble neantmoins menaffer les nues (vilain & puant fumier, viáde à vers, ne te veux-
tu mefurer à ton ombre) eft auffi toft diffoute,
que formee.

La mouche pluftoft n'à pas,
Eftendu fa petite aifle,
Comme la race mortelle
Des humains,eft,& n'eft pas.

C'eft vne ampoule, c'eft de la fumee, dict le
maiftre de la fageffe. Vn fouffle de vent contraire,le croaffement d'vn vol de corbeaux, le
faux pas d'vn cheual, le paffage fortuite d'vn
aigle, vn fonge,vne voix,vn figne,vne brouée
matiniere,vn rayon de Soleil,vne mouche, vn
pepin,vn ennuy,vn defpit,voire vne ioye fou-
daine,fuffifent d'atterrer ce pauure & calami-
teux animal. Sa vie eft vne continuelle mort.

Il ne

P. Maffon en
fa vie.

Simonides.

Il ne ſçait pas où elle le guette, ny où elle l'at-
tend.Il la doit attendre tout par tout. Elle ne
tient conte ny regiſtre de nos annees,non plus
que de nos grandeurs & maieſtez. Les lieute- *De la mort.*
nans de Dieu en terre, & les ſauetiers ſont iettez à meſme moule. Mais laiſſons cela, pour
Mi.de Montaigne. Il faut eſtudier ceſte leçon
chez luy. Combien de fois nous a-il attachez
à ceſ diſcours ? Il ſouloit accointer la mort
d'vn viſage ordinaire, s'en appriuoiſer, & s'en
ioüer, philoſophant entre les extremitez de la
douleur, iuſques a la mort, voire en la mort
meſme.

LA FRANCE puis peu de temps, eſt *Regrets de la*
ecclipſee de ceſte viue & incomparable lumie- *mort du ſei-*
re de ſçauoir, d'eloquence,& de ſuffiſance aux *gneur de Mõ-*
affaires du monde, apres la monſtre que nous *taigne.*
auons apperceu de ſa vertu, de ſa philoſophie
courageuſe & preſque ſtoique,de ſa reſolution
eſmerueillable contre toutes ſortes de douleurs, & tempeſtes de ceſte vie, de ſon exquis
& prompt iugement par deſſus les hommes de
ſon ſiecle, en toute occurrence d'affaires, de ſa
conuerſation la plus douce, & enrichie de graces, & reluiſante de diuerſes perfectiõs qu'autre qu'on euſt ſçeu ſouhaitter. Le cruel & im-
pitoyable deſtin l'a retiré de noſtre veüe, &
ſur l'entree de ſon aage a defrobé à la Guyen-
ñe, mais pluſtoſt à la France ce riche threſor
d'honneur, de vertu, & de gloire immortelle.
I'inuoquerois voſtre aide & voſtre ſecours,
ô Mu

ô Mufes facrees , q̃ m'auez ennemies des crie-
ries du palais,il y a fi lóg temps abãdonné,afin
de grauer icy vos vers en l'heureufe & eternelle memoire de noftre Montaigne non iamais
affez loüé. Mais c'eft au digne chantre d'A I-
M E E à venir à bout d'vn fi riche fubiect.

O R   P O V R   reprendre le grand chemirſ
royal, que i'ay tenu iufques icy , d'où la perte
de ce rare perfonnage , qui par fon deces,fem-
ble auoir laiffé la vertu orfeline , m'auoit diftraict , Ce feu auffi toft eftaint qu'allumé aux
yeux du fouuerain Pontife , & ces paroles me-
naffantes , qui vont frapper fes oreilles , luy
apprennent, que cefte gãrdeur qu'il a attainct,
n'eft qu'vne fimple efcorce & fueille de felicité : Et que fa fupreme dignité ne luy a rien
acquis d'immortel. La briefue & courte vie de
ceux qui l'ont deuancé au Pontificat , luy fert
de miroir & d'exemple , nul defquels , chofe
certes qui ne peut eftre fans quelque grand &
fecret myftere,n'a iamais peu prefider au fiege
Apoftolique , qui ait veu les iours de fainct
Pierre,lequel tint le fiege vint quatre ans,cinq
mois,& douze iours , comme tous les anciens
tefmoignent. Adrian premier s'en approcha:
car il prefida vint & trois ans , dix moix,& dix
Impudence de fept iours. Et neantmoins le maiftre d'efchole
quelques Au du malheureux Vuiclef appellé Guillaume, &
theurs. defpuis au temps de Luther , vn autre nommé Valenus (gens eftourdis & hors de fens)
ont ofé efcrire , que tant s'en faut que fainct
Pierre

Pierre ait esté Euesque de Rome,qu'au côtrai-
re il n'y fust iamais.Il leur est permis d'escrire&
dire tout ce que bon leur semble.

NOVS lisons à propos de la courte vie des
Papes,afin que ie ferme ce chapitre, la response que faict Pierre Damian,qui a esté Cardinal
& homme fort docte , au Pape Alexandre second, qui luy demãdoit la raison pourquoy les
Pontifes Romains estoyent si tost rappellez de
ce siecle,sans paruenir aux iours ordinaires du
commun des hommes.*Il nous semble,dict-il,que
l'ordre des iugemens celestes,& la diuine prouidē-
ce a ordonné cela,affin qu'il mette deuant ses yeux,
& imprime au genre humain,la crainte de la mort,
luy monstre clairement & au doigt, qu'il faut mes-
priser la vie temporelle,mesmes en la principauté de
la gloire mondaine:veu qu'on voit le premier & le
plus esleué de tous les hommes,si tost,& en si peu de
temps osté de ce monde.Cela le doit faire sage,pour
estre tousiours tendu à la mort.Cest exemple ne peut
porter sur les Rois.parce qu'vn seul souuerain pontife preside au monde vniuersel.Et au contraire il y
a plusieurs Roys & Princes tous lesquels se viennent
prosterner aux pieds du Pape, qui comme Roy des
Rois,& Empereur des Empereurs,deuance en honneur & dignité,tous ceux qui viuent sur la terre.
O que Dieu monstre par là, combien il desire que la
vie du pontife Romain , serue d'edification à son
peuple , veu que mesmes il veut que sa mort
profite à son salut. Combien doit estre soi-
gneux des ames celuy, duquel la mort , par la pro-

L   uiden

uidence diuine ſert, & profite à la vie d'autruy?
Iuſques à ce tour là nul ne ſe peut glorifier, la
mort ſeule prononcera l'arreſt deſinitif de ce qu'il
aura eſté.

CHAPITRE XX.

1.
Pourquoy le Pape porte la mitre & la couronne.

IE SVIS content paſſer par deſſus pluſieurs autres ceremonies, qui ſe font en ceſt acte de la conſecration & couronnement : Mais ſi ne puis ie faire, que ie ne rende la raiſon, pourquoy par fois on luy donne la mitre, & par fois la couronne. La mitre eſtoit l'ancien ornement de teſte des pontifes & ſacrificateurs de la vieille loy, laquelle eſtoit d'vne beauté incomparable. Nos ſouuerains paſteurs l'ont retenue, affin de marquer & honorer

Voy Euſebe lib 3.chap 31. lib.10.cha. 4.

leur

leur charge premiere,& ſouueraine en l'Egli- *Voy Briſſon l. 28. ff de aur. & arg. legat.*
ſe Chreſtienne,comme celle du grand ponti-
fe eſtoit en l'Egliſe Iudaique , ainſi que diſent Euſebe , Rabanus , & autres. Voila pourquoy Apulée au liure dernier de ſa Metamor-
phoſe a entendu par ce mot mitre, le ſacrificateur. En langue Perſique elle ſignifie le Soleil.
Or deſpuis la triple couronne a eſté donnée
aux ſaincts Peres , pour honorer la grandeur
de leur dignité , qui ſurmonte toutes celles
de la terre : ce qui auoit eſté predit par Eſaie. *Chap. 60.*
Pluſieurs diſent,que le grand Conſtantin leur
donna le premier la couronne , ayant mis la *Epiſt. aduerſ. praſump. Mi- cha.c.13.ſer.1. de beat. Sil- ueſt Iſido. lib. 4.c.7. Plutar. in vit. Pōpeij.*
ſienne ſur le chef de ſainct Silueſtre:ainſi l'ont
eſcrit Leon neufieſme,& Innocent troiſieſme.
Mais il faut remarquer ſur ce lieu, que ce n'e-
ſtoit pas vne couronne, ains le diademe , qui
eſtoit vn bandeau de fin lin, tel qu'on peut
veoir en la plus part des medailles antiques
des Empereurs. Silueſtre refuſa ceſt honneur,
comme ornement mal ſeant à ſa teſte raſe.Po- *Lib. 4. ca.8. Plat. in vit. Ioa. 5.*
lidore Virgile eſcrit qu'il ſe contenta de pren-
dre lors vne mitre blanche,a la mode des Phri-
giens, laquelle eſtoit de ſatin, mais il ſe trompe: car tous ſes predeceſſeurs l'auoyent portee. Il y en a qui diſent , mal à propos à mon
aduis, que noſtre Roy Clouis fut le premier
qui leur donna la couronne , parce que Sigiſ- *Couronne en- uoyee à Rome par Clouis.*
bert eſcrit, qu'il ennoya à Rome en l'Egliſe
ſainct Iean de Latran , celle que l'Empereur
Anaſtaſe luy auoit donnée, enrichie de pierres

L 2　　　　pre

præcieuſes. Ce que voyant l'ambaſſadeur, qui
la luy auoit portee, n'eſtant chiche de la Gre-
que eloquence, eſcrit Paule Emille, s'eſcria.
Au lieu de ceſte couronne, treſuertueux prince,
tu t'en acquiers vne, qui iuſques aux derniers
ſiecles pouſſera la renommee de ton excellence, fai-
ſant mettre ceſte cy en lieu ſi eminent, qu'elle
portera teſmoignage de ta grandeur. Ce fut vne
pie & religieuſe offrande de noſtre premier
monarque Chreſtien, faicte à l'Egliſe, faicte a
l'autel ſainct Pierre, & non au Pape. Le meſme
fit le Roy Richarred d'Eſpaigne, lequel s'e-
ſtant faict Chreſtien enuoya la ſienne à ſainct
Felix, tenant lors le pontificat : ce qui fut
l'an 600. ou enuiron. Ce precieux gaigne de
noſtre Clouis a eſté deſrobé du treſor ſainct
Pierre, apres y auoir eſté conſerué par pluſieurs ſiecles, enſemble les deux riches calices
enuoyez, l'vn par Louïs vnzieſme Roy de Fráce, & l'autre par Ferdinand Roy de Naples,

La couronne ſans qu'on ait iamais peu deſcouurir l'aucteur
deſrobee à d'vn tel ſacrilege, comme raconte Onuffre en
Rome. la vie d'Innocent huictieſme. Ceſte couronne
enuojee par Clouis, s'appelloit R E G N V M,
Comme nous liſons dans Aimonius, Sigiſbert en l'an 550. & autres. Ie croy que Onuffre en ce lieu là s'eſt trompé, appellant ce preſent de Clouis mitre. C'eſtoit vne couronne
d'or : car luy meſme dict, qu'on l'appelloit
R E G N V M, qui móſtre que c'eſt celle dont
Aimonius & Sigisbert parloient. Ceſte façó de
cou

couronne des Papes eſt fort ancienne:car le bi-
bliotechaire Anaſtaſe en faict mention ſoubs
Conſtantin deuxieſme,l'an 766. Deſpuis nous
trouuons Eugene deuxieſme , l'an 824. Benoiſt troiſieſme , l'an 855. Formoſe , l'an 891.
auoir eſté couronnez: Et tous les autres deſpuis,dict Onuffre ſoubs Clement deuxieſme.
Oyez la raiſon d'Innocent. *Le pontife Romain* Serm.3.de co-
porte la couronne pour marque de royauté , & la ro pont.
mitre pour ſigne de pontificat : Mais plus ſouuent
la mitre , parce que la dignité pontificale eſt
premiere,& plus grande, que l'imperiale. Et en Voy Durand
vn autre endroict. *L'Egliſe m'a apporté vn pre-* chap.13.
cieux & ineſtimable dot, & m'a eſlargy pluſieurs
graces ſpirituelles, & temporelles. Pour ſignifier
celle là, elle m'a donné la mitre, & pour celles cy
la couronne. La mitre pour la prelature,& la Corſac. à
couronne pour le regne,me faiſant le vicaire de Coſta lib. 1.
celuy qui eſt le Roy des Roys, & le Seigneur des var.ambigui.
Seigneurs. Ie ne puis oſter la main de ceſt en- lib.1.
droict , ſans reſpondre à ceux qui crient auec
tant de violence,que le clergé Romain ne reſ-
ſent rien des Apoſtres , ny de la ſimplicité des
premiers Eueſques. Ie ſçay bien,que par pluſieurs & longues années,nos Papes ſe ſont cô- La couronne
tentez de la couronne de martyre, l'eſtimans martire.
ſans comparaiſon plus que tous les ſceptres &
couronnes Imperiales. Et que de ce premier
temps,leur grandeur eſtoit leur humilité.Mais
tout ainſi que celuy ; qui voudroit ſuyure contre mont noſtre orgueilleuſe Garonne, trouue-

L 3   roit

toit en fin, que ce n'eſt qu'yn ſurjon d'eau, à
peine recognoiſſable, qui s'énoblift en vieilliſ-
ſant: auſſi qui voudra rechercher l'Egliſe dans
ſon berceau, en ſes tendres années, la trouuera
ſimple, baſſe, ſe reſſerrant ſes officiers dans ſa
petiteſſe. Puis jettant les yeux plus auant, il la
verra peu à peu auec l'aage paruenir à ſa perfection, s'eſtendre, & faire reluire ſa grandeur
par tous les coins du monde, s'accroiſtre en
L'Egliſe à en auctorité, en richeſſes, & honneurs. L'Egliſe
ſon aage. quoy qu'elle ne vieilliſſe iamais, elle a eu ſes
aages, comme les autres choſes de ce monde.
Au temps des martyrs, eſcrit l'Abbé de Vſpourg, elle a eſté floriſſante enuers Dieu, &
non pas à l'endroict des hommes : mais apres
que les Empereurs, Roys, & Princes ont eſté
reduicts au Chriſtianiſme, ils ont, côme bons
fils, honnoré l'Egliſe leur mere, attribuant des
honneurs, dignitez, & marques de royauté, au
chef d'icelle, côme on voit au temps de Marcellin, viuant l'an 289. & au temps de Silueſtre premier, l'an 315. Damaſe, l'an 369. eſſeu
Pape par le iugement de Dieu, dict ſainct Ambroiſe: d'Innocent premier, l'an 406. Le ſainct
ſiege lors, & les paſteurs d'iceluy reluiſoyent
en grandeur, honneur, & auctorité, côme So-
crates racompte. Ceſte pompe & maieſté reuerable du ſenat Romain, & ordres Eccleſiaſtiques, nous tire en vne treſprofonde admiration des choſes inuiſibles, qui nous ſont à cauſe
de la foibleſſe de noſtre iugement, mieux re-
pre

prefentées par le riche & conuenable ornement, qui s'offre à noz yeux, Cela adioufte, ie
ne fçay quelle reuerence, à la dignité Ecclefia- *Maiefté des*
ftique, comme il faict à noftre iuftice fouue- *parlemens de*
raine, lors qu'on la voit marcher auec tous fes *France.*
ordres. Ses huiffiers porte-verges au deuant,
le premier habillé de fon bonnet de drap d'or
fourré d'hermines. auec vn bouton de perles
fur le haut : le greffier veftu de fon epitogue, *Ces mortiers*
les Prefidens leurs mortiers de velous en tefte, *reffemblent*
auec vne large bande d'or fur le haut, a la fa- *les ornemens*
çon d'vne thiare Medoife, ou Perfienne : les *anciens barōs*
manteaux defcarlate fourrez, retrouffez, & a- *de France.*
graffez fur l'efpaule à l'antique, ayant le premier trois barres d'or, auec des hermines fur
l'efpaule droicte, en figne de cheuallerie. Et
apres les Confelliers veftus de leurs robes d'ef
carlate, & chaperons fourrez, allans de deux
en deux, non moins flamboyans d'honneur, &
fuffifance, que de l'efclat empourpré de leurs
facrez veftemens, retenant auec cefte maiefté
pompeufe & cerimonieufe de la iuftice, non
feulement l'œil, mais auffi la voix, & l'efprit
des regardans, en quelque reuerable & refpe-
ctueufe admiration.

OR AFFIN que ie ne m'efloigne trop *2.*
de mon theme, Eftant le Pape affis dans vne *Couftume des*
chaire haut efleuée, on luy met la triple cou- *Iuifs.*
ronne fur la tefte, pnis les pardons de certains
iours font proclamez. On va en proceffion à
fainct Iean de Latran, auec vn peuple infiny.

L 4　　Eftant

Estant paruenu au mont Iourdain : (Ie ne represente pas sans occasion tous ces destours,
cóme vo° verrez) les Iuifs ont accoustumé venir audeuant de luy,& les genoux à terre , luy
presenter le vieux testament, suppliant le pape les vouloir conseruer. A quoy il respond.
Nous approuuons,bómes Hebrieux,ceste escripture
saincte , & icelle auons en honneur & reuerence,
cóme enuoyee de Dieu à vos peres par les mains de
Moyse:Mais nous condamnons , & vos interpreta-
tions , & vos façons : car la foy que nous tenons &
qui nous a esté laißée, nous enseigne le Sauueur &
Meßie,lequel vous aitendez en vain , estre arriué,
qui est nostre Seigneur Iesus Christ,lequel auec le
Pere & le sainct Esprit, vit és siecles des siecles.
Cecy se faict quelque fois dans le chasteau
sainct Ange, pour euiter la furie du peuple,
qui se iette souuent sur ces pauures miserables , & les foulle aux pieds. Vile & abiecte
generatió,qui ne vit que pour vendre & ache-
pter,prisonniers publics , forbanis de la terre,
sans cité , sans domicille, sans territoire , sans
prophete, ny consolateur.Les saincts peres les
tollerent dans Rome pour plusieurs belles
considerations. Ceste race maudite du ciel
donne lustre au nom Chrestien,le fortifie , &
le sert.Aussi dict sainct Augustin, que ce sont
nos libraires.

Au.18.cha.de
l'Ante.

3.
On faict seoir
le papes sur
des chaires
persees.

ESTANT le Pape arriué à l'Eglise de-
scendu de cheual , les chanoines luy vont au
deuät:Et l'ayät salué on le faict mettre & seoir
                                    dans

dans vne chaire de marbre, qui est à main gau-
che de la porte, laquelle est appellée S E D E S
S T E R C O R A R I A. Apres auoir vn peu
demeuré en ceste assiete à demy couché dans
la chaire , les deux plus anciens Cardinaux le
prennent soubs les bras, & le soubleuent, chan-
tant ces mots tirez d'vn Pseaume.

> La creature indigente
> Va de la poudre esleuant,
> Et de la sale siante
> Pousse le pauure en auant,
> Luy donnant place aux honneurs:
> Des princes & des seigneurs
> Tenant le trosne de gloire,

Psal. 112.
Suscitans à
terra inopem
& de stercore
erigens paupe-
rem.

C'est icy, où ils disent, que ceste sale visite se
faict, & qu'on auale les calsons au Pape , pour
sçauoir s'il est homme. D'autres disent que
c'est en l'autre chaire. Estange bestise , entrée
en la teste de tant de gens. Le Pseaume paracheué, le sainct Pere prend vne poignée de mô-
noye de cuiure & la iette au peuple : puis pro-
sterné au pied de l'Autel , il faict sa priere à
Dieu, donne la benediction à toute l'assistance.
Cela faict, il s'en va par vne galerie à la maison Episcopale, où il est encor assis dans vne
chaire, qui est dans la sale pres la table de pierre, qui est esleuée de la mesme grandeur & me-
sure, à ce qu'on dict, que nostre Sauueur estoit. *Autre chaire.*
Les prieres & oraisons, qu'on a de coustume
faire à toutes ces diuerses seances finies , on le
conduit en la chappelle sainct Siluestre. Au de-

L 5 uant

uaut la porte il y a deux autres chaires percées,
Deux chaires percées. lefquelles font de porphire. S'eftant affis fur la
premiere, vn de l'Eglife de faind Iean de La-
tran luy met vne verge en vne main, & les clefs
de l'Eglife en l'autre : l'vne pour fignifier le
pouuoir, qu'il a de chaftier & corriger, & l'autre, l'authorité que Dieu a donné à faind Pierre & à fes fucceffeurs : car cefte puiffance n'eft
pas morte quant & luy, ainfi que noz aduerfaires difent, comme fi l'Eglife euft efté eftablie pour l'amour de faind Pierre, & nõ faind
Voy le Caie- Pierre ordonné pour l'Eglife, & qu'apres fa
tan. in infti. mort, elle deuoit eftre defnuée de chef, & en-
Rom. Ponti. feuelie en mefme tombeau. Oyez faind Cy-
prien, Que feroit l'Eglife, did-il, fi cefte dignité n'eftoit attachée qu'à faind Pierre ? Apres
qu'il a vn peu demeuré dans cefte chaire, il
fe leue, & fe met en l'autre, puis rend les clefs
& la verge à celuy, qui les luy auoit baillées.
Tout cela paracheué, il s'en retourne en fa
chambre, & toute la compagnie fe retire. Ie
laiffe le furplus des belles & venerables ceremonies, qui fe font en cefte confecration &
couronnement, m'eftant contenté d'auoir reprefenté ce qui fert à noftre propos, que i'ay
tiré des ceremonies facrées, me remettant à
ceux, qui les ont veuës. Que fi ie n'euffe eu
crainte d'eftendre cecy en vne longueur. en-
nuyeufe, i'euffe logé icy les belles oraifons qui
fe difent. Par tout ce difcours, que i'ay à effiét
eftendu parmy ces diuerfes feances, il eft aifé
à voir,

à voir, qu'on affiet dans ces chaires, celuy qui
eft efleu,non pour ioüer la farce , que les mal-
affectionnez à l'Eglife difent: mais afin, efcrit
Platine,que celuy qui eft appellé à vne fi grande dignité,fcache qu'il n'eft pas Dieu , mais
hóme fubiect à toutes neceffitez de nature. Ie
penferois eftre Dieu , difoit celuy qui s'imaginoit la conquefte du monde vniuerfel, refpondant aux flatteurs,qui eftoient à fes flancs,fi ie
n'eftois fubiet à l'ordre & vilaine neceffité de
Nature,auec les autres hommes.Comme Her-
modorus appelloit 'Antigonus fils du foleil:
Celuy-là,fit-il , qui vuide ma chaire percée,
fçait que tu mens.Et puis qu'il eft loifible à vn
chacun de rechercher la raifon de cefte ceremonie,approchant de la grauité de ces grands
perfonnages , il eft vray-femblable , que tout
cecy fe faict,afin que d'ez l'entrée de fon Pontificat il foit aduerti par cefte chaire percée ou
il eft affis,de l'inftabilité de fa grandeur,& vanité des puiffances de ce monde:& qu'il mette
deuant fes yeux , que fa dignité fupreme eft
femblable à toutes chofes humaines,fans auoir
rien de certain & affeuré.Qu'il apprenne à n'y
loger fon cœur,& ne deuenir infolent,pour fe
voir en cefte nouuelle & bien fouuent inefpe-
rée grandeur, iugeant, comme dict le Poëte
François.

Que tout fe faict par le vouloir celefte,
-   Qui feul va l'homme & hauffant & baiffant,
Qui d'vn berger,fit vn Roy tref-puiffant:

Pourquoy ces
chaires font
percées.

Vanité du
monde.

Et

Et vn grand Roy, pour trop se mécognoistre
Entre les bœufs permit longuement paistre.
ce qu'Horace auoit dit auant luy , l'ayant emprunté d'Hesiode au premier liure des œuures
& des iours.

> *Dieu peut de son long bras*
> *Changer le haut en bas,*
> *Briser la fiere teste:*
> *Et hausser le commun:*
> *La fortune oste à l'vn,*
> *A l'autre met la creste.*

Sieges percez. Par ceste forme de chaire, on a imité le Prophete, qui compare les grandeurs de ce monde
à vn sac percé. Voila pourquoy les selettes, sur
lesquelles on faict seoir les criminels en noz
Parlemés, sont en quelques lieux percées, pour
represẽter par la façon de ces sieges, le danger
où est celuy, qui y est assis. Ces chaires de porphire sont fort antiques, & d'vn ouurage si rare, qu'on asseure ce grand peintre architecte &
sculpteur tout ensemble, Michel Lange n'auoir
peu approcher de leur perfection.   Ces autheurs, qui maintiennent si hardiment qu'on y
faict ces sales attouchemens, disent que c'est le
dernier Cardinal Diacre, qui fait l'espreuue. Ils
se deuoient mieux informer de l'ordre, qu'on y
garde, ou lire les liures, où il est escrit: car au cõ
traire ce sont les deux plus anciés Diacres, qui
luy assistent, & le seruent nõn seulement en ceste premiere solemnité de son Pontificat: mais
en

en tous autres actes.

PEVT ESTRE que la forme de ces chaires eſt cauſe,que le ſimple peuple s'eſt laiſſé plus aiſement aller à la creance de ce qu'on en dict:car ne pouuât imaginer la raiſon pourquoy on aſſiet ſur vn tel ſiege celuy,qui eſt eſleu,& ne voyant plus loing que la longueur de ſon nez,a tout auſſi toſt iugé, que puis que ce n'eſtoit pas pour deſcharger ſon ventre,c'eſtoit pour eſtre viſité par ce trou. Il faut pardonner à leur ignorâce,non à la noire malice de ceux, qui clair-voyans en autres choſes , en celle-cy feignent de n'y voir du tout point , & neantmoins veulent cependant faire paſſer toutes choſes par leur eſtamine.Ceſt eſprit, qui feint n'y voir goutte,s'eſlargit & eſlance bien ſouuét plus qu'il ne doit,il le faut reſſerrer dans les barrieres les plus contraintes, & l'apprendre d'aller plus reſerueément ez choſes qui concernent la religion.On appelle ces chaires, *Sedes ſtercorarias*,tât parce qu'elles ſont percées, & propres à ceſte neceſſité de nature, qu'auſſi pour repreſenter la vilité & baſſeſſe de celuy qu'on y faict aſſeoir,lequel du plus vil, bas, & abjet ſiege , qu'on ſçauroit repreſenter , & du fumier & ordure , eſt ſoudain eſleué au plus haut & ſouuerain throſne de la terre. C'eſt à quoy Mathatias compare la grandeur de ce monde:c'eſt l'eſtime que ſainct Paul en faict. C'eſt la pareure que ſainct Bernard luy donne. Ou peut eſtre,que ce nom luy eſt donné,de ce mot,

4.
Erreur du peuple ſur ces chaires.

mot, qui eſt dans le Pſeaume, qu'on chante lors
qu'on le leue de la chaire.

De ſtercore erigens pauperem.

COMME il n'y a rien d'inutile en nature,
non pas l'inutilité meſmes, dict vn Pyrronien,
& rien ne s'eſt ingeré en ceſt vniuers, qui ne
tienne place opportune, pour l'embelliſſemét
d'vn ſi grand œuure : Auſſi en noſtre Egliſe
Catholique, dans laquelle eſclairent cent mille
beautez, il n'y a rien d'oiſif. Il n'y a ceremonie,
tát ſoit elle petite, qui ne ſignifie quelque choſe de grand & auguſte. Les pierres meſmes
parlent. Tout ne tend qu'à l'inſtruction, non
ſeulement du ſimple peuple, mais des plus en-
tendus. Nous ſommes pluſtoſt eſmeus par les
ſens exterieurs, que par l'intelligence. Les choſes, qui s'offrent à noz yeux, nous pouſſent &
trainent plus volontiers à la meditation digne
de l'homme Chreſtien: car comme diſoit Horace.

Moins eſmeuuent l'eſprit les choſes entendues,
Que celles que des yeux fidelles on a veuës.

Toutes ces diuerſes ſeances ſur ces chaires percées ſe font non pas dans le conclaue, comme
aucuns diſent, ou dans quelques lieux retirez,
mais dans l'Egliſe ſainct Iean de Latran, en la
preſence d'vn peuple infiny, compoſé de diuerſes nations, de tous les Cardinaux, des Ambaſ-
ſadeurs des Roys, ſeigneurs & potétats Chreſtiens, leſquels reſident à la court des Papes.
Ils ont de couſtume honnorer cet acte de leur

pre

preſence, qui ſe faict pour prendre poſſeſſion
du Pontificat.Il y a d’autres marques pour cognoiſtre la difference d’vn homme, & d’vne
femme, ſans venir à ces vilains & ſales attouchemens, indignes de ces vieillards honorables,caſſez & chargez d’années,qu’on appelle
ordinairement à ces grades, en preſence d’vn
millió d’hommes,ſeigneurs & dames Romaines,leſquelles la curioſité traine ez lieux les
plus eſleuez, pour voir toutes ces ceremonies
Papales.

MAIS puis qu’il faut ſçauoir ſi ce Cardinal, qui doit tenir les clefs de ſainct Pierre, eſt
homme,ſi c’eſt vne autre Iane maſquée,pour-
quoy n’en faict-on l’eſſay auant que ſortir du
conclaue? pourquoy auant qu’il ait prins poſſeſſion & receu l’obeiſſance & ſerment, non
ſeulement du ſainct ſiege, mais des Princes &
des Roys, qui s’y trouuent? Pourquoy ne ſe
faict cela à ſainct Pierre, lors qu’il y va pour
receuoir la couronne, & donner ſa benedictió
au peuple? Puis que c’eſt vn acte, duquel depend la confirmation de ſa dignité,& qui faict
preuue de ſon ſexe, il deuroit eſtre le premier:
& toutesfois c’eſt le dernier. L’examen doit
preceder la reception: & c’eſt tout au contraire. A quoy ſont bonnes ces diuerſes chaires
percées?Vne ſeule ſuffiroit pour faire l’eſpreu-
ue. Quand noſtre Gaſcon Clement cinquieſme & Iean vingt & vnieſme furent couronnez
à Lyon,commẽt fit-on de ces chaires percées?
Ceſte

6.
Conſideration
ſur ceſte impó-
ſture.

Ceste visite se fist elle deuant le Roy de France , qui assista à ceste ceremonie ? Et encor
pourquoy auant qu'on ait faict preuue de son
sexe, permet-on qu'il exerce sa charge, qu'il soit
recogneu pour Pape, obey pour tel ? Clement,
qui fust esleu en Iuin, & couronné en Nouem-
bre , ne fust-il pas recognu de tous les Princes de la Chrestienté pour chef de l'Eglise?
comme fust aussi Adrian sixiesme esleu en Ian-
uier, & couróné en Septembre , tous deux fort
esloignez du lieu, où ils deuoient tenir le siege.
Certes i'ay honte , qu'vne si grande bestise
puisse trouuer place parmy les personnes, qui
ont tant soit peu de sens & de iugement. Ils ne
trouuent rien d'estrange, tant ils sont tourmé-
tez du trouble de leurs passions: & comme ils
croyent leurs songes, ils s'esforcent de nous o-
bliger à ceste mesme creance. Tout leur doit
faire place, tout leur est bon & veritable, pourueu qu'il no' nuise. Tout ainsi qu'vn certain Iu
risconsulte Romain, qui hayssoit Vatinius plus
que nul autre , estant vne fois consulté , si
le fruit d'vn pin estoit comprins soubs le
nom de pome, Ouy, dit-il, pourueu qu'il soit
ietté côtre Vatinius. Ce qu'il disoit, parce qu'il
n'estoit loisible ez assemblées du peuple , en
leurs ieuz & spectacles , s'entre-ietter autres
choses, que pomes , à fin d'obuier aux dissen-
sions & tumultes, qui en sourdoiét entreux , &
aux blesseures & meurtres , qui s'en estoient
ensuiuis. Mais qu'est-ce qu'il y a de plus enfant

fant en matiere si graue, que ce qu'ils disent? Ils font comme escrit Homere.

En la mesme façon, que souuent nous voyons
Deux femmes quereler, dans le milieu des rues,
D'aspre contention l'vne sur l'autre esmues:
Elles disent le vray, elles disent le faux,
La haine, le courroux mestrise leurs cerueaux.

CHAPITRE XXI.

M   *Obiect*

1.
Du mot Ado
rer.

Gen.18.& 19.
Num.22.
Iosue 5.
Daniel 2.
1.Reg.28.

IE ME VEVX acquitter de la promesse
que i'ay faicte au chapitre precedent. Lors
que i'ay discouru des ellections Papales, qui se
font par adoratiõ, i'ay dit qu'Adorer souuét en
la saincte parole signifie honneur, salut, & reuerence. Il est escrit qu'Abraham adora les enfans de Het: Isaac Esau: Nabuchodonosor Daniel: Iosué & Balaam les Anges. Souuentesfois
adorer, dict Festus, veu autāt à dire, que rendre
hõneur par des signes, gestes, & humiliatiõ du
corps, plustost que par l'esprit, ou de parole. Et
comme la deuotion interieure ne gist qu'en
l'esleuation de l'ame, aussi l'exterieure ne cõsi-
ste qu'en l'humiliatiõ & rabaissemēt du corps.
Et comme le mot de loüäge ne signifie propre-
mét que le tesmoignage qu'on réd de quelque
excellence ou prerogatiue, par la voix & parole, aussi le mot Honneur denote celuy, qu'on
réd par signes & gestes exterieurs. Ainsi le préd
Athanase, quand il dict sur la fin de son liure de
la Virginité, Si vn homme iuste entre en ta maison,
va audeuant: & auec crainte & reuerence iette toy
à terre & à ses pieds, adore-le. Plutarque, Cassio-
                dore,

dore, Pline, Virgile, & autres bós autheurs em- *Lib. 28.*
ployent fouuent le mot Adorer en ceſte ſigni- *c. 2. lib. 6.*
fication, voire pour priſer, faire conte, & pour *in Allex.*
prier: car *te adoro*, eſt de meſme, que ſi on diſoit,
te oro. Ce que ſeruira de reſponce à la beſtiſe de
celuy, qui n'a guieres accuſoit d'idolatrie ce
mot mis au tombeau de feu ANTOINE
DE SANSAC Archeueſque de Bourdeaux,
la vertu & bonté de ſon temps.

Si properas, at manta, Antonl Sanſaci
  Manes, id te adorant, qui.

Theraſius patriarche de Conſtantinople eſcri- *Theraſius.*
uant à Conſtantin & Irenée, dict bien à pro-
pos, interpretant ce mot, *Il faut adorer les ima-*
ges, c'eſt à dire, leur faire honneur, les baiſer. Adorer
ſignifie cela ſelon l'anciène proprieté du lágage: car
ἀποσκυνεῖν *veut dire aimer & embraſſer: & la pro-*
poſition πρός *marque vn deſir ardent, par lequel*
nous ſommes pouſſez à embraſſer & aimer pl' che-
rement. Ce qu'vn chacûn de nous aime, il l'embraſ-
ſe: & ce qu'il adore & embraſſe il l'ayme. L'inclina-
tion de la nature le teſmoigne, laquelle nous rend
affectionnez à noz amis. Deux perſonnes, qui s'en-
tre-aiment, ſe rencontrans, s'entre-careſſent & em-
braſſent. Ceſte façon de parler eſt non ſeulement en
vſage entre les Grecs: Mais on la peut encores re-
marquer en l'eſcriture ſainte. Car au liure des
Roys eſt eſcrit, que Dauid ſe leua, cheut ſur ſa face,
& adora trois fois Ionathas, & le baiſa. Ces mots

    M 2   de

de Therasius se trouuét au Concile de Nicene.
C'est en ce sens qu'on dit aller à l'adoration de
la croix, lors que le iour du grãd Védredy, sui-
uãt l'ancienne coustume des Chrestiens, nous
l'allós baiser, non debout, cóme l'on fait a l'offrande, mais prosternez de nostre lóg. En ceste
mesme significatió on appelle communement
aller à l'adoration, lors qu'au commencement
des Messes Papales, les Cardinaux & les am-
bassadeurs vónt baiser la main au Pape.

Adoration de la croix.

IL NE faut que les oreilles reformées se
fachent, si nous vsons ainsi par fois de ce mot
adorer, soit en la veneration des images, soit ez
autres ceremonies, que nous auons retenu de
noz anciens & premiers peres. Ils sçauent, ou
pour le moins ils doiuent sçauoir la distinctió,
que nous faisons d'adoration entre Latrie, Du-
lie, & Hiperdulie, mots Grecs: mais lóg temps
y a faits nostres. Nous leur auons donné droit
de bourgeoisie. Ils ne doiuent non plus trouuer estrange, si lors qu'on salue le Hierarche
ou chef de l'Eglise, ou quand on luy presente
quelque requeste, on met le genouil à terre.
Le corps se peut transformer en autant de formes qu'il voudra, pour tesmoigner l'honneur,
qu'il veut rendre, sans que l'ame en soit pollue
ny contaminée. Ce n'est adorer, non plus que
quand le genouil à terre nous faisons quelque
requeste au Roy, ou lors qu'vn miserable plai-
deur à genoux, le placet en main, attend en
l'audience de noz Parlemés, que sa cause s'ap-
pel

2.
Distinction d'adoration.

S. Thom. 2.
2. q. 103.
S. August. l. 7.
in Exo. q. 114.
lib. 8. de ciui. c.
27.
Damas. li. 1.
Bed. in 4. cap.
Luc.

pelle:ou mefmes lors que nous faifons l'hommage,le genouil bas,& les mais ioinɛtes, aux
pieds du feigneur, duquel noftre terre releue.
La Caprice eftoit plaifante,de celuy, qui refu- *Caprice d'vn*
foit l'hommage qu'il deuoit , parce difoit-il, *refu.*
qu'on ne doit flechir le genouil deuant la creature, mais feulement deuant le createur : que
c'eftoient des couftumes Papiftiques:mais par
arreft il fe fit declarer vn fot. Les Iuifs font
ainfi les confcientieux:car fi au pied d'vne fon-
taine il y auoit vne croix,ou vn image , il leur
eft deffendu, quand la foif les deuroit eftran- *Superftition*
gler,de fe baiffer , ny puifer l'eau, ou mefmes *des Iuifs.*
amaffer quelque chofe, qui leur feroit tumbée
à terre. Si c'eft adorer en la fignification , que
tu le prens, de fe mettre à genoux deuāt quelqu'vn , tous les Princes de la terre, quelques
petits roytelets exceptez, qui fe font defuoyez
de l'Eglife,voire le plus grand & le premier
du monde, à ce conte adorent bien fouuent
quelque pauure & fimple religieux , lors qu'à
fes pieds ils defchargent le pefant fardeau de
leurs pechez, tremblans foubs la main & la
parole de celuy, lequel eftant hors de là, met
luy mefmes le genouil à terre, les voyant feulement paffer.

SI C'EST adorer , tu adores la Royne 3.
d'Angleterre,à laquelle on ne peut parler, fans *Honneur fait*
eftre à genoux. Tous les officiers qui la fer- *à la R.d'Ang.*
uent, & autres ont le genouil à terre, mefmes
les dames,pour grandes qu'elles foyent,quand
M 3   elles

elles luy prefentent quelque chofe,fe tiennent
en femblable deuoir. Que fi elle paffe par la
ville , le peuple fe iette à terre du plus loing
qu'il apperçoit fon carroffe. Ce feroit vn crime de leze Majefté , qui en vferoit autrement.
Ce n'eft pas feulement à fa perfonne , qu'ils
portent cet honneur:car fi quelqu'vn paffe audeuant le buffet,ou eft la boëtte de fes fceaux,
il faut qu'il face la reueréce, & qu'il les faluë:
& ceux qui entrent,ou attédent au lieu de fon
palais , qu'on appelle The Chambre of pre-
fens , demeurent toufiours defcouuerts , comme fi elle eftoit prefente. Ainfi font les Iuifs,
lefquels en leurs ceremonies mettét vne chaire vuide,& la faluent lors,qu'ils paffent au deuāt,ayant cefte vaine fantafie, que le Prophete
Elie y eft inuifiblement affis,enuoyé de Dieu
pour affifter à leur circoncifion.Ie n'ay pas fait
mention des façons , que les Anglois gardent
en honorant leur Princeffe,afin de les blafmer.
Ce font leurs couftumes,ce font leurs regles,
comme à ces autres peuples ,de ne regarder
iamais leurs Roys au vifage:de ne parler à eux
que par vne farbatane : Mais feulement pour
monftrer le peu de raifon,que noz aduerfaires
ont de contre-roller l'honneur & reuerence,
que nous portons au chef de l'Eglife vniuer-
felle:lequel toutesfois ne fe fait pas feruir auec
tant de refpect & reuerence. Que fi les Roys,
les Princes,voire les magiftrats, conferuent a-
uec tant de foing,ie ne fçay quelle Majefté ou
digni

(marginal notes:)
Chābre de pre-
fence.

Beftife des
Iuifs.

dignité, iufques à punir de mort ceux , qui la
bleſſent : S'ils font fans blafme reuerer leurs
images, comme nous lifons Theodofe le grãd,
bien que Chreſtien, auoir ordonné , combien
le doit plus conferuer celuy , que Dieu à de
beaucoup eſleué par deſſus tout le reſte des
hommes? Mais pourquoy eſt-ce, que les ennemis du ſainct Siege font ſi ialoux de ceſte grãdeur Pontificale ? Ce font les effects de la haine qu'ils luy portent ? C'eſt le mortel poiſon
des ames malades: C'eſt vne humeur pluante
& vitieuſe , qui ſe coulant en l'œil de l'entendement, y engendre vne taye, qui luy deſrobe
la veuë & cependant.

Tour plcerez qu'ils font, veulent guerir les autres.

LES Roys de France, qui font les premiers
monarques de la Chreſtienté, n'ont pas requis
tant d'honneur de leurs ſubiets, auſſi n'ont ils
vſurpé le tiltre de ſouuerains Pontifes. Et toutesfois apres le Pape & l'Empereur , on leur
doit ce reſpect, de parler à eux le genouil à terre, meſmement quand on veut obtenir quelque requeſte, ſans que nul autre Prince Chreſtien le puiſſe iuſtement pretendre. Auſſi diſoit ſainct Gregoire, eſcriuant au Roy Chilpe-
ric, *D'autant que ceſte dignité Royalle eſt eſleue*
en gloire par deſſus le peuple, d'autant l'excellence
du Royaume de France eſt par deſſus les autres
Royaumes. La clarté de leur foy eſt comme vn
aſtre luyſant & reſplendiſſant entre la perſidie
abſcure des autres nations. La reſponce eſt belle

M 4 de

In cod.
Theo.
Tit. 4.
Vbi Greg.
Naſian. in
orat. 1. in
lia.

4.
Des Roys de
France.

de noftre Louys furnommé le Ieune, lequel
allât au voyage d'outre-mer, receut à fes pieds
vn Prince d'Hongrie, implorant fon aide contre la tirannie de fon Roy. Côme les ambaffadeurs preffoient Louys de le rêdre à leur maiftre, *Les maifons des Roys de France*, diét-il, *ref-*
femblent les Eglifes: & leurs pieds, les autels.
Il n'eft pas raifonnable d'en rauir, & tirer
ceux, qui y recourent, & s'y proflernent.
Lors que nos religieux prindrent terre au Royaume de la Chine, ils firent quelque fcrupu-
le, quand on leur diét qu'en parlant au viceroy
il falloit fe mettre à genoux : mais ayant con-
fulté par enfemble, que c'eftoit vne ceremonie d'honneur, & non de religion, ils n'en firent defpuis aucune difficulté. La refponfe des
miniftres Lutheriens fut femblable, lors qu'vn
des electeurs leur propofa le doubte, qu'il
auoit en fa confcience, d'affifter au facre de
l'Empereur Charles le quint, & participer à
toutes les ceremanies, qu'on y voit, qu'ils appellent papiftiques. *C'eft vne chofe*, dirent-ils,
qui appartient à la charge & grade de l'electorat,
auquel tu es appellé: Cela depend de ton deuoir,
& ne peut charger ton ame. Voila comme ils
fe difpenfent, quand il leur plaift : Et nous ac-
cufent de ceft horrible peché d'idolatrie. Or
ceft la reigle des reigles, & la generale loy des
loix, que chafc un doit obferuer celles du lieu,
où il eft. Il doit fuiure la couftume receuë.
C'eft la Royne & Emperiere du monde, diét

                                    Pinda

P. Emile.

D'vn ele-
cteurs

Pindare, qu'on viue à la Romáine à Rome,
& à Conftantinople à la Turque, i'entends es
chofes ciuiles & politicques.

IE ME SVIS autresfois rencontré en
vne compagnie,où eftoit feu FRANCOIS
DE NOAILLES,Euefqué d'Acqs, gentilhomme, que la nature auoit enrichy de plufieurs belles parties, lequel entré fur ce difcours, nous fit le recit, qu'ayant efté enuoié
par le feu Roy CHARLES en Leuāt, pour
eftre ambaffadeur à la Porte du grād feigneur,
lors qu'il fut queftion de le faluer de la part du
Roy,comme on faict à l'arriuée,& au defpart
il fe trouua en grand peyne ? Car d'vn cofté,
la couftume de ces barbares le forçoit de fe
laiffer conduire comme vn efclaue , & ietter
auec les foubmiffions accouftumées,aux pieds
du Turc : laquel honorant les plus grands, les
appelle la poudre de fes pieds. Mais de l'autre
cofté,la liberté Françoife , & la dignité d'vn
Euefque, ne luy pouuoit permettre de fouffrir cefte indignité, de forte qu'il print refo-
lution de ne l'endurer pas. Le iour deftiné veftu d'vne robbe de drap d'or frife fur frife , il
s'en va au Sarrail fuiuy de dixhuict gentilshó-
mes François.Sur ce nombre il y eut beaucoup
de conteftation:car les Pachats n'en vouloyent
admettre que huict.cés gentils-hómes eftoyēt
veftus de dolimans de fatin cramoifin rouge,
& de ferifets de veloux violet, paffementez
d'or.En ce palais Royal ils furent feftoiés par

5.
*Fran. de
Noailles am-
baffadeur à la
Porte.*

*Dolimans
font fotanes
& ferifets
robes.*

M 5   les

les Pachats, le regardant Selim par ſa jalouſie.
Apres le diſner on ſe met en ordre pour aller
faire la reuerence. A la porte du Diuan , où
eſtoit le grand ſeigneur, deux Capigis, qui ſont
les officiers de la porte, voulurent à leur mode
ſaiſir l'ambaſſadeur par la manche, qui enſerre
le poing, pour le conduire comme attaché aux
pieds de leur maiſtre, ainſi qu'ils ont accouſtumé faire tous ceux qui le vont ſaluer , deſpuis
l'aſſaſſinat cómis en la perſonne d'vn de leurs
Empereurs. Mais ce grãd cœur ſans crainte les
repouſſa, leur faiſant dire par vn truchement,
que la dignité d'vn Eueſque François, ne pouuoit ſouffrir d'eſtre mené comme vn forçat. Il
conteſta de telle ſorte, qu'il s'en deſpeſtra , &
à deliure ſe preſenta, deuant, Selim , lequel
ſans autre plus baſſe inclination, que d'vn bai-
ſe-main, & de robbe, il ſalua, de la part du Roy.
Peu de temps apres le baron de Onguetlade,
ſeigneur Carinthien , ambaſſadeur de l'Empereur prenãt cógé du Turc, ſeut mené & rame-
né par ſes Capigis, cóme vn eſclaue. GILLES
DE NOAILLES, ſucceſſeur de ſon frere en
ceſte charge, cóme il a eſté nómé en ſon Eueſché, ne ſeut pas traicté plus doucement , lors
qu'il ſalua Selim, & deſpuis Amurat, ſoit qu'il
ne voulut rópre les couſtumes receües, ou qu'il
ne fuſt ſi fauoriſé que ſon frere : Car ç'a eſté le
premier ambaſſadeur, q arriua iamais à la porte du grãd ſeigneur, ſans auoir des preſens a offrir & au Turc & aux Pachats. Mehemet en ayãt
eſté

*Le baron
d'Onguena-
de.*

*Gilles de
Noailles.*

esté aduerty l'enuoya querir en son iardin , & luy remonstra le mespris, dont il vsoit à l'endroit du Grand seigneur, auquel nul ne se peut presenter les mains vuides: & puis qu'il estoit arriué sans auoir des presés, il luy en fourniroit de tels, qu'il voudroit, pour les offrir de la part de son prince. Mais l'Ambassadeur luy fist entendre, que son Roy , qui estoit le plus grand de la Chrestienté, sçachant qu'ils les demandoyét comme vne chose deuë, & vn tribut, luy auoit defendu d'en presenter: & ne feut possible au Pacha de le faire plier à ce poinct. Or il fit sa salutation, selon l'ancienne coustume, conduict par ces Capigis. Ceux qui furent présens au discours du premier iugearent que ce traict, quoy que la chose eust heureusement succedé , estoit trop hardy pour vn homme tresaduisé & rompu aux affaires du monde, comme estoit l'Euesque d'Acqs, qui ne deuoit prédre le hasart de rópre vne coustume introduicte de longue main, parmy ceste nation rude& farouche. Iamais Ambassadeur ne soustint auec tant de fermeté l'hôneur & la grádeur de son maistre, que celuy là, cóme il auoit faict à Venise, l'an 1558, où ce François , vrayement Fráçois, emporta la precedéce sur Dó Vargues Ambassadeur du Roy d'Espaigne. Ie veux que la posterité sçache , (au moins si ce liure peut viure quelque siecle) deux autres traicts remarquables de ce grand homme d'estat. Ce destour sera agreable au lecteur. Estant en l'audian

Precedéce sur l'Espaignol.

diance fecrette de Mehemet, qui de cheurier
Efclauon eftoit paruenu à cefte grãde dignité,
d'eftre premier PASCHA, premier VI-
SIR, & gendre de SELIM. Ce Mehemet
entré en difcours fur les affaires de la France,
& parlant de noftre Roy, il vfa de ce mot
FRANCHE KRAAL, que veut dire,
petit Roy de France, ainfi appellent ils les autres Rois: Nouailles plein de cœur & de courage, perdant patience fe leua, & hauffant fa
main & la voix, comme d'vn homme offencé,
s'adreffa au Pafcha difant yoctur yoctur, que
veut dire, non pas ainfi, non pas ainfi, FRAN-
CHE PADACHAA. Franche padachaa:
fuiuant fa pointe, qu'il mourroit pluftoft
que voir ranaller ainfi la maiefté de fon maiftre, l'Empereur des Frãcs. Orambei ayant faict
entendre la plainte de l'Euefque François, Mehemet auec vn baiffemẽt de tefte, aduoüa qu'il
auoit tort, & n'vfa plus de ce mot Kraal, parlant de noftre Roy. Ie veux icy deffus remarquer vne obferuation notable, que ie tiens du
dict feu fieur d'Acqs, qui difoit l'auoir apprife
en ce pays là, de perfonnes d'entendemẽt, c'eft,
qu'au lieu de Bafchas, il faut dire Pafchas. En
quoy tous ceux, qui ont efcript des affaires du
Leuãt fe font trompez. Celuy de Pafcha vient
de ce mot Padachaa, qui eft le plus grãd & fu-
perbe nom, qu'ils puiffent donner a leur feigneur, auffi veut-il dire grand Empereur. Et
Pafcha eft le nom diminutif de Padachaa, qui
eft

eſt donné à ceux qui tiennent les premieres
dignitez en l'eſtat des Othomans. Voicy l'autre acte genereux de ceſt Eueſque François:
Ayant eu aduis que le gouuerneur d'Alep &
Tripoli, nommé Cour-bey, qui ſignifie loup *Cour-bey.*
ſeigneur, nepueu dudict Mehemet, auoit faict
chaſſer les religieux, qui eſtoyent au ſainct Sepulchre, & piller l'Egliſe, abuſant de la faueur
& grandeur de ſon oncle, il en fit plainte au
Paſcha par Orambey. Neantmoins Mehemet
faiſoit la ſourde oreille, vſoit de remiſes, ſans
luy vouloir dôner audience, pourtant la cauſe
de ſon nepueu. L'ambaſſadeur impatient de
l'iniure receüe, & ennuyé des façons du Paſcha
ſe reſolut (choſe qui eſt pleine de haſard) de
porter luy meſmes ſon Arſe, c'eſt à dire ſa re-
monſtrãce à Selim, lors que du Sarrail il feroit
le traiect pour aller à Scutari, dans ſon Kaid,
ſelon ſa couſtume : mais le Paſcha aduerty de
ſon deſſein, ordonna que les religieux feroyent
remis, & le tout rendu, ſeruice notable faict à
la Chreſtienté. Car encor que les Turcqs par
quelque ſecret iugement de Dieu, ayent en
grand honneur & reuerence le ſainct Sepul- *Honneur au*
chre, n'eſtimans ceux-là vrais pelerins, & di- *ſainct Sepul-*
gnes d'aller à la Meke, ſi premierement ils *chre.*
n'ont viſité ce lieu ſainct : Si eſt ce, que ſi on ny
euſt promptement pourueu, il eſtoit à craindre que nous euſſions eſté priuez d'aller veoir
le lieu, où noſtre Sauueur repoſa : Car ce Se- *Selim vne*
lim eſtoit vne ſouche, vn tronc inhabile à *ſouche.*

tou

toutes chofes , fauf à boire & dormir,fe repo-
fant du tout fur Mehemet.Ce n'eftoit pas ceft
autre Selim , qui fut vifiter le fainct Sepulchre,où il fe profterna à genoux, & fit fa priere;diftribua plufieurs aumofnes aux religieux.
Ie m'affeure que le lecteur aura le gouft bien
malade , s'il ne me pardonne d'auoir quitté
mon train, pour le trainer dans Conftantinople. Ie m'en vay le reprendre pour fçauoir,
pourquoy on baife les pieds aux fouuerains
pontifes.

6.
Couftume &
façon des peu
ples en fe fa-
luant.

LE BAISER de courtoifie , le baifer
d'honneur trop commun en noftre France a
efté receu parmy prefque toutes les nations
du monde.Le poëte Grec au premier de l'Ilia-
de , & au quatriefme de l'Odiffee, le monftre.
C'eft le vray tefmoing d'amour & de dilectió.
Les Romains,qui ont tenu l'efcole ouuerte de
l'honneur, du refpect, & de la courtoifie,s'en-
trefaluans au rencôtre fe touchoyent en main.
Et celuy qui vouloit rendre l'honneur à quelque autre,luy baifoit la dextre , comme on lit
fouuent dans Plutarque , Seneque , & Tacite.
En la dextre, dict Pline, il y a quelque faincte-
té & religion, c'eft comme la marque & les ar-
res de la foy.Par fois ils fe baifoyent à la bouche, comme on lit dans Martial, qui en affai-
fonne quelque fois la pointe de fes laffifs Epi-
grâmes.Les Carthageois fans parler touchoyét
la main l'vn l'autre , puis la baifoyent , pour
figne de falutation, pour tefmoigner vne plus
gran

grande humilité, on baiſoit le bas de la robbe,
dict Herodote. C'eſtoit faire beaucoup de faueur à celuy qui vouloit ſaluer vn grãd, s'il luy
tendoit le bout de ſa robbe à baiſer, comme a *Cuias Caius.*
monſtré noſtre CAIVS françois, qui a ap-
porté tant de clarté & lumiere à la iuriſprudé-
te. On preſentoit auſſi le genou, & le bas de
la jambe, qu'on embraſſoit & baiſoit, comme
font auiourd'huy les Mores. Ie ne ſçay quel
Thebain ſaluant le prince, au lieu de baiſer le
genou, baiſa la cuiſſe, dequoy le prince indigné le repouſſa. Quoy replique le Thebain,
la cuiſſe & le genou ſont il pas de meſme piece? l'vn & l'autre eſt à toy. La reſponſe eſt bien
plus plaiſante du Cordelier, qui eſtoit moqué
par vn Miniſtre, deuant vne des plus grandes
princeſſes de l'Europe, de ce qu'il baiſoit vn
chappellet: mais elle eſt trop gaillarde pour ce *L'hiſtoire*
lieu. Vn Conte fugitif de Caſtille à cauſe de *d'Eſpaigne.*
l'iniure faicte au Conneſtable, vint faire la reuerence au Roy de Portugal, le Roy le receuãt
ſans tirer la main du gan, la luy tend à baiſer,
le Caſtillan la prenant, deſcouure la main & la
baiſe. Ie l'euſſe bien faict, ſi i'euſſe voulu, dict
le Roy, monſtrant que cela ne luy eſtoit pas
deu, & qu'il ſe deuoit contenter de baiſer le *In Alep.*
gan. Ce ſont des degrez de la vanité & follie
du monde. Lucian traicta plus rudement le
grand preſtre d'Eſculape à Calcedoine: Car
luy ayant donné la main à baiſer, il la print à
belles dents, & la mordit. I'ay leu dans Albert

Craus,

Lib.2.Nor mā.ca. 26. Craus, qu'vn seigneur de la Cour de Rollo premier Duc de Normandie, estant allé saluer nostre Roy Charles le simple, & luy ayant le Roy rendu le pied à baiser, le Norman indigné, print le pied & fit quasi tumber le Roy à la renuerse : Eust-il esté si simple de desirer cest honneur, si quelqu'vn de ses predecesseurs ne l'eust mis en vsage ? Ce baise pied, baise Coustume de Rome. main, baise robe de celuy qu'on veut honorer, a esté, comme i'ay dict, en coustume parmy tous les peuples de la terre, ainsi qu'on peut lire en lieux infinis, dans Plutarque, Sidonius Appollinaris, Apulee, & autres. Parmy les Perses, cela estoit ordinaire de baiser les pieds à leurs princes, ce qui fust despuis receu entre les Romains, à mesure que la dignité, & maiesté imperiale venoit à s'accroistre, cōme on lit parmy tous nos aucteurs. Tacite le monstre parlant de Neron, Suetone de Calligula, Spartian d'Adrian, Lāpride d'Antonin. Le mesme voit on dans Seneque, Eutrope, Pomponius Lætus, & autres.

7.

Coustume de l'Emp. Diocle siā. Seneq. lib. 2. de benef. ca. 12. Cuspinian Ant. Victor. IE SCAY BIEN que celuy, qui sembla despuis establir cela, comme vne loy, fut Diocletian : Car apres auoir triomphé des Perses, enflé de ie ne sçay quelle presomption de diuinité, il voulut estre non pas honoré, mais adoré, ordonnant qu'on luy baisast les pieds, couurant pour cest effect ses souliers de pierres precieuses. Amian Marcellin dict, que le premier, qui s'attribua cest honneur, fut

vn Sil

vn Siluanus, qui fit la guerre contre Conftãce.
Defpuis cela vint en telle couftume, que celuy, qui vouloit obtenir quelque chofe des Em
pereurs, fe iettant à leurs pieds, les embraffoit
& baifoit. Le foldat & l'homme de guerre fur
tous autres, garda cefte façon. Oyez Zonare.
*Apres qu'on fe fuft prefenté deuant la face de
l'Empereur, Belizare dict à Galinerius, qu'il
fe iettaft à terre & à genoux, pour adorer Cefar. Ce que Galinerius fit, fondant en larmes.
Belizare ayant compaßion de luy, pour voir le regret qu'il auoit de ce faire, fe profterna außi à fes
pieds: afin de luy monftrer, que ce qu'il en faifoit,
eftoit pour garder la couftume des Romains, qui
adorent leurs Empereurs, fans que cefte façon ap-
portaft aucune marque de feruitude: Mais pourquoy eft-ce que i'obmets cet exemple de l'hiftoire facrée. Vne dame Iuifue nommée Simo-
nite print & embraffa les pieds d'Elizée. Rabi _Rabi Kimbi._
Kimbi, qui eft celuy d'entre tous les Iuifs, lequel eft le plus loué, pour l'interpretation du
fens literal, dit fur ce lieu, que cefte femme fe
ietta ainfi aux pieds d'Elizée pour les baifer,
fuiuant la couftume des Hebrieux. Ce que ce
grand docteur Iuif n'euft voulu efcrire, fi cefte
façon n'euft efté receuë & approuuée par ceux
de fa nation, & par les Prophetes.

LAISSANT les exemples, qu'on peut _1._
trouuer à tous propos parmy les Romains, les _Couftumes des_
Grecs, & autres peuples non encores efclairez _premiers Chre_
de la lumiere de l'Euangile, il faut fçauoir qu'à _ftiens._

N   la

la naiſſance de l'Egliſe, ceux qui s'enrolloient
ſoubs la banniere de Ieſus Chriſt, au rencontre
ſouloiét s'entrebaiſer, comme teſmoigne Ter-
tullien, & Iuſtin en la ſeconde Apologie. *Le
baiſer, dict ſainct Auguſtin, eſt permis pour ſe
reconcilier, pour la paix, pour la communion de la
Cene, & pour rendre teſmoignage de l'vnion, &
fraternité catholique.* Cela continua quelque
temps parmy les premiers Chreſtiens : mais
parce que les choſes bonnes de ſoy, peuuent
en fin trainer vne mauuaiſe ſuitte, & quelque
fois degenerer par l'abatardiſſemét des meurs
& anciénes couſtumes, noſtre ſage & prudente mere, laquelle ne fait iamais vn faux pas, les
deffendit. Et pour retenir la memoire de ce
baiſer fraternel, on void, qu'au diuin ſeruice
aux Egliſes parrochiales, on donne la paix au
peuple. Et ez Meſſes qu'on appelle communement de Capelle, qui ſe diſent deuãt le Pape, & le College des Cardinaux, le premier
Preſtre Cardinal baiſe le ſainct Pere à la ioüe:
puis baiſe le Doyen des Cardinaux. Et ainſi
ſucceſſiuement ſe baiſent l'vn l'autre à la ioüe,
auec tout l'honneur, reuerence, & inclination,
que le lieu & leur dignité requiert. Ce qui
s'obſerue en pluſieurs de noz Egliſes Cathe-
drales, & autres principales. De là eſt venue la
couſtume, pour retenir la memoire de ce baiſer Chreſtié, que lors qu'vn Preſtre dict ſa premiere Meſſe, les Preſtres le baiſent à la ioüe, &
les laiz à la main. Le baiſer auſſi eſt vn ſigne
d'ac

*Lib. de Ani-
ma.*

*Le baiſer de
la paix.*

*Meſſe de
Capelle.*

d'acceptation:cóme fi quelqu'vn me falue de
loing,& ie baife la main,c'eft figne , que ie re-
çoy fa falutation , & luy réds le mefme tefmoignage d'honneur , & d'amitié , qu'il me mon-
ftre.L'Abbé Rupert,qui a rendu raifon des di- *Lib.2.c.6.*
uines ceremonies,dict que quand le Preftre au
comencement du Canon inclinãt fa tefte, baife le facré theatre,ou les grands & efmerueilla-
bles myfteres de noftre redemption font re-
prefentez,ce baifer ne fignifie autre chofe,fi ce
n'eft , que comme de bon cœur l'agneau fans
tafche Iefus Chrift , a accepté la mort , pour
nous donner la vie,auffi il en reçoit la memoire,l'accepte en toute humilité,affection, & deuotion,tefmoignée par ce baifer.

MAIS pour venir à celuy, qui nous a ietté *Pourquoy on*
fur ce propos , & fcauoir , d'où eft née cefte *baife les pieds*
couftume,qu'on baife les pieds au Pere de l'E- *au Pape.*
glife,fans faire comparaifon du maiftre au vallet , de l'ombre au Soleil , on peut remarquer
dans l'hiftoire faincte,que non feulement ceft
hóneur a efté rédu au Sauueur du móde , mais
auffi à fes Apoftres,à leurs difciples,à leurs habits, & defpuis à leurs cendres. Le peuple les
rencótrant en chemin,fe iettoit à leurs pieds.
On void cela dans les Actes , en Nicephore,
fainct Martial , & fainct Policarpe, duquel on
baifoit les pieds, dict Eufebe. Que fi defpuis
on a donné ceft honneur aux fucceffeurs de
fainct Pierre , ç'a efté quelque diuine infpira-
tion , qui a, non feulement efmeu les peuples,

mais

mais les plus grands Monarques de la terre, de
s'en defpouiller , pour en reueftir celuy , que
Dieu à fucceffiuement eftably pour gouuerneur,& conducteur de fon Eglife en ce monde,comme difoit l'Empereur Conftantin , lequel faifoit tout l'honneur , qu'il eftoit poffible,aux Euefques,ayât ce mot en bouche,qu'il
honoroit Dieu en leur perfonne , Comme difoit auffi noftre Philippe Augufte. *Quand tu
te profternes au pied d'vn fainct homme , tu adores Dieu en luy*,difois Anaftafe.En quoy fe môftre l'humilité,qui doit eftre du plus grãd iufques au plus petit de la bergerie Chreftiéne,&
que les grandeurs Imperiales , Royales, & les
principautez doiuent flechir foubz l'authorité
de celuy ; qui eft vicaire de Iefus Chrift fur la
terre.Que fi cefte humilité Chreftiéne, fouué-
tesfois ez ceremonies de l'Eglife,nous force ou
conuie de baifer la terre inanimée,pour honorer celuy qui l'a fabriquée , pourquoy à plus
forte raifon, ne baiferons nous le pied de foin
oingt?Les plus grands Roys de la terre n'ont
pas eftimé en ce faifant offencer la Majefté de
Dieu , ny raualler la grandeur,à laquelle il les
auoit efleuez.On void Iuftinian fecond,baifer
les pieds du Pape Conftantin:Pepin ceux d'E-
ftienne : Charlemaigne ceux d'Adrian : Luitprand Roy des Lombards ceux de Leon: Lu-
douic ou Louys fils de Lotaire,ceux de Sergie,
& ainfi tous les autres. Ceux-là fe trompent,
qui penfent , qu'à tous coups il foit neceffaire
luy

Enfeb.de vit.
Conft.c.35.

P.diaco.lib.6.
M. Polo.
Sigon.
Regino.

luy baiser les pieds : qu'on n'y peut auoir ac-
cez autrement. C'est la premiere fois , qu'on
luy fait la reuerence, ou quand on luy demande la benediction, ou à la reception de quelque
Prince ou ambassadeur, & autres telles solem-
nitez, pour monstrer l'hommage ; qu'on doit
à l'Eglise:comme ils se mescontent aussi de dire, que nul n'y peut parler, qu'à genoux. Ce qui
est faux: car bien souuent on parle à luy en se
promenant. Combien de fois en leur particulier rendent ils tesmoignage de l'humilité , qui
doit estre en celuy, qui porte le nom , SER-
VITEVR DES SERVITEVRS DE
DIEV?

 C'EST exemple ancien est digne de ce 10.
Humilité du
lieu, prins de la vie du plus grand homme, que grand Gregoi
la chaîte sainct Pierre ait eu despuis l'Apo-re.
stre: aussi auec raison le nom de grand luy est
demeuré. C'est Gregoire premier, lequel plusieurs de noz reformez, contre l'aduis de Luther & Caluin ; qui disent que c'est le dernier
vrayement Pape, appellent insolent, meschant,
superstitieux, arrogant, & Antechrist. Moseus P.Chitreus
autheur Grec raconte, qu'estant vn Abbé allé Biblian.
Illiric.
à Rome, pour visiter les sepulcres, ou reposent
les venerables os des Apostres sainct Pierre &
sainct Paul (note reformé, il y a mil ans que
cela est escrit, ou peu s'en faut)sçachant que le
Pape Gregoire passoit par la rue il y accourut,
& se ietta à ses pieds.Le Pape en fit le mesme,
& le releua. C'estoit à vn Pelerin estranger, au-

N 3   quel

quel il fit ceft honneur. I'ay autres fois remarqué dans quelque bon autheur qui m'eft ef-
chappé de la memoire, que le Pape Gregoire
cinquiefme fachant qu'vn fainct perfonnage
(il ne me fouuient du nom) arriuoit à Rome,
alla audeuant de luy hors la ville, ayant l'Empereur en fa compagnie, & au rencontre s'e-
ftant le fainct homme profterné pour honorer
le vicaire de Dieu en terre, le Pape le releua; luy
print la main, & la baifa : & l'ayant mis entre
luy & l'Empereur, il luy fit la plus honorable
entrée dans la ville de Rome, qu'homme fit iamais. I'ay parlé à vn Religieux, qui a efté affez
priué du bon Pie quint, lequel m'a racöté plufieurs particularitez, que ie pourrois apparier
à celles des deux Gregoires. Papirius Maffon
en fa vie recite vn femblable trait de ce fainct
homme, que faict noftre Montaigne du grand
Duc de Guife au fiege de Rouan. Ce font des
actes d'vne vertu exceffiue. Le fainct Pere fe
rabaiffe-il pas encores plus, fi c'eft rabaiffer,
de monftrer l'humilité, qui doit eftre au Chreftien, quand le Ieudy fainct eftant à genoux, il
laue & baife les pieds aux douze pauures, à l'i-
mitation du Sauueur, qui laua & baifa ceux de
fes douze Apoftres? Faict-il cela, pour les adorer? les Euefques, qui gardent cefte mefme
couftume, font-ils pour cela idolatres. Voicy
vne belle hiftoire, & qui fe raporte à noftre
propos.

L'AN mil cinq cens quatre vingts vn, Iean
Bafi

Pieté de Pie 5.

Effay 24. li. 1.

11.
Beau difcours

Bafile grand Duc de la Mofcouie eftant entré
en guerre auec le Roy de Poloigne , enuoya,
encor qu'il ne foit de l'Eglife Latine, Thomas
Seuerigenus en ambaffade deuers le Pape Gregoire treziefme , auec lettres, pour fupplier fa
fainéteté vouloir moyenner quelque accord, &
empefcher , que les Polacs ne s'alliaffent auec
les Turcs & Tartares,ce qui ne pourroit eftre
que mal'heureux & infortuné à la Chreftiété.
Le fainét Pere preftant l'oreille à fa requefte,
defpefcha en ces pays ANT. POYSSEVIN,
l'vn des rares ornemens de la compagnie des
Iefuiftes. Ceftui-cy ayant negotié la paix , &
vifité ce grand Duc, il entra en difpute auec
luy de la religion,car ce Prince eftoit affez inftruit aux lettres,& homme de iugement. Cefte conference commença le vingt & vniefme
Feurier,mil cinq cens huiétante deux , en prefence de fon Senat,& des plus grands du pays.
Leur entrée fuft fur l'antiquité de l'Eglife Romaine,& l'authorité du Pape.Peu de iours auparauant quelques puritains d'Angleterre ayãt
fenty le vent de ceft abouchement,prefenterét
au Duc vn liuret remply,felon leur couftume,
d'iniures contre le fainét Siege,lequel fuft traduit en langue vulgaire du pays. C'eft leur ordinaire d'aller toufiours à la trauerfe , comme
ils ont fouuent faiét enuers les Patriarches de
Grece.Comme Poyffeuin le preffoit là deffus
monftrant la fuitte ordinaire de ceux , qui ont
prefidé en la chaire fainét Pierre : Comment,

N 4   dit

dit le Duc, Oses tu appeller successeurs de S.
Pierre tous ceux, qui sont depeints de telles
couleurs? La plus part de ce qu'on dict & escrit, replique Poysseuin, sont calomnies & inuentions des heretiques ou schismatiques. Tu
te ventes & glorifies, grand Prince, d'estre le
successeur legitime de tes pere, ayeuls, & bi-
sayeuls, & ceux la de Volodimer mort il y a
cinq cens ans : Que si quelqu'vn d'entre eux a
esté indigne de tenir & posseder vn si grand
estat, seroit-il raisonnable de disputer & reuoquer en doubte pour cela ta succession? Or entre autres choses, que le Moscouite luy mit en
auant, qu'il trouuoit estrangès en la personne du Pape, fut celle-cy, pourquoy il imprimoit
la croix sur son soulier, & pourquoy il permet-

Scrupule du
grand Duc.

toit qu'on luy baisast les pieds: *Sachez tresgrãd*
Prince, dict Poysseuin, *que comme les peuples*
auoyent accoustumé se ietter & prosterner aux
pieds des Apostres, ils en firent le mesme à leurs
successeurs: lesquels pour monstrer, que ce n'estoit
pas à eux principalement, que cest honneur estoit
rendu, mirent sur le pied la croix, en laquelle ils
sont ce qu'ils sont, afin qu'elle fust baisée & reue-
rée toutesfois & quantes que quelqu'vn se ietteroit
à leurs pieds, soit pour les saluer, ou pour obtenir
quelque chose d'eux: Cela est honteux, replique
le Prince, *& indigne, de mettre la croix sur le*
pied, estant mesmes entre nous ignominieux, de la
voir pendue sur le ventre, comme vous faictes, Ce
qu'il disoit, parce qu'ils la portent au col tum-
bant

bant fur la poictrine, *Puis que le Sauueur du* *monde*, dict le pere Iefuifte, *a efté crucifié en* *tout fon corps, nous tenons a beaucoup d'honneur* *& reuerence de porter außi la croix en toutes les* *parties du noftre. Dieu iuge l'intention & le cœur.* *Au furplus il n'y a nul, qui luy baifant le pied,* *ait opinion en ce faifant luy rendre vn honneur* *diuin: Car le Pape mefmes laue & baife les pieds* *des pauures.* Ce que nous faifons en fon endroict, auoit efté predit par Efaye fept cens ans auant que Iefus Chrift nafquit . *C'eft honneur, qu'on* *faict au Pape, fe rapporte à Dieu, tout ainfi que* *celuy, qui honore tes ambaffadeurs, le faict pour* *l'honneur & refpect, qu'il te porte, Ie fais le mef-* *me,* dict le Duc, *comme Prince Chreftien, tel que* *ie fuis: car lors que noftre Metropolitain vient* *vers moy, Ie luy vay audeuant, & luy baife la* *main.* Quand tu fais cela, adioufte Poyffeuin, ce n'eft pas à ton fubiect, mais à Dieu, que tu rends ceft honneur. Or combien plus doit eftre honnoré celuy, à qui le Sauueur a donné le gouuernement vniuerfel de fon Eglife, qui ennoye annoncer fon Euangile par tout le monde? Ce que iamais Patriarche ne fift. Le foir apres la premiere iour-nee, le Duc ennoya demander à Poyffeuin le *Excufe du* paffage par luy allegué d'Ifaye, lequel il luy *Duc.* donna, qui eft au quarante neufiefme & foixā-tiefme chapitres, que i'ameneray en leur lieu cy-deffoubs. Et au defpart pria le pere Iefuifte l'excufer, fi en leurs difputes il luy eftoit ef-chappé quelque mot contre le Pontife Ro-

N 5 main,

main,& ne luy en dire rien à son retour: car il
desiroit viure en paix & vnion auec luy & les
autres Princes Chrestiens. Ç'est assez discouru
sur ce subiect, qui sera curieux de sçauoir quel
le fut l'yssue de ces colloques, & le succez
de ceste ambassade, lise la Moscouie de
Poysseuin, qui s'en reuint chargé d'honneur & de gloire. Il a touché la vraye raison
pourquoy on imprime la marque de Dieu,
ainsi l'appelle l'escriture,sur les sandales du Pape, à sçauoir pour monstrer que c'est principalement à IESVS CHRIST,qu'on rend
cest honneur soubs la personne de son vicaire,
lors qu'on se prosterne à ses pieds. Où peut
estre,ç'a esté pour signifier,que le chef de l'E-
glise doit dresser tous ses pas & ses actions à
l'honneur de la Croix & du Crucifié,Que nous
ne pouuons faillir à suiure,celuy qui ne peut
errer en la foy, selon l'infallible promesse de
Dieu,ou qu'en recognoissant la misere & bas-
sesse de l'homme,nous deuons mettre tous ces
terrestres pensers soubs les pieds, & mortifier
ou attacher à la Croix, comme parle sainct
Paul,tous noz desirs & souhaits. Ie m'estonne
que ce rare esprit PAPIRIVS MASSON
ait osé marquer dans ce beau bastimét qu'il a
esleué à l'honneur des PRINCES DE
l'EGLISE,ceste coustume comme peu conuenable à ceux qui tiennent la place de l'Apo-
stre.Ie sçay bien ce que Ieã Faure Chãcelier de
France à escrit dans ses Commentaires sur
Iusti

In vita.10.12.

Erreur de Iean Faure.

Iuſtinian, ayant tres-mal entendu ce mot adoration & l'honneur qu'on rend aux ſouuerains
Pontifes. Ie ſçay, ce que Cuſpinian remarque
en la vie de Diocletian. S'il eſt loiſible à l'hiſtorien, s'il eſt permis au Iuriſconſulte de con-
tre-rooller & reuoquer en doubte, ce qui a eſté
de tout temps receu en l'Egliſe , & parmy les
paſteurs d'icelle, toutes choſes ſeront renuer-
ſées en peu de temps. Car celuy cy deſtruira ce
que l'autre trouuera bon , & chaſcun voudra
deffendre ſon opinion comme la meilleure: car
comme diſoit Epitecte, l'homme n'a rien proprement ſien que l'vſage de ſes opinions, il les
deffend comme ſes enfans. Mais n'eſt-ce pas   *Obiection de*
le meſme, dict Maſſon, imprimer le ſigne de la *Maſſon.*
Croix ſur ſon ſoulier que ſur la terre, choſe que
les Empereurs Chreſtiens , Theodoſe & Valentinian auoient deffendue? Perſonne n'ignore que ces Princes pour teſmoigner l'honneur
& reſpect qu'ils portoyent à la Croix , & afin
que les Payens & Iuifs n'euſſent la commodité d'exercer leur rage & malice, la foulant aux
pieds auec deſdein, lors qu'ils la rencontroient,
firét ceſte ordonāce, cóme deſpuis le Pape Benoiſt premier l'an cinq cés quatre vingts , pro-
hiba que nul n'euſt à marcher deſſus, dequoy
Balee en ſa vie ſe mocque , tant ils ont en horreur ceux qui reuerent le ſigne de noſtre ſalut.
Teſmoing ce que Beze dict au Colloque de
Poiſſy Il y a difference (docte Maſſon) ou de
fouler aux pieds la Croix, d'y cracher contre,
                                            iet

ietter deſſus des ordures, comme il ſe peut faire, ſi elle eſt grauée ſur le paué : ou l'imprimer
ſur le pied, là porter ſur ſoy, ce qui ne ſe peut
faire ſans reſpect & reuerence. Tu ne ſçais, dis
tu, ſi ceſte couſtume eſt ancienne. Celuy qui en

Annales de Maſſo.

la briefueté de ſes annales a ſurmonté la curioſité & la diligence de ceux qui ont mis la main
en l'hiſtoire de nos Papes & de nos Rois, &
qui a laiſſé tant d'autres belles pieces qui portent teſmoignage de ſon exquis ſçauoir & erudition, ne peut ignorer que deſpuis Côſtantin

En l'an 411. *Rup.lib.1.de diui.off.c.* 24. *Ino.epiſt.* 76. *& ſer* 3. *Durand.li.3.c. 28.*

pour le moins, ce n'ait eſté la couſtume des
Pontifes Romains de potter des ſandales riches & pretieuſes, comme on remarque aux
Actes de ſainct Siluestre, dans Sigisbert, l'Abbé Rupert, Ino Eueſque de Chartres, Duran-
dus & autres. Les Empereurs non ſeulement
Payens, mais Chreſtiens orroyent leurs pieds

Voy Luit.li.3. cha.9. Zonar. in Mic.

de chauſſeures pretienſes. Charlemaigne dict
Eginard portoit ſes ſouliers dorez & gar-
niz de pierreries, & encor le Pape Leon luy en
fit prendre de plus riches à la Romaine. Le
meſme ont faict les Patriarches de Conſtantinople, comme eſcrit Ioannes Curopolates: l'ay
veu dans le threſor de l'Egliſe ſainct Seuerin
pres ceſte ville de Bourdeaux, les riches ſouliers eſmaillez & dorez que portoit ce ſainct
Euesque qui eſt mort il y a douze cens ans.
Qui voudroit rechercher ailleurs, ie ctoy qu'ô

In hiſt. Iſacij Cap.

trouueroit le meſme. Si la Croix eſtoit pour-
traicte ou grauée ſur ceux que les ſaincts Peres
por

portoyét, ces autheurs n'é difent rié:toutesfois
il y a apparence qu'elle y eftoit reprefentée cóme auiourd'huy:car il ne fe void nul Pape, foit
en plate peinture, ou taillé en marbre ou en
cuiure parmy les fepulchres plus anciés q̃ font
dans les Eglifes de Rome & ailleurs, qui n'ait
la Croix figurée fur fes pieds, qui monftre que
de tout temps c'eftoit l'ancienne couftume des *Voy Baro.*
Pontifes de les porter pendant leur vie, puis *Tom. 3.*
qu'apres leur mort on leur en donnoit. Et puis *fol 397.*
qu'il eftoit loifible, voire loüable aux Chreftiens de peindre la Croix fur les portes de
leurs maifons, comme difent Cirille & Chri- *In Iad.*
foftome,de les attacher fur leurs habillemens, *Tom.3.*
efcrit Gregoire Nazianzene,les peindre fur les
chapes& manteaux des Euefques trainãs à ter- *In car. de*
re,les figurer fur les pieds des mourãs, voire fur *mort. bouum.*
les beftes malades,cóme dit Suerus,pourquoy
fera-il trouué eftrange de les pourtraire fur les
pieds de ceux, ou les plus grands pour l'honneur de Dieu & de fon Eglife,prennent à grãd
honneur d'eftre admis & receuz?	12.

POVR nous demefler de ce poinƈt il faut *Couftumes*
remarquer que l'Italien, plus que tout autre, *de l'Italié.*
à retenu cefte façon de baifer la main, la robe,
le genou, le bas de la jambe, & le pied de celuy qu'il veut faluer,felon le rang & grade, auquel il eft efleué, vfant fouuent de cefte façon
de parler, Ie vous baife le pied, ie vous baife
le foulier.	Cefte adulation a efté familiere *Voy Arrià.*
aux Romains, comme on remarque dans Plu- *lin.4.*

tarque,

tarque, en la vie de Caton, & ailleurs, pratiquée aussi par quelques peuples barbares de ce
temps, Entre autres par les Iaponois, lesquels
s'entretouchent les pieds l'vn l'autre, au rencontre. De ceste façon Espagnole & Italienne,
est venue celle que nous auós si commune en
France, de dire, Ie vous baise les mains. No-
Idolatrie du stre courtisan trop idolatre, ne s'est pas con-
courtisan Frã- tenté de garder pour luy ceste coustume, mais
çois. l'a tellement estendue, que ces termes d'honneur se voyent auiourd'huy communs & ordinaires en la bouche de ceux, qui parmy le simple populaire ne sçauent que c'est que d'on-
neur. Voila pourquoy ce courtisan amy de no-
uelletez se rabaissant plus qu'il n'auoit jamais
faict (mais ce rabais est plein de gloire & superbe) met puis n'a gueres dans les lettres,
qu'il escrit à son Roy, Ie baise tres-humble-
ment les pieds de vostre Majesté. Ayent parmy tout cela ordinairement en bouche ce mot
vostre creature. Ce baise pied doncques, &
ceste prosternation aux pieds d'autruy a esté
reseruée pour vn honneur singulier & souuerain, pour les souuerains pontifes. N'est-
Comparaison. il pas raisonnable que les honneurs souuerains accompaignent les grandeurs souuerai-
nes ? Et tout ainsi que les Grecs auoyent de
coustume, à ce que Pline recite, d'employer
d'autres pierres ou bricques aux bastimens publics, qu'à ceux des citoyens priuez, & particuliers : Aussi faut-il chercher quelqu'honneur
particu

particulier pour ceux, que Dieu à mis & esle-
uez aux premieres dignitez de la Chrestienté.
Peut-on mieux loger la souueraineté qu'en
celuy, que Dieu nous a donné pour souuerain?
Aussi dict tresbien Otho de Friginsense, par-
lant de Sainct Siluestre : *Contemple celuy qui* Lib. 4. in pro-
auant hier estoit caché parmy le simple peuple, le- lo.
quel est deuenu en si peu de temps en telle autho-
rité, qu'il commande aux Rois, & iuge les Em-
pereurs. Considere comme il est tenu en ce mon-
de en tel respect, que tous les seigneurs de la terre
viennent s'incliner deuant luy: & adorent ses
pieds estant assis en son throsne. Recognois que
cela n'est pas par cas fortuit: mais par le trespro-
fond & iuste iugement de Dieu. Il y a des exemples infinis, qui monstrent l'antiquité de ceste
ceremonie, quand on salue celuy à qui on ne
sçauroit faire assez d'hóneur: On voit dans nos
historiens les Rois & les Princes, ou leurs am-
bassadeurs, se prosterner à ses pieds, le recognoissant leur chef, & de tous les Chrestiens.
Phocius patriarche de Constantinople, a esté
contrainct porter tesmoignage de ceste reuerence deuë au pontife Romain, comme on
peut voir par ce qu'il escrit au Pape Nicolas.
Ce que toute la saincte antiquité a obserué
d'autant plus religieusement, qu'elle a pensé
la prophetie d'Esaie ne se pouuoir entendre *Esaia* 49. &
ny accomplir autrement, quand il dict : *Que* 60.
lon portera les enfans de l'Eglise aux bras, & sur
les espaules: que les Rois & Roynes seront ses nour-
rices,

*rices,qu'ils l'adoreront la teſte baſſe, & le viſage
enclin à terre:& leſcheront (ſçauoit en baiſant)
la poudre de ſes pieds.*Et peu apres, *Les enfans de
ceux,qui vous ont humiliée,&perſecutée viendront
à vous la teſte baſſe:& adoreront la plante de voz
pieds.* Car c'eſt ainſi,qu'il faut tourner le mot
de veſtiges,comme il ſe voit par la conference
d'vne ſemblable maniere de parler,qui ſe trouue en Eſter.Ce ſont les paſſages que Poyſſeuin
amena au Duc de Moſcouie en la premiere
iournée de leur diſpute.Il eſt iuſte & raiſonnable,diſoit ſainct Leõ à l'Empereur Michel, que
les Rois viénent fleſchir le col, où S. Paul l'a
eſtendu pour l'honneur de Ieſus.

*13.
On baiſoit les
pieds des E-
ueſques.*

CE N'EST pas ſeulement aux Papes,
qu'on à rendu ceſt honneur de ſe proſterner à
leurs pieds,& les baiſer : mais auſſi aux Eueſques & autres prelats. Voy l'Empereur Valentinian qui ſe jette aux pieds de l'Eueſque S.
Martin,comme on lit dãs Fortunatus,l'vn des
anciens Eueſques de Poitiers.

Fortunatus.

*De là Ceſar partit de zele tout ardent,
Embraſſe les genoux de Martin,& s'abaiſſe
A ſes pieds,le remors & le regret le preſſe
De ſe recognoiſtre homme orgueilleux, arrogãt,
Et iuger vils abiets les regnes de la terre,
Rabaiſſant ſa grandeur,& chef Imperial,
Aux pieds du ſainct,aſſis au ſiege Epiſcopal.
Poſſedé ſeulement des ſucceſſeurs de Pierre.*

*Lib.2.hiſt.&
dialo.2.cap.2.* Noſtre Sulpice Archeueſque de Bourges , &
diſciple dudiçt ſainct Martin , teſmoigne pareille

reillement , comme l'Imperatrice femme de
Maximus ne fe pouuoit fouler de baifer & embraffer les pieds de ce fainct Euefque, les lauer
& effuyer de fes cheueux. Les fimples preftres
& religieux bien fouuent en ont receu tout
autāt. En plufieurs lieux Sainct Bernard excite *Lib. 7. ca. 16.*
les penitens à fe profterner à terre , embraffer
les genoux des preftres, les appaifer par baifers
& les arroufer de larmes. Le mefme ont efcrit
auant luy, Eufebe, Nicephore, & Sofomene, &
tous les anciens, lefquels reprefentent la vile
& humble condition des penitens , dont nos
aduerfaires fe mocquent, attendans aux portes des Eglifes , profternés aux pieds des preftres , les baifant & arroufant de pleurs , pour
obtenir par leur interceffion & priere , remiffion de leurs offenfes.   Innocent rendant la
raifon de ces baife-pieds , dict ainfi : *Le Soubf-*
diacre ou Diacre ne baife pas les mains , mais les Innocent du
pieds du pontife Romain : Affin qu'il luy rende baife pied.
l'honneur & refpect qu'il doit , & qu'il monftre
eftre le Vicaire de celuy, duquel la femme pecheref-
fe, qui eftoit en la cité, baifa les pieds.   Car le mar-
chepied de fes pieds doit eftre adoré, parce qu'il eft
fainct.

   LES ENNEMIS & enuieux de la grā-   14.
deur pontificale, nous oppofent l'exemple de Obiection des
fainct Pierre, qui leua le Centurion eftant pro- reformés.
fterné deuant luy: mais ils doyuent remarquer
auec fainct Hierofme, en fon liure côtre Vigi-
lance , que ce que l'Apoftre en fit , fut pour le
                     O   reti

retirer de l'erreur où il eſtoit , l'eſtimant eſtre
Dieu. Auſſi adiouſta-il tout ſoudain la raiſon
diſant : *Leue toy , ie ſuis homme.* Et qu'il ſoit
ainſi , on voit en d'autres lieux pluſieurs faire
le ſemblable en ſon endroict, ſans qu'il le refu-
ſe.auſſi dict ſainct Chriſoſtome ſur ce paſſage,
qu'il refuſa ce qui luy eſtoit deu. Aurelian en
la vie de ſainct Marcial,racoute d'vn capitaine
ou ſeigneur des Limouſins,lequel pieds nuds,
couuert d'vn ſac, ſe jetta aux pieds de ce prince des Apoſtres,cóme firent ceux qui eſtoyent
trauaillés du maling eſprit à Tripoli , & les
femmes de l'iſle d'Ancharede. Mille & mille
tels exemples me viennent en main , comme
quand Demetrius baiſa les pieds de ſainct An-
dre , Cratime & Soſtrates ceux de ſainct Ma-
thieu,ſainct Thomas,& autres.Le meſme hóneur a ſouuent eſté faict à leurs diſciples par
tous les lieux où ils ont paſſé, comme on void
dans les actes, dãs Nicephore, Euſebe,& dans
les ſainctz peres de l'Egliſe. Ils font vne autre
recharge prinſe de ſainct Iehan,qui recite que
l'Ange ne voulut permettre qu'il ſe jettaſt à ſes
pieds : mais la reſponce ſe prend de ſainct Auguſtin , qui dict que ſainct Iehan pouuoit prédre l'Ange pour Dieu,veu la formé,en laquelle
il ſe preſentoit. Et par ainſi(dict ce grand docteur)il falloit que ceſt adorateur fuſt reprins.
L'abaiſſement du genou,le baiſer , l'humilité
pour ſi baſſe qu'elle puiſſe eſtre, ne tend qu'à
rendre vn honneur ciuil à celuy,qui eſt le premier

Voy ſainct
Greg.epiſt.
24.liu.1.

Luc 7.

Apoc.19.&
23.

Aug.q.61. in
Gene. Voy
Sainct Tho-
mas,22.q.84.

mier du móde. Et ne peut foüiller l'ame de celuy,qui le faict pour le recognoiftre.Vicaire de
IESVS CHRIST,non plus qu'il ne fouil-
le celle du Chreftié,qui baile les mains ou les
pieds des Rois. L'intention du Pape ne peut
eftre tachée en receuant ceft hóneur,non plus
que celle de ces Princes,quand on leur en rend
de femblable. Tant de faincts perfonnages,
fains par la propre bouche de leurs ennemis,
tant de bóne confciences defchargées de tous
vices,& ambition,n'euffent fouffert l'vfage de
cefte ceremonie ancienne , s'ils euffent penfé
en ce faifant defroger, tant foit peu à la gloire
de Dieu.Auffi ceft honneur ne s'adreffe pas à
luy feul,mais à fainct Pierre,nó à fainct Pierre
feul,mais à noftre Sauueur, non feulement à
l'hóme,mais à Dieu,non aux membres, mais
au chef,non à fa perfonne feule, mais à fa di-
gnité. *Auff* dict Tertullian *, quand tu te iettes* *Lib. de peni-*
aux genoux des preftres , tu cmbraffes IESVS *tent.*
CHRIT *, tu pries* IESVS CHRIST.
Laiffons ces reproches à ceux qui ont voulu
reformer iufques à nos reuerences,qui fe mocquent lors que nous defcouurons la tefte,
ou flechiffons les genoux à ce reuerable nom
de IESVS.

RESTE ce dernier poinct,pourquoy eft- *15.*
ce qu'on porte les Papes dans vne chaire fou- *Ceremonie des*
peuples de
ftenue & efleuée par des hommes fur leurs *porter leurs*
efpaules, chofe qui femble de premier front *Rou.*
eftrange. De laquelle le mefme Duc de Mofr

O 2   co

couie, dõt nous auons parlé, s'eftonnoit, comme il fit entendre au pere Poyſſeuin, la iugeant indigne du ſucceſſeur de ſainɗ Pierre, iuſques à ce qu'il eut entendu la raiſon. Preſque tous les peuples de la terre ont eu ceſte couſtume, de porter en ceſte ſorte leurs Rois, leurs Princes, & leurs Empereurs, voire leurs chefs de guerre, dans des chaires, ou ſur leurs eſcus & pauois, meſmes lors de leur eleɗion, comme on lit dans Tacite, *Eſtant mis ſur le bouclier, ſelõ la couſtume. & ſouſtenn ſur les eſpaules il eſt eſleu Empereur.* De meſmes Herodian, quãd il narre l'eleɗiõ de Gordian, diɗ, que les ſoldats l'eſleuarent & portarẽt ſur leurs eſpaules. Ce n'eſt pas vn priuilege ſpecial de la royauté. L'antiquité, diɗ Tacite, auoit accordé ceſt hõneur aux Preſtres & ſacres Druides. Le meſme auoit eſté oɗroyé aux Veſtales, cõme eſcrit Tite Liue, & ſainɗ Ambroiſe, qui a veſcu ſoubs le grand Theodoſe, lequel les abolit du tout. Les ſeigneurs Romains ſouuẽt ſe faiſoyent porter auec des chaires à bras, par leurs eſclaues, comme monſtre Iuuenal dans ces vers.

En vn chemin fourchu comme il fut ia porté
Par ſix eſclaues ſiens, ſa chaire deſcouuerte
Se monſtroit clairement, & luy tout eſuenté,
Eſtoit en ſa litiere entierement ouuerte.

Catulle, Martial, Seneque, font mention de ceſte façon de porter & geſtatiõ. Hieroſme Mercurial grand medecin de noſtre ſiecle, & ceſte fameuſe erudition de L I P S I V S n'ont
rien

Lib. 7.

Lib. 12.

Lib. 1. ad Valent.

rien obmis touchant ceste antiquité? Nos anciens Gaulois garderent ceste mesme ceremonie à l'édroict de leurs Rois, comme il se void
par tout dans nos historiens François : voire
mesmes les Rois de Nauarre, ainsi qu'on list
dans la belle histoire, que Louys Turquet à na-
gueres mis au iour. Ceux de la Germanie
auoyét la mesme coustume, chargeāt sur leurs
espaules & monstrant au peuple celuy, qu'ils
eslisoyent pour leur chef. Ce prince Lorrain
Roy de Ierusalem, Godefroy de Bouillon fut
à son entrée porté par les plus grands, despuis
le Sepulchre du Sauueur du móde, iusques au
palais Royal. Cela mesmes a esté obserué parmy les nations les plus barbares, ainsi qu'on
voit dans les nauigations des Portugois. Gon-
zales de Mādoze religieux de l'ordre de sainct
Augustin, racótant l'acueil, qu'on fit en la ville de Tangoa, qui est en la Chine, l'an mil cinq
cent septante-sept, aux religieux qui premierement anonçerent le nom de Iesus, dict ainsi,
Au desembarquement se trouuerēt des chaires tou-
tes prestes, pour les religieux & leurs compaignons,
& des cheuaux pour ceux de leur suite. Et comme
les religieux vouloyent aller à pied, tant pour le peu
de chemin, qu'il y auoit à faire, couuers d'arbres
pour destourner l'ardeur du Soleil; que pour mon-
strer l'humilité du Chrestien, ils firent reffus de mō-
ter sur des sieges si riches, ny estre portés par des hō-
mes de si bonne façon, comme estoyent ceux qu'on
auoit commu à cest effect. Mais Omouçon, ny l'au-

O 3   tre

Ado Vien.
Greg. Turon.
Ast Flor.
Hist. rer. mem.
cap 33.
Plat. in pas. 2.

Arch. Tirien.
de bell. sacro.

Voy l'hist. de
la chine cap.
14. li. 2. par. 2.

tre capitaine de leur garde ne voulurent permettre, qu'ils allaßent à pied, difans que puis que
tel eftoit le commandement de l'Infuanto, qui
eftoit le Viceroy de la prouince, il ne leur eftoit loifible d'y contrevenir à peyne d'eftre punis, fans
pouuoir alleguer aucune excufe : Qu'on leur faifoit ceft honneur, affin que les Chinnois leur por-
taßent plus de réfpect, & cogneußent que c'e-
ftoyent perrfonnes fignalés, puis qu'on les portoit fur les efpaules, ainfi que les Loytias. Les

*Loytias font
leurs preftes.*

réligieux vaincus de ces raifons fe mirent dans
les chaires, chafcune defquelles eftoit portée par
huict hommes : Et celles de leurs compaignons
par quatre, felon le commandement du gouuerneur. Ces porte-chaires eftoyent fi affectionnés à
ce feruice, qu'ils fe debatoyent à qui mettroit le
premier la main aux brancards.

Pareil honneur fut faict à ce grand capitaine

Fer. Cortés.

Ferdinand Cortés à fon entrée en la ville de
Zaclotan, au Royaume de Mexico. Cefte façon
d'honnorer les perfonnes en les portant eft
pratiquée prefque parmy toutes les nations.

*Couftume des
payfans de
Xaintonge.*

Nos villageois du païs de Xaintonge l'ont gardée iufques icy, au iour le plus celebre & pom-
peux de leur vie, qui eft celuy de leurs nopces.
Ie ne fçay fi en quelque autre quartier de la
France cela s'obferue, qui eft plaifant à voir,
pour la naïfue fimplicité de ces bonnes gens.
Le foir aptés le foupper, quatre des plus ro-
buftes & puiffants de la troupe, chargent mô-
fieur le Marié fur leurs efpaules, & auec des

chan

chanſons en leur patois, le vont preſenter
à l'eſpouſée, auec quelque preſent, luy faiſant
faire ainſi eſleué en l'air pluſieurs tours & re-
tours, qui eſt le plus grand honneur qu'on luy
ſçache faire.

MAIS laiſſant ceſt exemple ridicule, pour
monſtrer à ces contre-rolleurs, que ceſte façon de porter les Papes eſt puiſée dans l'antiquité, & vne choſe qui ſe faict plus par neceſſité & reſpect ciuil, que par deuotion & religion, Il faut ſçauoir que c'eſt vne ſaincte &
loüable couſtume, qu'aux grands feſtes le Pape faict luy meſmes le diuin ſeruice. Ce iour
là quand il va à l'Egliſe, il dóne la benediction,
accourant le peuple à foule dans les degrés du
palais & lieux par où il paſſe, en beniſſant les
aſſiſtans, ſe tournant d'vn coſté & d'autre, &
ce ſuyuant l'ancienne couſtume de l'Egliſe. Et
parce qu'en tels lieux & actes ſemblables, il
ne ſe peut faire, qu'il aille à cheual, tant pour
l'indecence, que pour l'incommodité eſtant
chargé des habits pontificaux, & que s'il ne-
ſtoit eſleué, il ne pourroit voir le peuple, ny
auſſi eſtant dans la preſſe, iceluy ne pourroit
receuoir la benediction, qu'il en attend : d'ailleurs qu'il y en a, qui pour l'incommodité
de leur ſanté ou de l'aage, ne pourroyent aller
à cheual, lors qu'on leur faict quelque entrée
ſolemnelle, car en ces actes publics on les eſleue dans vne chaire, comme le iour, qu'il va dire
la Meſſe, on a de toute ancienneté ordóné, ne

O 4 ſe

16.
Pourquoy en
porte les Pa-
pes.

se pouuant faire autrement, qu'en tels & semblables iours, il seroit porté par des hommes
destinés à cest office, reuestus de robes d'escar-
late. La necessité doncques a donné lieu &
occasion à ceste coustume, qui ne peut estre
blasmée que par celuy , qui haïra la dignité.
Aussi ne vit-on jamais nul Pape, pour vieux
& cassé qu'il fust, aller par la ville , hors ees
actes publics & de ceremonie, autrement qu'à
cheual , ou en lictiere , & bien souuent à pied
allant en quelque part, ou visitant les Eglises
& hospitaux, ce qu'ils font souuentefois.

Grand pieté
de Clement 8. VN personnage d'honneur & digne de foy
m'a dict, que côme vn iour le sainct Pere , qui
preside auiourd'huy en l'Eglise, visitoit les malades en l'hostel Dieu à Rome, s'estãt rencontré au lict d'vn paunre, qui rédoit l'ame, il s'ar-
resta, luy print la main, l'assista & exhorta iusques au dernier soufpir. Ceux que tu dis,
homme reformé, que nous tenons pour dieux,
marchét pieds nuds pár la ville, pour appaiser
l'ire de Dieu, lors que quelque prochain malheur menasse la Chrestienté , comme quand
Selim conquist l'Egypte , & Soliman Rhodes.

Innocent 9. On a veu n'agueres ce sainct personnage Inno
cent neufiesme, aller pieds nuds visiter les sept
Eglises auec vne singuliere deuotion, pour im-
plorer le secours du ciel , en l'extreme & derniere necessité de la France , où il print la maladie qui l'enleua de ce monde , pour le faire
ioüir de la gloire eternelle , apres auoir tenu le
pon

pontificat deux mois feulement.Peut eftre que
ce bó heur d'apporter à la France le repos fi ló-
guement attendu, eftoit referué dans le fecret
cabinet de Dieu à noftre C L E M E N T,qui a
déia leué le fignal(ce femble) à ce Royaume fi
partroublé de diuifions,qui nous faict efperer
en fa benignité & paternelle douceur, non
moins prudente que religieufe.

O GRAND PONTIFE,tourne tes
yeux vers ce grand R O Y, fucceffeur de ce grand eftat, qui s'humi-
lie à tes pieds, requiert ta grace,ta
faueur,& ta benediction: qui a de-
ftourné fes pas de l'erreùr,pour les
imprimer au fétier de la verité Ca-
tholique.Refuferas-tu, toy qui es
le pere commun,de redonner à la
Fràce fó Roy, au Roy le tiltre ancien de fes predeceffeurs,& à ce
Royaume l'vnion & l'inuiolable
conionction,qu'il a toufiours eüe
auec le faict fiege Romain? Ta
pieté & deuotió de tout temps recognue,ta fage & naturelle incli-

17.
Supplication
au S. Pere
pour la Fran-
ce.

O 5   nation

nation au bien de la Chreſtiété, ta
bien-vueillance enuers ceſte Mo-
narchie, iadis le bras & la deffence
de ton ſiege, ta mãſuetude & ceſte
CLEMENCE fatale exprimée par tõ
nõ, reſeruée, comme nous voulõs
croire, par l'ordonnãcé des cieux,
pour le bien & exãltation de ceſte
Couronne, nous faiĉt eſperer, que
ta bõne fortune t'appelle à ce haut
& excellēt ouurage. Les lettres &
les langues d'auiourd'huy, ny des
aages ſuiuãts ne tairõt iamais, que
tu as peu eſtant Cardinal & Legát

Conuerſion
du Roy de Po
logne.

du ſainĉt Siege ouurir les yeux au
Roy de Poloigne, qui commande
à preſent à ce belliqueux peuple
de la Sarmatie, luy faire voir l'erreur, où il eſtoit, luy faire abiurer,
& puis le ramener par tes pruden-
tes, deuotieuſes & paternelles ex-
hortatiõs dans la ſainĉte & ſacrée

cloſtu

cloſture de l'Egliſe. Or maintenant,que comme ſucceſſeur de S.
Pierre tu tiens la ſouueraine prelature du monde, que te reſte-il
pour combler ceſte premiere gloire,dont Dieu t'a voulu orner, que
ceſte autre gloire plus immenſe,
que ſoubs ton Pótificat,& toy luy
tendant la main,le plus eminent &
valeureux prince de la terre, le
premier Prince Chreſtien, tenant
le ſceptre le plus noble & le plus
floriſſant de la Chreſtienté aprés
auoir eſté agité de tant de flots diuers & côtraires, a neantmoins en
fin deſcouuert le riuage,& s'eſt rê-
du à port de ſalut,y eſtât côme cô-
duit & attiré par le Phare flambo-
yant de ta ſainɗeté, vertu & integrité,qui ont peu enuoyer de Rome iuſques à luy, les eſclairs & les
pointes de leur viue lumiere. C'eſt

à toy,

à toy, PERE SAINCT, & cõuiết
vnicquement à tõ nõ, à ta charge,
à ta pieté, à ta prudence, & aux actes illuſtres de ta vie paſſée, d'y
ioindre ceſte courõne immortelle
d'hõneur, & la faire tienne, Que ny
la dent de l'enuieux ſilence , ny la
courſe des ſiecles pourront iamais
effacer ce nom, qui te ſera donné
de PERE ET CONSERVA-
TEVR DE LA FRANCE.

& d'vn ſi grand merite
Iamais ne ſe verra la memoire petite.

18.
Antiquité de
ceſte couſtume
de porter les
Papes.

IL FAVT reprendre noſtre propos. Ie
ſçay bien, que pluſieurs diſent ceſte façon de
les porter auoir commencé à Eſtienne ſecond,
lequel les Romains, pour teſmoigner l'amour
& reuerence, qu'ils luy portoyent, eſleuerent
maugré luy ſur leurs eſpaules , iuſques à ſainct
Sauueur, autrement ſainct Iean de Latran, ainſi que Platine raconte : Car Rome ne receut
iamais plus de ioye d'aucun autre eſlectiõ, que
de la ſienne. Tout le peuple alloit lors criant,
voicy noſtre Pere, que nous portons , le voicy,
qui l'oſera offencer? nous ſommes preſts à le
deffendre. Quand il ſeroit ainſi, que ceſte couſtume

P. Virg. li. 4. c.
10. voi la diſt.
63.

ftume euft commencé foubs Eftienne fecond,
ce ne feroit pas defpuis trois iours, puis que
ce fuft l'an fept cens cinquante deux. Mais ie
croy, que qui voudroit rechercher plus auant,
on la trouueroit née auec le Pôtificat, ou pour
le moins introduicte defpuis que le paganifme
fuft du tout bany de Rome. Auffi dict Luit- *Lib.6.ca.11.*
prand parlant de la confecratiõ du Pape Leon,
Il fuft porté auec louanges & cantiques, felon
l'ancienne couftume. Ie me fuis fouuent efton-
né, qu'entre tant de bons efprits, qui habitent
dans cefte capitale ville du monde, quelqu'vn
n'ait mis la main à la plume, pour nous monftrer la fource de toutes ces ceremonies. Onuffre pouuoit & deuoit prendre cefte charge.
Les Patriarches de Grece ont longuement retenu celle-cy: mais defpuis qu'ils fe font feparez de l'obeiffance du fiege Romain, & que
Dieu les a renduz efclaues des Turcs, ils ont
non feulemét en cela, mais en plufieurs autres
chofes perdu la majefté, qu'ils auoient conferu-
ée iufques alors. Les Euefques particuliers
ont auffi en diuers lieux receu ceft honneur *On porte les*
d'eftre portez. Il ne faut pas mendier plus loing *Euefques.*
les exemples eftrangers, veu que noftre Fran-
ce m'en fournit affes. En plufieurs Archeuef-
chez & Euefchez, lors que les nouueaux Prelats font leur entrée, les quatre premiers Barons, pour monftrer, qu'ils font vrais Cheua-
liers Chreftiens & Catholiques, & que fuiuant
la deuotieufe affection de leurs ayeuls, ils prè-
nent

nent leur protection & deffence, ont de couſtume les porter dans les chaires, comme il ſe faict à Poitiers & ailleurs. L'Archeueſque de Tour,qui eſt de la maiſon de Brezé, eſtant à ſa reception accueilly auec les pompes & ceremonies accouſtumées; les quatre Barons ſe preſenterent auec la chaire pour le porter, laquelle il refuſa: & ne fuſt poſſible qu'il allaſt autrement qu'a pied. Mais pour garder la marque de ceſte religieuſe antiquité,les Barós porterent deuant luy la chaire vuide.Ce n'eſt dócques vn honneur diuin, comme noz aduerſaires diſent,ny particulieremét reſerué pour les Papes, puis que les Roys, les Eueſques, les Princes,les Capitaines,voire les pique-bœufs, l'ont mis en vſage.Pour clorre ce chapitre, diſons auec Eraſme,ſuiuant vn ancien,Que tout ainſi que tous les noms,qu'on donne à Dieu, peuuét eſtre communiquez aux hommes, ſauf celuy du verbe(car ils ſont honorez de ce grãd & ſupreme nom de Dieu, par Dieu meſmes) auſſi tous les honneurs,qui ſe donnét à Dieu, par actions exterieures, peuuét eſtre attribuez aux hómes,ſauf celuy du ſacrifice : car le ſacrifice appartient à Dieu ſeul. Voila pourquoy il n'y a eu iamais religion vraye ou vſance ſans ſacrifice.

Voi ſainct Aug.li.10.de Ciuit.c.46. & 19.

Chap

CHAPITRE XXII.

IL est temps, que ie reprenne mon propos.
Ce n'est pas asses d'auoir inuenté ceste. infame perquisition, qu'ils disent, qu'on faict
du sexe de noz saincts Peres, mais encor ils ad-
iouftent, qu'en horreur de ce, que la Papesse
accoucha en la rue, qui va à sainct Iean de Latran, tous les Papes allant en procession, ou à
l'Eglise, se destournent de ce lieu mal-encon-
treux, pour ne le voir: ayant esté arresté, qu'on
passeroit du costé de sainct Clement, ce qui
s'obserue inuiolablement. Voila certes vne
autre marque, & vne loy plus que suffisante
pour en perpetuer la memoire, la rafreschir
tous les iours, & non la cacher, comme ils disent. Mais ce sont des inuétiós pleines de rufes
& finesses, propres à la verité, pour deceuoir,
qui n'y voudroit prendre garde. Car ceux qui
ont voulu fleftrir par le moyen de ceste chimere,

1.
Pourquoy le
S. Pere se de-
stourne de la
rue où on dict
que la Papes-
se accoucha.

re, l'honneur du fainct Siege, ont efté fi caute-
leux, d'auoir bafti leurs argumens fur des chofes, lefquelles font veritables, mais prinfes par
eux à contrepoil: comme ces chaires percées,
cefte rue qu'on laiffe, & l'image, dont vous or-
rez parler. Or ce deftour, que le fainct Pere
faict, eft vne couftume de longue main obferuée & gardée à Rome, parce que c'eft vne ruë
eftroitte, par laquelle la multitude, qui eft en la
proceffion, ou la compagnie qui fuit le Pape
allant à la Meffe, ne pourroit paffer fans incó-
modité : & auffi pour ne trauerfer parmy les
ruines de l'ancien Amphiteatre, qui fe rencontre en cefte rue. Pour cefte occafion on prend
le chemin vn peu plus lóg, pour paffer par vne
rue plus large & plus commode, afin que le bel
ordre des Ecclefiaftiques, qui marchent, des
Cardinaux, & Ambaffadeurs, qui refident en
la Court de Rome, puiffe tenir le rang ordonné en tels actes (fe peut-il rien voir de plus
augufte & venerable) & que le peuple fuiue
fans foule & preffe la proceffion, ce qu'il ne
pourroit faire, fans beaucoup d'incommodité,
& confufion, fi lon tenoit le chemin par la petite rue, où ils difent, que fuft ceft accouchement, fi celebre & chanté, de leur Iane. Ceux,
qui ont frequenté la ville de Rome, ont veu
paffer les Papes par cefte ruelle, lors qu'ils vont
à l'Eglife particulierement, & fans proceffion
generalle, pour n'en receuoir lors aucune incommodité. Et à ce que i'ay apprins, le feu
Pape

Pape Sixte a faict defmolir quelques baftimés,
pour faire la voye encor plus droicte, & plus
aifée. Quelque efprit hargneux forgera, peut
eftre, à l'aduenir vne nouuelle inuention fur
ce changement.

VOICY vn autre argument bien pref-
fant à leur compte, pour l'embelliffement de
la fable: Ils difent qu'au coing de cefte rue,
où Iane accoucha, on a efleué fon image: qu'on
y void vne femme tenant vn enfant entre fes
bras: qu'vn chafcun la cognoit, & allant à Rome la va voir, comme vne chofe rare. Ie fçay
bien que cefte folle inuention n'eft pas d'au-
iourdh'uy: car Antonin Archeuefque de Florence, qui viuoit l'an mil quatre cens cinquäte
l'a efcrit. Ce bon homme côtoit ce qu'il auoit
ouy dire. Balee & les Centuriateurs font grand
cas de ce tefmoignage: & l'affeurét hardiment,
combien que Antonin le raconte incertainement. Il y a des chofes, qui ont peu ou pòint
de verifimilitude, tefmoignées toutesfois par
des autheurs dignes de foy. Que fi leur authorité ne nous les peut faire croire, fi faut-il les
laiffer en fufpens: car de les tenir pour impoffi-
fibles, cela femble bien hazardeux, puis que
c'eft iuger iufques où fe peut eftendre la pof-
fibilité. Mais voyez fi Antonin eft de ce nombre. Apres qu'il a recité la fable, felon le dire
de ce Martin, auquel tous les autheurs ren-
uoyent leur compte, il pourfuit, *On dict, fi ce
que Martin efcrit eft veritable, qu'au lieu, où cela*

2.
*De l'image
qu'on a trou-
ué à la Papef-
fe.*

arriua(il parle du lieu, où elle acoucha)on erigea
vne image. Vincens toutesfois en son histoire, ny leã
de Colonne ne disent rien de tout cecy. Encor que
cela fust vray, cela n'aporte nul preiudice au salut
de personne. Car lors l'Eglise n'a pas esté despour-
ueüe de chef, puis qu'elle a Iesus Christ. Et ceux-là
n'estoyent priuez de l'effect des sacremẽs, lesquels
les recenoyent, parce que leur deuotion, & la grace
du sainct Esprit couuroit la deffectuosité. Car encor
qu'elle ne fust digne: non plus que les autres femmes
des saincts & sacrez caracteres des ordres, ny mettre la main à la sacrée Eucharistie, & qu'elle n'eust
le pouuoir d'absoudre les pechez, de façon que ceux
qui auoyẽt esté ordonnez, & pourueus par elle, de-
ussent prendre nouueaux ordres, car elle ne leur
auoit rien donné: Toutesfois nostre Seigneur Iesus
Christ suppleoit la grace des sacremẽs à ceux, qui
les recenoyent dignement, leur ignorance seruant
d'excuse à leur faute.

3.
Quel a esté
Antonin.
N'ONT-ILS pas honte de se seruir auec
telle confiance de l'authorité de cest Antonin,
lequel, encor qu'il ait esté vn bon homme, &
d'vne saincte vie, si est-ce, qu'il est non seulement accusé, mais conuaincu par les bons autheurs, d'auoir glissé dans son histoire mille cõ-
tes. L'authorité de ce tesmoing n'a pas assez de
rigpour nous tenir en bride. Voyla pourquoy
Melchior Canus, au iugement qu'il a faict de
noz historiens, parlant de celuy cy, & Vincent,
dict, que l'vn & l'autre ont prins plus de peine
à ramasser ce qui estoit çà & là espars, en quelque

que lieu que ce fuſt,qu'à eſcrire des choſes certaines & veritables , n'ayant daigné balancer
l'auctorité des autheurs, dot ils empruntoyent
leurs memoires, d'entre les bruits & rumeurs
du peuple.Au moyé dequoy,encor qu'ils ayét
eſté gens de bonne foy:toutesfois parce qu'ils
n'ont prins la peine de bien examiner les lieux,
d'où ils ont tiré leurs hiſtoires,& n'ont peſé les
choſes,qu'ils ont laiſſé par eſcrit, ils ſont de
fort peu,ou de nulle authorité parmy les gens
de ſçauoir! C'eſt leur rolle de reciter les diſcours communs,& non pas les reigler ſelon la
verité.Ils recerchent ſouuent dans le faux mi-
roüer les images du vray.

    CARDAN dict tresbien que telle a eſté
l'ignorance de ce temps,que pluſieurs ſe ſont
entre-batus,à qui emporteroit le prix à bien
mentir,tout ainſi que maintenant on combat
pour les Royaumes & principautez. On peut
comparer ceſte ſorte d'eſcriuains à ceux , qui
vont çà & là,parmy les lieux les plus vils &
immundes,ramaſſer les vieux haillons & lou-
pins de drap, qu'ils rauaudent enſemble , &
en font vn habit, duquel neantmoins , quoy
qu'il ſoit de diuerſes couleurs & pieces, ils ſe
ſeruent : & le portent comme neuf.De meſme
ces gens,ſans diſcretion des lieux, où ils vont
prendre leurs materiaux,baſtiſſent des grands
corps indignes qu'on voye ſur leur portal ce
beau nom d'hiſtoire.Encor eſt remarquable la
raiſon d'Antonin,quãd il dict que noſtre Sau-

(marginal notes:)
4.
Comparaiſon
de ces eſcri-
uains.

Luc 7.

Commēt Dieu supplee la grace des sacremens. ueur, si ce conte estoit veritable, suppleoit la grace des sacremens. Car, comme dict sainct Thomas, non seulement le prestre immonde & souillé, mais le plus sainct homme de la terre, ne peut pas nettoyer en sa propre vertu, mais en la vertu du sang de IESVS CHRIST, qui est premiere cause, Ou, pour mieux dire selon nos Theologiens, Dieu ne supplée pas la grace des sacremens, tellement que ce soit sacrement, car en celuy de l'autel, la consecration n'y pouuoit estre, & Dieu ne la supplée pas, mais il supplée l'action du fidele, qui est materielemēt defectueuse, & approuue son intention, luy rendant l'effect du sacrifice & sacrement.

5. Ineptie de P. Messie. PIERRE Messié, a tiré de ce bon Antonin, tout ce qu'il dict de ceste fable; aussi mal à propos, comme il escrit & asseure, que nul Pape, qui ait esté esleu, n'auoit ny deuant ny depuis son election esté appellé Pierre. Ce qui est faux: car Innocent cinquiesme, Iean vingt-deuxiesme, Celestin cinquiesme, Clement sixiesme, Gregoire vnziesme, Boniface neufiesme, Alexandre cinquiesme, & n'a gueres nostre Paul quatriesme, auant paruenir au pontificat, auoyent receu ce nom de Pierre au baptesme. Peut estre a-il voulu dire que nos papes ont porté tel honneur & reuerence à sainct Pierre, que nul n'a voulu prendre son nom, estant appellé au pontificat, non pour estre moindre en office, mais en merite: ainsi que
dict

dict Maſſon. Ce Meſſie en a voulu conter, *In vit.*
comme les autres. Auſſi dict le prince des Ly- *Paul. 4.*
riques.

Lors que d'vn vice on ſe cuide diſtraire,
L'homme imprudent choit en vice contraire. 6.

POVR retourner à ceſte image, laquelle *Qu'eſt-ce*
ils nous mettent au deuant, côme vn teſmoing *que l'image*
irreprochable, Iè leur accordè franchement, *qu'on attribue*
qu'au coing de ceſte petite rüe il y en a vne. *à la Papeſſe.*
Mais ſon aſſiete & ſa façon ne rapporte rien
à leur Iane ny à ſon accouchemét. Et l'enfant,
qui y eſt repreſenté, n'eſt pas enueloppé dans
ſes langes & drapeaux, comme ne faiſant que
naiſtre, ou raportant l'acouchemét de ſa mere,
ainſi qu'ils l'ont portraict en leurs figures:
Ains ceſt enfant eſt ja grandelet, marchant *Idole payenne.*
deuant: ce qui monſtre que c'eſt ou la figure
d'vn ſacrificateur Romain, enuelopé à l'antique, comme on les void retirez dâs les vieilles
medailles, auec l'enfant, qui l'accompagne au
ſacrifice: ou c'eſt quelque Dieu payen, qu'on
ne peut recognoiſtre: car chaſcun en pouuoit
forger de ſon coing, comme bon luy ſembloit.
ces dieux là ne refuſoient pas compagnie. Le
plus docte de tous les Romains en a tenu regiſtre de plus de trente mile. Il porte dans vne
main vne branche de palmier, apuiée ſur ſon
eſpaule. Ce ne ſont pas les marques de nos
pontifes, auſquels on met en main les clefs,
oû la croix. Parce que tous ces eſcriuains aſſeu-
royent, que ceſte image tenoit entre ſes bras

P 3 vn

J

vn enfant,& qu'elle auoit vne couronne fur la
tefte, i'aurois penfé, que ce pouuoit eftre l'image de la beneifte vierge mere,qui fe void prefque pat toutes les maifons & rues d'Italie:mais
en ayãt veu le pourtrait,i'ay trouué,que ie m'e
ftois deceu: Car il eft aifé à cognoiftre, que
c'eft vne idole payenne,comme Onuffre excellent maiftre des antiquitez Romaines affeure.
Que fi pat cefte image on euft voulu eterni-
fer la memoire,d'vn fi monftreux euenement,
l'ouurier y euft graué quelque infcription, cõme il fe void en infinis autres lieux,affin que le
temps n'en defrobaft la cognoiffance.

PAR les difcours des chapitres precedés on
a veu, que les chaires perfées, les vifites,
qu'ils alleguent,le deftour de la rue mal-encõ-
treufe,

treuſe, & ceſte image erigée dans la ville de Rome ſont autant de teſmoignages treſcertains, que ceux, qui ont eſtably & ordonné telles choſes, n'ont pas faict le complot & coniuration, qu'ils diſent, de cacher l'eſtre de la Papeſſe, pour voiler de leur manteau la honte & la vergógne du ſainct ſiege. Ont-ils voulu en faire eſuanouir le ſouuenir, puis qu'ils erigent vne ſtatue en lieu public, comme ſi c'eſtoit quelque choſe notable, & encor vne ſtatue pour ſouuenance perpetuelle de ce prodigieux enfantement? Cela eſt donques inepte de dire, que les anciens de ce téps là, que nous apellons à teſmoins, en ont voulu eſteindre du tout la memoire, comme de choſe non aduenue. A quoy ſeruent donc tant de choſes, pour ne tomber en ſemblable inconuenient? Leurs argumens portent la reſponſe ſur le front. Pour monſtrer à ceux, qui ſont malades de pareille curioſité à la mienne, combien on ſe trompe penſant ceſte image eſtre celuy de la Papeſſe, i'en auois faict retirer le craïon ſur le lieu auec deſſain de luy donner icy ſa place : mais ie ne ſçay comment ie l'ay eſgaré.

VOICY vn'autre image, qui pourroit ſeruir à ceux, qui ont entreprins la deffence d'vne telle fable. Ils n'y ont pas prins garde, encor par pitié les faut-il aider. Ie m'aſſeure, que i'ay amoncelé toute la preuue, qu'ils peuuent imaginer, pour le ſouſtien de leur menſonge, & encore plus, qu'ils n'en ont iamais eſcrit.

P 4

la couuris c'eſt aſſe s'il euſt eſté veritable.

2.
L'image de la papeſſe à Sienne.

escrit. Il y a dãs la ville de Sienne vne Eglise, qui
est le plus beau & pretieux bastiment de l'Europe, tout construict de marbre blanc & noir.
Dedans icelle on y void les images en relief dé
tous les souuerains Pontifes, d'ont on a peu re-
couuier le pourtraict; parmy lesquels la Papesse Iane tient son rang. Que si c'estoit vn songe, comme i'ay entreprins de monstrer, dirà
quelqu'vn, cóment est-il possible, qu'on l'eust
logée auec tous les habits pontificaux; entre
les sainçts Peres, dans vne Eglise, & encor la
plus belle Eglise de la Chrestienté? Non pas en
quelque coing du monde, ains au milieu de
l'Italie, au veu & sçeu du Pape & de tout le
clergé des Cardinaux.

3.
Le Dome de Siene enrichy par M. Lãge.

CEPENDANT vous, qui embrassez
auec tant de certitude ce mensonge, ne pensez
pas par là auoir quelque prise sur moy. Cest E-
glise Sienoise n'est pas si antique, qu'elle vous
puisse donner aucun aduantage. Il n'y a pas
deux cens ans, qu'elle a veu ietter ses premiers
fondemens. Et despuis Michel Lange, lequel
parmy les plus beaux Domes d'Italie, a voulu
laisser quelque marque & tesmoignage de l'excellence de son pinceau & de son burin, l'a enrichie des images des Papes, taillées de marbre
en relief. Parmy ceux là, il y a logé ceste femme. Ie ne sçay pourtant en quel ordre, & quel
rang il luy a donné. Il n'est pas de merueille si
Lange en auoit ouy parler: Car desia cest erreur populaire auoit tellement gaigné pied de
son

son téps,que nul n'en doubtoit, & ne prenoit
la peine d'en d'escouurir l'imposture.Peut estre
le fit-il par la voloté des Sienois, lesquels voulurent suyure ce que l'Archeuesque Antonin
leur voisin,auoit escript par ouïr dire.

ET · POVRQVOY ne sera-il loisible
à cest sculpteur d'en tailler les lineaments
auec son ciseau , aussi hardiment que l'autre a
faict à tout sa plume? Falloit-il que ce peintre
fust plus conscientieux,que cest Archeuesque
historien ? Falloit-il qu'il fust plus retenu , que
ce poëte, qui renfermé dans vn cloistre,a dans
ses poëmes representé à la Papesse,auec plus de
hôte & d'infamie,que nul n'auoit iamais faict.
C'est Baptiste Mantuan,lequel en parle ainsi.

Ie vy en vn gibet ceste fine femelle,
 Qui trauestie en hôme,& feignât vn sainct zele
 Iusqu'au siege papal,par ruse estoit montée:
 Or auoit sur son chef ceste putte effrontée,
 Le triple diademe,& son paillard estoit
 Aupres d'elle pendu,qui son mal detestoit.

Cestui-cy adiouste , pour l'embellissement du
conte,la penderie de ce maistre escuier de l'es-
curie papale,dont nul n'auoit iamais parlé que
luy.

Peintres tousiours & poëtes ensemble
 Feignent,& font tout ce que bon leur semble.

Aussi sont la poësie & la peinture compaignes.
Cela là est vne peinture parlâte:& celle cy vne
peinture muette, disoit Simonides. Ny l'vne

P 5

ny

ny l'autre n'a pas grand commerce auec la verité.

§.
La peinture
& la poësie
ne se marient
auec la verité.

LA GENTILLESSE des poëtes &
peintres ne se marie pas volontiers auec l'histoire. Nous ne sommes obligez à tenir pour
veritable, tout ce, qui part de leur main. L'Ange ne peut non plus engager nostre creance,
auec ceste femme mitrée, qu'il a labouré de sa
riche main, que faict cest excellent ouurier, qui
a l'entrée du cœur de l'Eglise metropolitaine
sainct André de ceste ville de Bourdeaux,
vne des plus belles de la France, representant
l'Ascancion, a monté le Sauueur du monde sur
vn aigle. Quelque conscientieux reformé, dira
tout aussi tost, que c'est vn Iupiter, que nous
adorons: car ils alongent & acourcissent nostre
foy, comme bon leur semble. Ceste liberté
pourtant ne doit estre tolerée de telle façon,
qu'elle puisse aporter quelque trouble ou scandale aux ames Chrestiennes, comme peut faire
ceste image, qui se void dans l'Eglise de Siene.
O que ce grand pontife Pie second, qui a rendu
illustre le nom d'Eneas Siluius, & cest autre Pie
troisiéme, bon & pie, s'il en fust iamais, doiuét
rougir de honte (si quelque passion des choses
humaines reste aux esprits, qui iouissent de l'e-
ternelle felicité) d'auoir souffert le portraict de
ceste femme parmy ceux de leurs predecess-
seurs, & l'auoir veu dans la ville, qui s'honore
de leur naissance, dans l'Eglise où l'vn & l'autre
ont esté Archeuesques.

                                    SOYEZ

Soyez touché Pere Sainct,
d'vne iufte jaloufie, vangez l'iniure faicte à vos deuaciers. Cōman-
dez ce monftre eftre deplacé du
lieu,où Sathan pere de menfonge
l'a logé:qu'vne image de ce qui n'a
efté ne foit pas: s'il n'y a point eu
de corps,qu'il n'y ait point d'om-
bre.Ceft admirable chef d'œuüre,
cefte pyramide de Calligula tant
chantée,ceft obelifque, qui fem-
bloit menacer les nues, lequel au
grand eftonnement de ceux, qui
l'ont veü, Sixte a enleué de fa
premiere place,pour le confacrer
à l'honneur & gloire de Dieu , ne
luy a rapporté telle gloire, que fera à voftre Sainéteté , la ruine de
cefte idole efleuée à la honte du
pontificat.

Chap

CHAPITRE XXIIII.

Voy Onuffre,
in q 8.

CE VX qui ont fi plaifammét & auec tant
d'artifice bafty cefte fable, difent que leur
Gelibertè Agnes, où Iane, ayant tenu fidelle
compagnie à fon moine iufques à fa mort, s'en
reuint d'Athenes à Rome, où elle fuft efleuee
docteur: qu'elle leuft publiquement trois ans
aux efcoles, fuyuie d'vn nombre infiny d'auditeurs: & neantmoins les plus curieux & ex-
actes rechercheurs des antiquitez du fiege pó-
tifical, & de la police Romaine, defpuis que le
paganifme on fuft bany, affeurent qu'encor en
l'an huict cens, qui eft le fiecle de leur pfeudo-
pontife, la couftume de lire publiquement,
n'eftoit introduicte à Rome. Et quand ce
qu'ils difent, feroit veritable, comment eft-il
poffible, qu'elle euft fceu trauerfer tãt de lieux,
qu'elle euft fceu fe couurir auec tant de dexte-
rité, parmy cefte multitude d'auditeurs, que
quel

quelqu'vn à la voix, ou à quelque geste ne
l'euſt remarquée? Depuis qu'elle fut à Rome,
eſtant ordinairement és aſſemblées, puis qu'elle liſoit publiquement, né l'euſt-on recognue
au defaut de barbe. Elle eſtoit déia en vn aage
auancé: Car, comme diſoit Nicander aux La-
cedemoniens, & l'Apoſtat Iulian à ceux d'Antioche, La barbe eſt le parement de l'homme,
ornement, qui luy eſt propre & particulier, &
qui luy couſte le moins, le defaut duquel on remarque pourtant le pluſtoſt.

le menton eſtant nu,
A quoy euſt ſa moitié l'autre moitié cognu?
Ceſte barbe honorable eſt vn aſſeuré ſigne
De la maſle vertu eſchauffant ſa poictrine:
Et nul ne doit auoir d'hõme vrayemẽt le nom,
S'il ne porte premier ceſte marque au menton,
Diſoit quelque poëte. Eſtant eſléuée à la papauté peut-elle esblouir les yeux de tant d'am-
baſſadeurs, princes, & Seigneurs, qui reſidoyét
en ſa Cour, & des Italiens, gens les plus aduiſez
du monde, qui viuent touſiours en defiance,
qui ont perpetuellement l'œil au guet? Elle
n'eſtoit pas ſeruie en eſcolier. Touſiours
ceux, q ont eſté eſleuez à ceſte dignité, ont tenu leur palais honorable, & leur cour pom-
peuſe & pleine de majeſté. Ie ſçay que pluſieurs en leur particulier ont retranché & leur
deſpenſe, & leur train, comme à faict noſtre
Sixte cinquieſme, & le bon Adrian ſixieſme,
lequel comme les officiers de Leon ſon prede-
ceſ

ceſſeur, luy euſſent demandé, s'il les vouloit
retenir à ſon ſeruice, il s'enquit combien ils
eſtoyent, & luy ayant eſté reſpondu, qu'il en
y auoit cent couchez en l'eſtat. Mon Dieu,
dict Adrian faiſant le ſigne de la croix, i'en ay
trop de douze. Or nul de tous les valets de la
Papeſſe ne l'a-il recognue, qu'vn ſeul, qui eſtoit
ſon mignon de couchete?I'ay honte de perdre
tant de paroles apres vne choſe ſi inepte. Tout
cela certes eſt puerile, & digne de riſée, de penſer qu'vne garſe puiſſe courir le monde, viure
eſcolier à Paris, à Athenes, puis à Rome ſi longuement, ſans eſtre deſcouuerte. Et cependant
ils s'empreſſent fort, pour la preuue d'vne choſe ſi ridicule.

Ceſt ieu d'enfans, l'eſprit deſquels trauaille
Plus pour neant, que pour choſe qui vaille,
Chantoit Homere.

2.
La Papeſſe de
peinte trop in-
nocente.

ON dict, qu'elle accoucha en la proceſſion
generale, qui ſe faiſoit lors à Rome, au milieu
de la rue, à la veuë de tout le peuple Romain.
Côme ſi elle ayant eſté ſi fine & ruſée, d'auoir
ſi longuement ſceu celer ſon ſexe, n'euſt auſſi
par meſme moyen eu l'eſprit de deſrober
ceſt acouchement (atendu meſmement qu'elle eſtoit à terme, comme ils diſent) & prendre
la commodité, pour ne deſcouurir ſon forfaict,
& ne tomber en ce malheur, duquel la moindre fille de joye, ou femme proſtituée ſe donne ſi facilement garde. Elles n'ont que trop de
deſtours, & d'arriere-coins pour couurir leurs
laire

larrecins amoureux.C'eſt la forger trop innocente,pour vne gaſſe nourrie à Athenes,& encor Magicienne. C'eſt dependre trop groſſierement ſa ſimplicité.Ouy, mais les tranchées la ſurprindrent en la rue,ſans luy donner loiſir de ſe ietter en quelque maiſon. Elle n'euſt l'eſprit de côſulter auec ſon valet de chambre, qui auoit ſi bonne part en elle, pour preuenir à vn tel inconuenient. Balée penſant luy faire plus de honte, luy fiſt plus d'honneur : car il feint qu'vn Cardinal eſtoit ſon amy, meilleur compaignon, que le moine, qui l'auoit entretenue,duquel elle n'euſt iamais enfans,pour le moins on n'en dict rien. Ils font encor les choſes contre nature : car au rebours des autres femmes,ils la repreſentent ſterile au printemps de ſon aage, dans les bras ordinaires d'vn ieune eſcolier, ou d'vn moine: & lors qu'elle commence d'entrer ſur ſon hiuer, la voila acouchée d'vn fils.

CELA eſt trop groſſier, & n'a nulle apparence de vray, qu'ils fuſſent ſi mal aduiſez de n'aller au deuãt d'vn tel accident: l'vn pour ne perdre en meſme inſtant & l'honneur& la vie, & l'autre pour conſeruer le credit, qu'il auoit enuers ſon maiſtre, duquel il ſçauoit les plus ſecrets & priuez affaires. L'vn n'y l'autre n'euſt eſté ſi deſpourueu d'entendemẽt & de moyẽs, qu'ils n'euſſent l'inuention de pouuoir dreſſer quelque voyage, feindre vne maladie, & ſuppoſer quelque empeſchement,affin que Rome ne

3. Sot conte d'vn Alemand.

ne vit ce qui pouuoit aporter , auec infamie, leur ruine pour iamais. Voicy vne grande fubtilité de ie ne fçay quel Allemand, mais fubtilité digne de quelque bonne femme de vilage. Dieu , dict-il, defirant qu'vne fi fcelerée mefchançeté ne demeuraft impunie , enuoya vn *Ange enuoyé* Ange à ce pontife, lequel luy dict, que fon pe-*à la Papeffe.* ché luy feroit pardonné, pourueu qu'elle acouchaft en pleine rue fans fecours , ny appeller aucune femme pour la feruir ou affifter en telle neceffité. Que cela luy feruiroit de penitence : & cefte amande honorable, de peine. Ce qu'elle fit , pour obeir au commandement de Dieu. La voila bien confcientieufe à fon conte. Il ne va pas ainfi , dict Scherembe rg, elle accoucha dans la fale, & fur fon fiege. Tout cela certes eft

Groffier, comme remply du fuif Sicilien.
C'eft vne vraye farce, laquelle exerce leur efprit, exite leurs Mufes, pour faire des poëmes, & compofer des chafons auffi fales & honteufes, que le conte eft faux & fuppofé. Voila les grotefques, qui fortent de leur entendement.

4. ILYEN a d'autres , qui ont encor en-*La Papeffe* richy le conte, affin de rendre cest acouchemét *accouche le* d'autant remarquable. Ils affeurent que le der-*iour du corps* nier acte de cefte infortunée ne fuft pas feule-*de Dieu.* ment reprefenté en la rue publique, en la proceffion, mais en la proceffion folemnelle, que nous faifós le iour du facre, que nous appellós le iour du Corps de Dieu, Gio. Sazon Allemand

mand s'eſt dóné carriere la deſſus. En pluſieurs
lieux de l'Alemagne on void des tableaux , &
dans les liures & hiſtoires eccleſiaſtiques Ge-
neuoiſes,ou ceſte femme eſt depeinte ſoubs le
poëſle, portant le ſainⳍt ſacremēt,ſortant l'enfant nouueau né d'entre ſes jambes. Ce ſont
leursartifices, affin d'empoiſonner non ſeulement les oreilles,mais les yeux du ſimple peuple,lequel mal aduiſé ſe laiſſe volontiers enſor-
celer & trainer auec telles impoſtures. Mais il   *Comparaiſon.*
aduient à ces beaux inuenteurs,comme à la be-
ſte enueloppée dãs les toiles,laquelle tant plus
elle tache ſe demeſler,d'autant plus elle s'em-
barraſſe,de ſorte qu'en fin elle eſt ſans force,&
hors de deffence,cōtrainte de rendre les abois.
Ils vont furetāt tout par tout, pour enyurer le
monde de leurs foles inuentions:mais comme
nos vers de ſoye en baſtiſſant ils s'eſtouffent en
leur beſongne.Ma laduiſez qu'ils ſont,ils n'ont
pas prins garde,qu'au temps du pontificat feminin,qu'ils nous repreſentēt,la feſte du ſainⳍt
ſacrement n'eſtoit inſtituée , ny ne le fuſt de
lóg téps apres.On n'auoit de couſtume le porter en proceſſion ſolemnelle par les rues, comme nous faiſons maintenāt,ainſi qu'vne autre
arche d'alliãce, ouy bien particulierement d'v-
ne Egliſe à vne autre,cóme on lit dãs Gregoire
de Tours,qui a veſcu plus de ſix cens ans auāt
ſon inſtitution. Ie ſçay bien qu'il y en a qui diſent qu'elle fuſt eſtablie à la hóte & cófuſió du
ſacramentaire Berengarius, qui oſa debattre la   *Berengariꝰ.*

Q   tou

toute puiſſance de Dieu au ſacrement de l'autel, SAINCT ELME DE NOSTRE
SALVT, hereſie malheureuſe, condamnée
deſlors, & deſpuis reſuſcitée en nos iours, par
Zuingle, & Caluin. Dieu fit ceſte grace à Berengarius de recognoiſtre ſon erreur. Le chancelier Gerſon eſcrit, qu'eſtendu au lict de la
mort, il fit ceſte oraiſon en preſence de pluſieurs perſonnes, dont il eſtoit enuironné, *Mon*

Sa repentāce. *Dieu, tu m'aparoiſtras auiourd'huy, comme i'eſpe-*
re, pour mon abſolution, ou bien pour ma condem-
nation eternelle, choſe qui me trauaille & bourelle
l'ame, à cauſe que par ma meſchante doctrine, i'en
ay deceu pluſieurs, leſquels ie n'ay peu remettre à
la cognoiſſance du ſacrement, que tu nous as laiſ-
ſé, pour memoire perpetuelle de ta mort & paſſion.
Quelques vns ont eſcrit, que ce qui occaſiona
le ſainct Pere d'eſtablir ceſte cerimonie, que
nous gardons auec tant de reuerence, fuſt vne
Conte d'Eüe religieuſe d'Allemagne nommée Eue, laquelle
religieuſe. diuinemét inſpirée en eſcriuit au Pape Vrbain,
qui deſirant luy complaire, l'ordóna. Le meſdiſant Balée dict, que Vrbain auoit cogneu ceſte
religieuſe priuéement. Laiſſons leurs iniures.
La veritable occaſion de l'inſtitution de ceſte
ſolemnelle proceſſion, qui fut eſtablie quatre
cens dix ans, apres le temps de leur Papeſſe, eſt
celle cy. Cóme vn preſtre, qui eſtoit en quelque doubte en ſon ame de la realité du corps,
celebroit le ſacrifice de la Meſſe en la ville
d'Orbiete, ainſi qu'il eſleuoit l'hoſtie ſacrée, à
la

la veuë de tous les affiſtans, le ſang en ſortiſt, *Quand &*
qui tomba ſur le corporal, lequel ſe void encor *pourquoy la*
auiourd'huy, ayant eſté conſerué auec beau- *feſte du corps*
coup de ſoing. Vn milliõ de perſonnes y acour *de Dieu fuſt*
rent pour le voir. Vne ſuperbe Egliſe y fut ba- *inſtituée.*
ſtie. Pour memoire perpetuelle de ce miracle,
Vrbain preſidant lors en l'Egliſe, ordonna la
commemoration, que nous gardons auiour-
d'huy:& ceſte merueillé du monde Thomas
d'Aquin fit & dreſſa l'office, qui ſe dict ce iour
là en l'Egliſe. Ceſt aſſez:Si à tous coups ie me
voulois arreſter, ce ne ſeroit iamais faict.

A V A N T que ie ſorte de ceſt acouche- *5.*
ment, il faut remarquer deux particularitez de *Obſeruation*
ces aucteurs, qui forgét des fables à leur apetit *ſur ſon acou-*
& à nos deſpens. En premier lieu ils aſſeurent, *chement.*
que par les acouplemens de ce faux Pape, &
d'vn Cardinal la farce fut deſcouuerte. Toutesfois, ainſi que i'ay remarqué cy deſſus, &
comme ils aſſeurent ſur autre ſuiect, l'ordre
des Cardinaux n'eſtoit encor inſtitué. Ils diſent en outre, tous d'vne voix, que venant du
Vatican, & allant viſiter l'Egliſe de ſainct Iean *Voy Onuffre*
de Latran, elle acoucha en la rue. En quoy ils *au liure des*
n'ont pas prins garde, qu'au temps, duquel ils *ſept Egliſes.*
parlent, les Papes n'habitoyent encores le Vatican, ains le palais ſainct Iean de Latran, où ils
logerent touſiours, iuſques en l'an mil trois
cens cinquante, ſoubs Boniface neufieſme, cõme on peut voir dans Platine. Ils deuoyent
donques dire, qu'elle acouchà allant de ſon pa-

lais de S.Iean de Latrã, viſiter le Vatican. Mais
quoy? le menſonge quelque part qu'il ſoit , ſe
faiſt cognoiſtre. Il a beau ſe cacher. En cela ils
ſe ſont môſtrez auſſi ineptes, comme ſeroit celuy, qui diroit quelque inconuenient eſtre arriué au Roy, partant de noſtre Dame de Paris,
pour aller viſiter le Louure. Ie ne ſçay , qui eſt
auſteur de ceſte inſcription, qui deſigne le lieu
de ſon acouchement , s'oppoſant à tous les
autres.

    Papa peperit puerum penes portam Petri
    Pauli.

Laiſſons ces petites particularitez, dignes pluſtoſt de riſee que de reſpôſe, pour ſuyure le ſurplus de ceſte fable.

6.
De la ſepultu-
re de la Pa-
peſſe.

    ILS eſcriuent qu'elle fuſt enſeuelie ſans
honneur en la rue publique. Voicy vne choſe
bien eſtrange, qu'on enſeueliſſe en la rue vne
perſonne : Où ſont les marques de ceſte ſepulture? Elle ſe trouua là tout à propos, pour y jet-
ter & l'enfant & la mere. Le corps du plus miſerable faquin du monde, voire meſme ceux,
qui ſont morts au gibet, eſmeuuent les hommes à quelque compaſſion pour iouïr d'vn peu
de terre. Et ceſte femme auec ſes habits pontificaux, demeure en la rue abandonnée de tous
ſes domeſtiques, qu'elle auoit eſleuez , & de
tous ceux, qui la ſuiuoyent. Sans cognoiſſance de cauſe, ſans nulle inquiſition , ſans forme
de iuſtice elle eſt côdamnée, & ſur l'heure meſmes miſe ſoubs terre. Qui ſont ceux, qui l'ont
                      iugée?

iugée?Quelle pourfuite a·lon faict contre ceux,
qui ont participé à cefte infame fuppofition?
Quelle iuftice de fon valet, de fon chapelin, ou
du Cardinal, qui luy auoit faict enfler le ventre?Car le tableau, qu'on nous a reprefenté , &
la potance de Maṅtuan n'ont point d'apparence. C'eft merueille, qu'ils n'ayent dict , qu'elle
deuint enceinte des œuures du maling efprit.
Pour l'entier embelliffement de ce beau portraict, & de cefte fable fi bien adjancée, il n'y
reftoit, que ce feul traict. Mais ils ne s'en font
pas aduifez. La crainte ne les à pas retenus:
ils ont bien efcrit des chofes auffi hardies, que
celle là , & auffi effoignées de toutes apparences vrayes, comme on voit dãs ces infames hiftoires Ecclefiaftiques, qui fortent de leur boutique , où il y a autant de menfonges que
de mots.

CHAPITRE XXV.

Q 3   VOICI

VOICY vn'autre chose bien estrange, qu'vne femme du mal d'enfant meure d'vne mort soudaine : Car ils disent, que sans secours, sans aide, sur le lieu mesmes elle expira.

Quand les tranchées aspres & douloureux,
Viennent saisir en trauail langoureux
La femme enceinte, alors la deliurance
Se faict auec angoisseuse souffrance,

Dict Homere. Mais ce sont des douleurs, qui donnent relasche, & lesquels n'estranglent les femmes, comme vne apoplexie, ou vn catarre. La belle femme de ce patricien Romain Sabinius, pour l'interest d'autruy, porta seule & sans secours, sans voix, sans gemissement, l'enfantement de deux iumeaux. Ce noble exemple pourroit estre accompagné de mille autres. Qu'ils consultent les medecins. Et puis elle estoit à terme : elle acoucha : l'enfant feust veu. Ce fut vn masle, disent aucuns. Ce n'estoit pas vn auorton : qu'est-ce donc qui l'estouffa sur l'heure? Bocace à mieux faict, & est plus passable, ayant escrit, que la pauurete pleurant & se lamentant fust apres enuoyée en prison. Mais ils ont voulu, qu'elle moureut honteusement & sur le paué, comme frappée d'vn coup du ciel.

C'A tousiours esté la coustume des ennemis de l'Eglise, de nous representer des morts estrãges & hideuses des souuerains peres, pour les rendre d'autant plus odieux, & les contes &

fa

fables,qu'ils ont entaſſées en leurs vies , paſſa-
bles & de miſe. Ainſi ont-ils traicté Siluestre
deuxieſme,natif de noſtre Gaſcongne , qu'ils
diſent,contre la verité & teſmoignage de l'an-
tiquité,auoir eſté depiecé par le diable. I'auois   *Epitaphe de*
recouuert de Rome l'honorable epitaphe, que   *Siluestre.*
Sergius fit mettre ſur ſon tôbeau : mais deſpuis
ie l'ay rencontré che'z Onuffre,& dans les Papes de Papirius Maſſon.   Ces vers de Sergius
môſtrent combié ce qu'ils diſent de Siluestre,
est faux. Ainſi ont-ils parlé d'Adrian , qu'Illiricus aſſeure estre trepaſſé miraculeuſemeñt,
pour auoir excommunié l'Empereur Federic:
Car à ſon dire beuuät vn verre d'eau vne mouche l'estrangla.Radeuicus fort ancien aucteur,
teſmoigne tout le contraire , lequel eſcrit ſa
mort & ſa ſepulture,comme faict auſſi M. Polonus. Ie laiſſe tels autres exéples , qui ſe trouuent à monceaux parmy les ennemis du ſainct
ſiege. Ainſi ont-ils traicté ces vaillants cham-   *Calomnié*
pions de l'Egliſe,qui ſont de la compagnie du
nom de Ieſus.Ils laiſſent en repos nos autres
religieux,& n'en veulent qu'à ceux-cy , ayant
inuenté,que le diable en mit vn en pieces en
Allemaigne: voire meſme qu'empruntant la
forme humaine, il feut receu en leur compagnie,où il fit des tours du maistre paſſé.

   E N meſme boutique fut forgé,ce qui cou-   *3.*
reuſt par toute la Chreſtienté de noſtre Roy   *Fole opinion*
Henry dernier decedé.Lors qu'il laiſſa la Polo-   *quand le Roy*
gne,pour venir receuoir la belle couronne de   *Henry reuint*
                                                  de Pologne.
            Q 4   Fran-

France , vn bruit fut efpandu par tout , mais
c'eftoit auec vne telle certitude , que plufieurs
fe font opiniaftrés en cefte badine opinion , &
en ont faict des gageures, que ce n'eftoit pas le
victorieux Duc d'Anjou, que ce n'eftoit le frere de Charles, mais vn fantofme & vn efprit
maling, qui auoit emprunté fa femblance. Que
celuy, qui auoit engreffé les campaignes de
Moncontour eftoit mort, qu'il ne le falloit plus
craindre, que ce n'eftoit qu'vn efprit, qui re-
muoit fon corps, fans force ne vigueur. Qu'il
falloit auec les armes, lury faire tefte & empe-
cher l'entrée. Voyez iufques où va la hardie &
effrontée audace de tels efprits.

4.
Ordonnãce de
Benoift fur la
fepulture des
Papes.
OR SVR CESTE vilaine fepulture,
qu'ils donnent à leur Papeffe, remarquez , ie
vous fupplie, que Benoift à leur dire fon fucceffeur, fit vn Canon , par lequel il ordonna,
que tout le Clergé affifteroit aux funerailles
des Papes. Que fi le Pape Iane fon predeceffeur euft efté fi iuftement priué de fepulture
fainte & honorable, il n'y a point d'aparence,
qu'il euft faict vne telle loy, fans y adioufter
quelque exception notable, veu le malheur,
qui ne faifoit que naiftre. Ces efcriuains , qui
nous font tous ces contes, monftrent de quel
efprit ils font portez. Et cependant, quoy
que leurs difcours foyent lafches à merueilles , ils penfent trouuer des gens à leur
mercy, & auffi faciles à croire, qu'ils font à in-
uenter.

PEVT

PEVT eſtre, que ceux qui outre la ſimple
credulité que quelque vaine apparence leur a
cauſé, y apportent encores ie ne ſçay quelle
opiniaſtreté, ſe perſuadant, quoy qu'on ſache
dire, que ce qu'on raconte de Iane, eſt veritable, ſont touchez de l'humeur de ce Cremo-
nois, lequel eſtant ſeruiteur d'vn gentilhomme
Milannois, s'imaginoit d'eſtre ſouuerain chef
de l'Egliſe. Il auoit faiⁿ peindre dans ſa chambre le conciſtoire des Cardinaux, & à certaine
heure du iour, ſe mettoit dans vne chaire, où il
faiſoit quelque harangue, creoit des officiers,
expedioit des bulles, conferoit des benefices, &
apres retournoit à ſa beſoigne, au ſeruice ordinaire de ſon maiſtre. De pareille manie eſtoit
poſſedé Triompho de Camarin, vallet d'eſta-
ble du ſeigneur Pierre des Vbaldins, gentil'hôme & citoyen d'Vrbin, lequel auſſi ſe fantaſiât
eſtre Pape, vn'heure du iour en ſa chambre
ioüoit ce perſonnage, ayant faiⁿ peindre dans
vne toile les Cardinaux, auſquels il faiſoit des
remonſtrances en ſon patois, & au partir de là
reprenoit l'eſtrille en la main. Ceſte redite que
ie vois faire pour clorre ce chapitre, afin de dire quelque choſe de ſerieux, me ſera pardonnable.

POVR monſtrer clairement que les meſmes traits de leurs autheurs ſont argumens
tres-certains du menſonge & ſuppoſition, &
que la verité ſort en campaigne raſe, ſans qu'ô
y penſe, vous m'accorderez, ou que ceux de

5.
De deux Ita-
liés qui s'ima-
ginoient d'e-
ſtre Papes.

6.
Argument
contre les au-
theurs de la
Papeſſe.

Q 5   ce

ce fiege Romain auec toute l'antiquité, ont
voulu couurir & celer à leur pofterité ceft acte
infame & vilain, ou non. S'ils l'ont voulu cacher, comme ils difent, comment ont ils fi peu
de iugement, d'affeurer qu'on à inftitué tant de
chofes, & tant de ceremonies remarquables,
pour en imprimer & perpetuer la memoire? Si
au contraire ils l'ont voulu publier aux fiecles
à venir, & en laiffer la fouuenance perpetuelle,
quelle impudence eft-ce à Anaftafe, Nicolas le
grand, Adamare, & infinis autres, tãt de ce fiecle, où ils font viure leur Iane, que defpuis, de
n'en dire mot, ains pluftoft le contraire? Quelle
hardieffe effrontée à tant d'autheurs Catholiques, Hiftoriens, Theologiens, Iurifconfultes,
Canoniftes, de toutes les nations de la Chreftienté, d'efcrire & nous reprefenter tant de
chofes contraires à l'hiftoire & temps de cefte
Papeffe, voire la nier & combatre formelle-
ment? Quelle ignorãce, ou pluftoft quelle mef-
chanceté à ceux, qui ont ramaffé & efcrit les
ceremonies Papales, qui font imprimées tant
anciennes que modernes, contenant toutes les
chofes remarquables & folénelles, de nç nous
dire rien de toutes les chofes qu'on dict auoir
efté inftituées, pour pouruoir à vn femblable
inconuenient?

Chap

CHAPITRE XXVI.

ENCORES qu'il soit bien aisé à iuger par ce que nous auós amené iusques icy, si lon y veut tant soit peu prendre garde, que tout ce que nous auons ouy dire de ce Pseudopontife est vne imposture: si faut-il pour ma derniere main, que ie cõbatte ces autheurs de tres-forts & tres-pressans argumés. Voicy vn grãd esclat de lumiere, qui leur vient donner dãs les yeux. Qui seroit celuy-là, qui tüberoit en ceste lourde faute, de reprendre son compaignó, du vice, duquel luy mesmes seroit entaché, mesmemét quãd il est cognu d'vn chascun? Ce seroit trop, si vn aueugle vouloit accuser de courte veuë, celuy qui auroit encores vn bon œil, vn sourd formé vn dur d'oreille, & vn muet vn begue. Vn homme bien sensé ne tumbera iamais en cet erreur.

Qui veut parler d'autruy, il faut plustost qu'il pense
Qu'est-ce qu'on dict de luy : puis en mesme balance,

Auec

Auecques mefmes poï d'vne pareille loy,
Iuger des actions, des autres & de foy,

dict le poëte Grec. Et tout ainfi que dans les
prunelles des yeux d'autruy, nous voyons les
noftres reluifans, auffi dans les vices des autres
nous deuons remarquer les noftres (difoit vn
Philofophe dans Plutarque) fi nous ne fommes de la race de la Phée Lamie, laquelle entrant chez foy, cachoit fes yeux dans fon cof-
fre, & fortant dehors les reprenoit. Or Leon
neufiefme qui a vefcu enuiron cent ans apres
leur Papeffe fuppofée, efcriuant aux Patriarches de Conftantinople, Leo Archidimus, &
Michel Cerulanus, vfe de ces mots fur la nouuelle qu'il auoit ouy dire qu'vne femme auoit
efte receuë en la dignité de leur Eglife. Ia à
,, Dieu ne plaife, dict ce fainct Pere que nous
,, vueillons croire ce qu'vn chafcun dit de vous.
,, Ceft qu'en l'Eglife de Conftantinople vne
,, femme a efté efleuée& promue au patriarchat.
,, Ce bruit, peut eftre, court, parce que vous auez
,, accouftumé de receuoir indifferemment con-
,, tre le fainct Concile de Nice, des Eunuques
,, aux ordres & charges Ecclefiaftiques. Et encor
,, que l'enormité de ceft abominable & detefta-
,, ble crime, l'horreur d'iceluy, enfemble l'amour
,, que nous vous portons comme à nos freres, ne
,, nous permette d'y adioufter foy, toutesfois
,, ayant entendu combien vous eftez negligés à
,, faire garder les faints decrets, & que vous pro-
,, mouez & aduancez indifferemment les Eunuques,

Lettre du Pa-
pe Leon.

ques,& ceux qui ont quelque deffaut en leurs "
perfonnes,non feulement aux ordres , mais les "
appellez aux charges de patriarche,il nous ref- "
te quelque opinion, que ce dont on vous ac- "
cufe , foit aduenu. "

VOLONTIERS que ce docte Pere de
l'Eglife euft efté fi effronté d'efcrire & publier
ces lettres contre les Euefques de Conftantinople , & vfer de ces reproches , fi fa propre
maifon fe fuft veüe peu de iours deuant plus
fouillée par le fiege & creation de cefte Iane.
Il euft donné grand aduantage aux Grecs , qui
s'eftoiët feparez de nous,excitant lors plus que
iamais , mille tragedies en l'Eglife. Ils euffent
eu beaucoup de prife fur nous,reprochant leur
infamie , fi noftre Eglife eu porté vne pareille,& plus vilaine tache fur le front. Nous euf-
fions eu hôte de les reprendre d'auoir appellé
vne femme & des Eunuques aux charges de
l'Eglife Grecque , puis qu'on auoit veu la fouueraine authorité de la Latine, occupée par
vne femme,non feulement impudique & paillarde , mais par vn tres-grand iugement de
Dieu,marquée d'vne perpetuelle honte. C'e-
ftoit pluftoft les conuier d'entrer en iniures
auec nous, & peindre dans leurs liures noftre
Papeffe , puis que nous ofions parler de leur
patriarche,Et non feulement nous, mais auffi
noz premiers pafteurs affis dans la chaire, où
cefte putain auoit prefidé il n'y auoit que trois
iours.Ils n'euffent iamais vifé à ce blanc , pour
la

2.
Belle confide-
ration fur ce
fubiect. Com-
paraifon.

la crainte que le coup ne rebrossast contre eux. Ils ne fussent entrez sur ces pas: C'eust esté vne lourde faute à eux,& hôteuse en fin pour tout le clergé Romain. Et comme il semble que la reuerberation d'vne lumiere offence plus les yeux malades, que non pas celle qui donne droict en veuë: Aussi sont les iniures qui sont retorquées & renuoyées par la verité, contre celuy qui les prononce. Il n'est rien si laid, escrit Plutarque, qu'vne iniure qui reuient contre celuy qui l'a dite, ny qui desplaise & griefue plus.

Comparaison.

DESLORS que i'eus leu ce que le Pape Leon escrit des Grecs,& à leurs patriarches, si peu de temps apres la pseudo-papesse Romaine, i'entray en opinion que tout le tissu de ceste fable, pourroit auoir tiré sa source de là, car le bruit ayant couru parmy la Chrestiété, qu'vne femme auoit presidé en l'Eglise de Cõstantinople, comme souuerain Pontife, & se perdant auec le temps le nom de Constantinople, l'autre a demeuré en la teste des peuples, qui ont laissé de main en main l'histoire prodigieuse de ce pontife feminin. De façon que l'inconuenient & desastre aduenu à l'Eglise bastarde) soit-il vray ou faux) a esté reietté sur la vraye & legitime, q est la Romaine. A quoy à l'aduenture la malice & perfidie des Grecs pourroit auoir aidé. Ceste infamie peut auoir esté aiseément transportée de Constantinople à Rome, pour le meslange de ces deux noms:

3. Consideration de l'autheur sur la source de ceste fable.

noms: car comme on peut voir parmy nos hiſtoriens, meſmes dans les loix de noſtre Iuſtinian, Conſtantinople eſtoit non ſeulement ap- *Conſtantinople*
pellée la nouuelle Rome, mais Rome ſimple- *nouuelle Ro-*
ment, deſpuis que le grand Conſtantin fils aiſ- *me.*
né de l'Egliſe l'euſt rebaſtie : car la vieille Bi-
ſance auoit eſté ruinée par l'Empereur Seue-
rus Pertinax en la guerre ciuile contre Paſce-
nius le noir, & deſpuis miſe res pied res terre
par Galian fils de Valerian. Ce grand Empereur auoit non ſeulement honoré ſa nouuelle
ville de ce ſuperbe nom, mais auſſi des priuileges Romains, voire meſmes y eſtablit le ſenat.
Il eſtoit doncques bien aiſé de ſe tromper, &
prendre l'ancienne Rome pour celle qui luy
deſroboit ſon nom. Si cecy a de la veriſimilitude, le lecteur bien ſenſé le iugera. Laiſſons ces
coniectures qui preſſent pourtant plus, que la
preuue de leurs teſmoings. Suiuons le reſte.

SI CE IEAN, ſoit hôme ou femme, euſt   *4.*
iamais veſcu au temps qu'on dict, il eſt impoſ- *Il ne ſe trouue*
ſible qu'il ne ſe trouuaſt dans quelque coing, *nulles nouuel-*
                                   les de ce que
ou dans les hiſtoires, ou dedans les manuſcrits *la Papeſſe à*
du Vatican fort curieuſement conſeruez, & *fait.*
neantmoins expoſez à la veuë d'vn chaſcun,
quelques memoires de ſes faicts, ſoit ez choſes qui concernent la police de l'Egliſe, ou bien
le maniement des affaires du monde, leſquels
les Papes ont ordinairement à demeſler auec
les Eueſques : Empereurs, Roys, Princes, Seigneurs, republiques & eſtats. Attendu meſmement

ment que ce siecle despuis huict cens iusques
à neuf cens ans se trouue fort remply, non seulement de grands & illustres personnages, soit
en authorité & puissance, soit en sçauoir & do
ctrine, tant de l'Eglise Orientale qu'Occiden-
tale, mais aussi des plus cauts & aduisez Empereurs & Princes qui ont remué plus d'affaires en la Chrestiété. Que si ce prodigieux acte
fust aduenu de leur aage, il est mal-aisé que
tant d'esprits turbulens se fussent peu contenir
de toucher quelque chose sur ce subiet si estrã-
ge, & mesmes pour faire declarer nulles les cõ-
stitutions par elle faictes, veu que ez choses
vrayes ils y trouuēt que redire, & tondent, cõme on dict, sur vn œuf.

De la malice on en trouue à foison.

chantoit Hesiode. Ou bien comme disoit le
Poëte Grec,

Les hommes tous vieillissent en malice.

Schisme pour les images. Ils ne se fussent doncques maintenuz en vne
si douce assiette. Ioinct qu'en ce temps, la que-
stion des images trauailloit encor la Chrestienté, despuis que ces deux Iuifs eurent en-
sorcelé l'Empereur Leon, & Constantin son
fils. Lors il se faisoit tant en l'Eglise Latine que
Grecque, plusieurs Conciles sur ce point, &
fut la police & discipline Ecclesiastique, auec
infinies attaques bien aspres & violentes des
vns contre les autres. Ce sçauant & meschant
Phocius auoit la plume en main escriuant lors
contre les Papes.

Pendant

PENDANT ceste centurie, leur puissan-
ce estoit au feste de sa grandeur : tout le monde bransloit soubz leur authorité. Iamais depuis le commencement de Rome, dit Paule
Æmile, l'estat Romain, ny la dignité des Papes n'auoit esté plus grande, plus souueraine,
& plus auguste que lors. Les nations payennes
& barbares estoyent par eux conuerties à la
foy & religion Chrestienne, tant par leur bonne vie & bon exemple, que par leur doctrine.
Aussi estoit lors la cité de Rome, sejour de
toute vertu & saincteté, dict le mesme Paule
Æmile. Ce Pape Iane, qu'on dict le diable
auoir logé dans le sainct Siege enuiron le mesme temps de ces conuersions, y eust apporté
vn grand & notable empeschement. Qui eust
voulu receuoir le baptesme, & embrasser le
Christianisme soubs vn chef si horrible, & si
monstreux, vray suppost de Sathan, comme
estoit ceste magicienne? Cela seul en eust re-
froidy les plus eschaufez. En ces mesmes iours
les Roys & les Empereurs ne tenoyent leur
couronne bien establie, si elle ne leur estoit
donnee des mains des Pontifes de Rome, cōme il est aisé à voir par la suitte ordinaire de
ceux qui tindrent l'Empire en ceste centurie.
Voire mesmes le siege Imperial vacant, ceux
qui releuoyent de l'Empire, prenoyent l'inue-
stiture d'eux.

ADRIAN premier baptisa, oignit, & couronna Pepin fils de Charlemaigne, & Louys

R   son

5
*La puissance
des Papes a-
lors tres grā-
de.*

6
*Les Papes
couronnēt les
Empereurs.*

fon frere (dont le premier fut Roy de Lom-
bardie , & l'autre d'Aquitaine , dit Aimonius)
honora Charles le grand du patriciat Romain,
Nom de telle majefté , difoyent les Ambaffadeurs de l'Empereur Anaftafe au Roy Clouis,
qu'il ne s'en trouue point auiourd'huy , exce-
pté celuy de Cefar, de plus excellent & honorable. Auffi eftoit-ce vn degré pour monter à
l'Empire , auquel ce Prince paruint par apres.
Leon troifiefme luy bailla la couronne Imperiale. Eftienne cinquiefme fon fucceffeur , re-
cerché par Louys le Debonnaire, le couronna,
non, comme dit Paule Æmile , à Aix en Allemaigne, mais à Reims, comme eferit Aymon,
& Ottho Frifingenfis , qui en peuuent parler
plus affeuréemeno , pour eftre plus proches
Pafchal troifiefme couronna Lothaire. Adrian
fecond couronna Louys fecond. Iean huictiefme honora de la couronne trois Empereurs,
Charles le Chauue , Louys le Begue, & Charles le Gros. Ce Iean huictiefme n'eft pas leur
Papeffe, c'eft ce Pape natif de Rome , qui tint
le fiege apres Adrian fecond. Et pour clorre la
centurie de cefte femme , vous trouuerez que
Firmofe couronna Arnulphe. Depuis ce temps
cefte couftume devenir prendre la couronne
des mains des Papes a efté fujule. Encor que

Maximilian. l'Empereur Maximilian en fa diette de Conftance , tenue l'an 1507. euft voulu fe defchar-
ger de ce deuoir, refpondant au legat du Pape,
qui luy remonftroit l'obeyffance & hommage

qu'il

qu'il deuoit au ſainct Siege, que c'eſtoit vne
obligation volontaire,& vne couſtumé qui ne
feruoit de rien. Les Papes ont & lors & depuis
maintenu ce priuilege de l'Egliſe, ſoubs laquelle,comme dit la ſacrée parolle, les Roys,
les Princes,les Potentats baiſſeront la teſte. En
noz iours Ferdinand n'ayant daigné receuoir *Ferdinand.*
la couronne par les mains du ſainct Pere,com-
me auoit fait Charles le quint ſon frere, le S.
Siege en fit pleinte & inſtance enuers les autres Princes Chreſtiens. Le Pape ne luy voulut octroyer confirmation de ſon election :de
ſorte que Ferdinand,qui auoit eſté pouſſé à ce-
là par quelques Princes d'Allemaigne, eut aſ-
fez affaire d'appaiſer le iuſte courroux du ſainct
Pere,& luy falut, pour ceſt effet, employer la
faueur des Roys de France,& d'Eſpaigne.Lors
qu'il eſt ſacré Empereur, il s'oblige & promet
rendre obeyſſance à l'Egliſe : promet entre les
mains de l'Archeueſque de Cologne, qui en *Serment des*
reçoit le ſerment, de garder les loix de l'Empi- *Empereurs.*
re,la bulle d'or,obeyr au Pape,deffendre la Foy
Catholique. Ainſi le iura le meſme Empereur
Charles le quint.Ceſt acte fut enuoyé à Rome
par le Cardinal Caietan lors Legat en Allemaigne. Or à qui à voſtre nouueau Pontife
homme-femme baillé la couronne ? Il en faut
trouuer quelqu'vn ?

CHAPITRE XXVII.

De l'Impu-
dence.

AVANT que ie reprenne le propos du chapitre precedent, pour fçauoir quel Empereur la Papeffe a couronné, car ils veulét qu'auant mourir elle ait fait quelque acte remarquable, Iettez les yeux, ie vous prie, & lifez au vifage de fes protecteurs, le dire de ce grãd orateur eftre veritable, que qui a vne fois franchy les bornes de la modeftie, il faut qu'il deuienne du tout impudent. Ses barrieres font compofees de telle forte, qu'elles ne peuuent aucunement contenir ceux qui les ont vne fois forcees. Il n'y a plus de bride. Il eft mal-aifé, que celuy qui en eft forty s'y puiffe plus renfermer : car l'impudence nous defuoye fi fort, au premier rencontre, qu'elle nous faict perdre la cognoiffance du lieu d'où nous fommes partis. Auffi difoit Demofthene, que l'impudét au lieu de prunelles, auoit des putains aux yeux. Et Platon en fes loix a bien remarqué l'impudence n'eftre autre chofe, qu'vne temeraire

raire liberté de prononcer des chofes cognues,
& incognues auec pareille affeurance.

C E S efcriuains, qui caquettent fi hardiment, & à langue desbridee, aux defpens du
fainct Siege, ont tresbien practiqué ce dire de
Platon, mefmemét Balee, & les centuriateurs,
puis qu'ils ont ofé aduancer auec vn effronté
menfonge, que Louys fecond print la couronne par les mains de Iane. Ce qu'ils ont faict,
à fin que ceft acte notable euft donné preuue
de fon eftre, & pour preuenir la raifon, que
nous leur mettons au deuant. Que fi elle euft
iamais vefcu au monde, nous en trouuerions
nouuelles dans noz liures. Car de dire que pé-
dant les deux ans & demy de fon Papat, toutes
affaires ayent ceffé en fa Cour, & que les peuples, qui y auoyent recours, s'en peuffent pour
lors fi bien paffer, que cefte femme n'euft be-
foin faire aucune prouifion, expedition, colla-
tion, ny aucun acte qui fortift hors des mu-
railles de Rome, & qu'à cefte occafion fes fucceffeurs fans bruit, fans que perfonne s'en foit
apperçeu, y ont pourueu & l'ont couuerte de
leur chappe, cela eft non feulement frefle, mais
vain & ridicule. Neantmoins c'eft chofe qu'il
faut croire, fi on veut maintenir ce monftreux
Pontife en nature.

V O I L A pourquoy ayant tresbien aduifé,
qu'il falloit fur ce public efchafaut de la Chreftienté luy faire iouër quelque perfonnage,
auant luy clorre les yeux, ils ont choifi Louys

R 3   fecond,

Menterie & fuppofitiö des centuriateurs, & de Balee.

3 Par qui Louys recent la couronne.

second, lequel ils font aller à Rome luy baiſer
les pieds,& receuoir la couronne de ſa main.
Et toutefois il eſt certain, que ce fuſt par celles
d'Adrian, l'an huict cens ſeptante trois, ayant
eſté au parauant couronné Roy d'Italie par
Sergius predeceſſeur de Leon, l'an huict cens
quarante-cinq, comme tous noz hiſtoriens racontent. Mais à fin que ie leur en baille vn
ſans reproche de ce temps-là, qu'ils liſent ceſt
ancien hiſtorien Aymon, lequel les dément

Liu. 5.cha.8. lors qu'il eſcrit ce couronnement faict par
Adrian, duquel voicy les mots, *L'Empereur*
Louys aux feſtes de la Pentecoſte, vint à Rome en
l'egliſe ſainct Pierre, & le iour d'apres fut cou-
ronné par le Pape Adrian. Les ceremonies de la
Meſſe paracheuees, il s'en alla auec luy à cheual,
ſuyuy de toute la pompe iuſques au palais Lateran.
Ado en dit le meſme, & nul n'eſcrit le contraire, que ces Lutheriens, & le Puritain de
Angleterre. Ce n'eſt pas parler ſans auctorité, & ſans auoir bons tiltres en main, comme
ces gens font. Ce n'eſt pas nier ſeulement ce
qu'ils diſent, il me ſuffiroit de les rejetter ſur
la preuue : mais c'eſt leur monſtrer tout le
contraire.

✝ Autre ſup-
poſition de
Balee.

ENCOR n'eſt pas Balee content : Car
il aſſeure que ce fut au temps de ceſte paillarde, que le Roy d'Angleterre donna laſche-
ment la dixieſme partie de ſon Royaume, au
Clergé, & aux Moines. S'il eſt ainſi, les Anglois ont bien eſté puſillanimes, d'auoir continué

tinué ce deuoir, impofé par vne femme, & nõ
feulement par vne femme, ains par vne putain
magicienne, condamnée de Dieu & des hommes. Toute fon hiftoire, & de ceux qui l'ont
fuiuy, eft fauffe & fuppofée, comme on peut
voir par la conference de ce que Polidore
tref-bon hiftorien Anglois a efcrit, par le fup-
plement des Chroniques, & autres Annaliftes
qui ont çà & là ramaffé tout ce qu'ils ont
trouué de plus remarquable. Et fans s'arrefter à ce que les eftrangers ont efcrit, voyez
ceft ancien hiftorien Vueftmoftarienfis, natif
d'Angleterre. Celuy là recite en fon liure des
hiftoires Angloifes, que le Roy Æthelulphe,
pour la remiffion de fes pechez fit cefte memorable donation à l'Eglife : s'en alla à Rome
deuers le Pape Leon predeceffeur, difent-
ils, du Pape Iane, où il conduit fon ieune fils
Alphrede.

BALÉE ne s'eft pas mefconté au temps,
mais à la perfonne. Il a defrobé ceft acte à
Leon & Benoift, pour le donner à fa Geliberte, ou Iane. Pour le moins nous deuoit-il
amener quelque vieux regiftre pour preuue
de fon dire, puis qu'il auoit fi bien fueilleté,
comme il dit, le trefor de la grand Bretaigne,
& qu'il eftoit fi bien inftruit & informé des
antiquitez de fa patrie. S'il y euft prins garde,
il euft trouué que le premier, qui rendit tributaire l'Angleterre, fut Inas, l'an fept cens,
trente, qui fe foubfmit à payer vn fterlin pour

*Quand l'An-
gleterre fe rê-
dit tributaire
de l'Eglife.*

R 4   feu.

feu. Le mefme Vueſtmonſtarienſis dict, que c'eſtoit vne piece d'argent, qui s'appelle en leur langue Romeſcot. Ce Prince fut à Rome, où il fit baſtir vn hoſtel & vne Egliſe à l'honneur de la vierge Marie. Adulphe, ou Etelphe depuis confirma ce mefme deuoir. Et encor apres le Roy Iean ſe conſtitua vaſſal de l'Egliſe & du ſainct Siege, au deuoir de mille marcs d'eſterlins payables le iour ſainct Michel, ce qui aduint ſoubs le pontificat de Innocent troiſieſme. Bodin au quatrieſme liure de ſa belle Republique, ouurage non iamais aſſez loüé, dit auoir veu la Bulle au Vatican, dont le Chancelier Duprat legat en fit extraire la copie. L'acte de ceſt hommage porte, que le Roy Anglois cria mercy de ſes pechez. Auſſi auoit-il tué le ieune Arthus Duc de Bretaigne ſon neueu.

N Y l'vn ny l'autre ne ſe peut rapporter au temps de leur pſeudo-papeſſe. Et cependant il ſemble que nous ſoyons obligez d'adiouſter foy à leur ſeul dire. Il faut donc, auec mefme facilité accueillir les Arthus, Lancelots, Perceforeſts, & Gauuains ſortis de ceſte iſle menſongere, auec tout ce catalogue de la table ronde. Auſſi croyable eſt l'vn que l'autre. Or puis que la preuue de ces deux actes les plus remarquables, qu'elle euſt ſceu faire, leur manque, qu'ils nous en donnent quelque autre. En ce temps il y eut vne infinité de monaſteres, vniuerſitez, colleges, & temples dreſſez, reſtaurez,

6
Pluſieurs cho-
ſes lors nota-
bles.

rez, & dotez : & toutesfois nul de sa main.
Pour vne femme de si bon esprit & magicienne , comme ils la depeignent , elle a esté bien
oysiue. Puis que par les voyes inouyes & estrā-
ges, elle estoit paruenue à ce degré: il est croyable, qu'elle eust, pour perpetuelle memoire de
son nom , entreprins quelque chose ; & faict
quelque acte signalé. Estant si haut esleuee, il
est mal-aisé, qu'elle n'eust de grandes esperan-
ces : Car tout ce qui est de vain & de leger en
l'ame, se sousleue au moindre fauorable vent,
qui souffle , disoit Seneque. Qu'est-ce que ceste femme n'eust faict l'ayant à pleines voiles?
Ce sexe de soy mesmes est assez entreprenant *Naturel des*
& hardy , quand il porte la liberté en sa main. *femmes.*
Vne femme a plus de besoing d'instrumens
propres pour executer ce que elle veut, que
pour l'acourager à faire & entreprendre. Aussi
le desir d'honneur & de gloire est si grand en
elles , pour s'esleuer & accroistre, qu'il ne leur
faut donner ny cœur ny ame , pour en rechercher les moyens. Elles en ont assez : & si ne
manquent de ruses , pour conforter leurs des-
sains, ny d'audace pour les entreprendre.

He, qu'est-ce qui est soubs les cieux,
Plus que la femme audacieux?

Disoit Iuuenal. Tout ainsi, dict l'Aristote, que
Nature a faict les femmes plus belles , & tendres, que les hommes ; aussi les a elles faictes
plus fines, cautes, & malitieuses. Cela occa-
sionna Codrus à dire, que le ciel ne contenoit

tant d'estoilles, ny la mer tant de poissons, que
la femme couuoit de fraudes dans son ame
pleine de curiosité. Celle cy si rusée, malicieu-
se, & sourciere, a elle demeuré & vescu du tout
inutile & oisiue sans auoir faict aucun bien ny
mal, dont nous puissions trouuer quelques
nouuelles?

CHAPITRE XXVIII.

TOVT ainsi que les Papes, qui auoyent
establi les Empereurs du couchant, pour
auoir en eux des defenseurs, se reseruerent ceste auctorité, qu'il falloit de necessité prendre
la couronne de leurs mains: Aussi ils leur
octroyerent ce priuilege, que leur eslection seroit enuoyée aux Empereurs pour estre cõfir-
mée, auant que la consecration se fit. Ce qui
commença sous Estiéne cinquiesme, à l'exemple des Empereurs de Leuãt, depuis Iustinian,
de laquelle seruitude, Gregoire le grand se
plaint.

plaint. Ceft honneur n'auoit pas efté octroyé
par les faincts Peres, pour monftrer que leur
dignité defpendit de l'authorité Imperiale,
mais affin que cefte harmonie, monftrat en
leur creation, l'vnité & reciproque volonté de
tous les ordres de la Chreftienté, l'vn reprefenté par le Pape, & l'autre par l'Empereur,&
auffi pour obuier aux tumultes & feditions,
lefquelles à tout propos fur ces eflections ap-
portoyent,& en la ville de Rome, & par toute
l'Italie, mille defordres, ainfi que remarque le
docte Sigon. Cela fe vid pratiqué en Sergie *Combien du-*
deuxiefme, Leon quatriefme, Benoift troifief- *ra cefte cou-*
me, Adrian deuxiefme, tous voifins de la Pa- *ftume.*
peffe, fi elle euft efté au monde, & continué
l'efpace de deux cens ans, iufques à Nicolas fecond, comme i'ay dict cy deffus au chapitre
quinziefme. Pour ceft effect quelquefois les
Empereurs enuoyent à Rome deuers les
faincts Peres, comme fit Lotaire : car fon fils
Louys, qui fuft defpuis Empereur, vint à Rome deuers le Pape Sergie, luy apporter la confirmation de fon pontificat. Ie n'ay amené icy,
que ceux qui ont fuiuy, ou de fort pres deuancé le Pape Iane. Que fi on trouue au fiecle,
qu'on dict, qu'elle à vefcu, Erigene & Valen-
tin n'auoir attendu la confirmation des Empereurs, Ce n'eft pas, qu'ils ne s'en foyent plaints
& les Papes excufez, reiettant la faute fur le
peuple, lequel defirant deliurer les faincts Peres de cefte iniufte obligation, les auoit forcez
de

de prendre la confecration, auant auoir receu
la confirmation des Empereurs. Or nous fça-
uons, & fommes d'accord, de tous ceux, qui
ont confirmé nos pontifes, tant que cefte iniufte couftume a eu lieu. les Allemans ont tenu regiftre de leurs Empereurs, & les Italiens
des Papes. Où eft celuy qui a donné la confirmation à voftre putain ? Quels ont efté les
ambaffadeurs, qu'il a enuoyé deuers elle, comme les autres ont faict ? Comment s'eft elle
excufee, fi le peuple l'a forcee de prendre la
couronne fans attédre la declaration de l'Empereur ? Puis que les hiftoriens partifans des
Empereurs, marquent cefte prerogatiue de
leurs maiftres, en l'efle&ion de Leon, & Benoift, pourquoy euffent-ils laiffé Iane en arriere ? Que ne difent-ils cóme des autres ? Tel
Empereur la confirma ? Mais il eft mal aifé, ou
pluftoft impoffible, dóner preuue de ce qui n'a
iamais efté. Elle ne fe peut trouuer aux chofes
non aduenues, elle a depuis ce temps efté faict
PAPE INTERCALAIRE.

ENCOR que les Empereurs obeyffans
fils de l'eglife, pendant ces deux cens annees
ayent conferué ce priuilege de confirmer les
Papes, fe rendans auffi dignes de ceft hóneur,
qu'ils perdirent defpuis par les indignes pratiques & menees, dont quelques vns vferent
iettant l'eglife en danger euident:Si eft-ce, que
les papes maintenoyent la puiffance & au&o-
rité, que le ciel leur auoit donné fur eux. Ie
veux

veux feulement, parce que cela fert à la defen-
fe de la verité, que ie fouftiens contre leur
Pfeudo-papeffe, monftrer combié ils ont efté,
mefmes au téps, qu'on dict cefte putain auoir
tenu le fiege, afpres puniffeurs des adulteres
& paillardifes des Roys, & des Empereurs. Ie
me contenteray de deux ou trois exemples aduenus enuiron ce téps. Gregoire quatriefme,
pour punir l'Empereur Loys, d'vn adultere
par luy cómis auec vne dame nommeé Iudic,
le fit encloiftrer dans vn conuent pour pleurer
fon peché. Nicolas le grand foudain apres la
papeffe (il eftoit bien hardy tenant le fiege,
d'où vne putain ne faifoit que partir, d'ataquer
ainfi les autres) aduerty que Lotaire Roy dé
Germanie auoit chaffé fa femme Tilbergue, &
receu en fa couche pour efpoufe vne dame   *Valdrade fa-*
d'infigne beauté, nommee Valdrade, putain   *meufe putain.*
fameufe & renommee dãs nos liures, ietta fur
luy les excommunications: pouuoir donné du
ciel, afin qu'il chaffaft fa Valdrade. Il en fit le
mefme fur les Archeuefques de Cologne &
de Treues, lefquels auoyent tenu la main à la
defmefuree paffion de Lotaire. Ces Archeuefques tormentez par le Pape, publierent parmy la Chreftienté plufieurs efcrits en faueur
de ce Prince, contre ce religieux pafteur Nicolas, grand homme de bien. Mais quoy qu'ils
fceuffent faire, il falluft, dict Reginb, que Lotaire obeit, qu'il bannift Valdrade & reprint fa
vraye & legitime efpoufe.

O ɴ

3
Escrits des
Archenes-
ques partisás
de Lotaire.

ON VOIT dans Auantin, les lettres &
defences de ces Archeuefques, fe plaignans de
la rigueur de ce Pape, & les autres efcrits, qui
furent publiez contre le fainct fiege en faueur
de Lotaire. Illiricus ne les a non plus cachez.
Se trouue-il là dedans vn feul mot de cefte putain, qu'ils imaginent affife dans le fiege papal.
On lit auffi dans ce mefme aucteur les belles
lettres de Nicolas, tant à l'Empereur, qu'au
Roy de France, fur ces amours adultères, & fur
ce diuorce, lefquelles ie laiffe pour n'offendre
trop auant le difcours, que i'ay entreprins fur
cest erreur populaire, lequel m'emporte plus
loing, que ie n'euffe penfé. Ce fainct homme
ayant rendu l'ame à Dieu, Lotaire piqué de la
beauté de Valdrade, la rappelle pres de luy, ce
qu'il n'auoit ofé faire, tant que Nicolas auoit
vefcu, qui eftoit d'vn grand cœur, & ennemy
mortel du vice. Mais Adrian reprint fes erres,
& faict citer Lotaire à Rome. Sur quoy voy-cy
les mots de Regino, affin qu'on remarque l'auctorité du fouuerain pontife, fur les fceptres
& couronnes, la pieté, religion, & obeiffance
des Princes de ce fiecle, & que de là mefmes
on tire vne grande preuue côtre ceux, qui font
le fiege Apoftolique, non feulement vne boutique de paillardife, mais auffi, qui ofent y loger vne garfe perdue, apres auoir couru le
bourdel en Angleterre, Allemagne, France,
puis en Grece, en fin à Rome,

Mort de Ni-
colas.

4
Beau dif-

L'AN de noftre Seigneur huict cens foixante
trois,

trois , Lotaire se transporta à Rome, où il fut receu cours de Ro-
fort honorablement du Pape Adrian. Estant par luy sino.
interrogé s'il auoit iusques alors exactement ob-
serué les admonitions & aduertissemens du sainct.
pere Nicolas, & sans enfraindre l'alliance, gardé
la foy, qu'il auoit donnee ayant esté deceu autres-
fois par le maling esprit, qui n'est pas seulement
menteur, mais pere de mensonge. A quoy Lotaire fist
response, qu'il auoit obey à ce qui luy fut commandé
par le Pape Nicolas. Et apres que tous les princi-
paux, qui l'accompagnoyent, eurent faict le sem-
blable, sans que nul dict du contraire, le Pape suit
son propos, Si ce que tu dis est veritable, nous en rē-
dons graces immortelles au Dieu immortel. Il ne
reste autre chose, mon tres-cher fils, si ce n'est que
tu t'approches de l'autel, là où nous immolerons
l'hostie salutaire, non tant pour santé de ton corps,
que de ton ame. Il faut que tuy participes auec
nous, afin que par ce moyen, tu merites estre in-
corporé aux membres de IESVS-CHRIST, du
quel tu semblois auoir esté retranché. Or apres que
la Messe fust acheuée, le Pape appella l'Empereur, Note homme
& tenant le precieux corps de nostre Seigneur en- reformé.
tre ses mains, luy tint ce laguage. Si tu'ne te sens coul
pable du crime d'adultere, qui t'a esté defendu par
Nicolas, & que tu ayes fermement resolu, que iour
de ta vie tu ne te souilleras par le meschant & vi-
lain attouchement de Valdrade ta paillarde, ap-
proche toy sans crainte, & reçois le sacrement de la
vie eternelle, à la remission de tes pechez. Mais si ta

con.

conscience t'accuse, blaissé d'vne playe mortelle, ou
qu'en tõ cœur tu proposes de retourner derechef au
bourbier de paillardise, ne soü si temeraire de le receuoir, de peur que ce que la diuine prouidence a
donné, pour le remede des fidelles, ne soit à ton iugement & condemnation. Ce pauure prince hors de
sens, endurcy en son peché, reçoit des mains du souuerain pontife, la communion du vray corps & sang
de nostre Seigneur, sans craindre ceste sentence es-
pouuentable, qui dict : C'est vne chose horrible de
tomber entre les mains du Dieu viuant. Car celuy,
qui reçoit indignement, mange & boit sa condamnation. Puis se retournant deuers ceux, qui estoyent
de la suitte de l'Empereur, il presente à chascun
d'eux la communion, disant ses paroles : Si tu n'as
tenu la main, ou consenty au crime d'adultere, d'õt
ton maistre Lotaire est accusé, & n'as eu aucune
communication auec Valdrade, & autres excommuniez par le sainct siege Apostolique, le corps &
sang de nostre Seigneur IESVS-CHRIST, te
serue pour aller à la vie eternelle. Ceux qui furent
si outrecuidez, poursuit Regino, de receuoir la
communion, estans coulpables de ce crime, apres
vne telle remonstrance, frappez du iuste iugement
de Dieu, moururent auant la fin de l'année, & fort
peu de ceux, qui l'auoyent suiuy en ce voyage, es-
chapperent la mort. Lotaire sorty de Rome arriuãt
à Plaisance, fut attaint d'vne maladie, laquelle
l'enuoya au tombeau.

Iugement de Dieu.

La pei

La peine & le peché naiſſent tous deux enſem-
ble,

dit Heſiode. Au lieu que Platon auoit eſcrit,
qu'elle le ſuyuoit de bien pres.

La peine lente au pied clochant
Rarement quitte le meſchant,
Qu'il ne luy ait donné l'attainte,

chante le Poëte Lyrique.

VOYLA donc, comme au temps qu'on
dict ceſte Angloiſe auoir tenu le ſiege, nous
trouuons les Papes auoir eſté non ſeulement
cenſeurs de la vie des Empereurs, mais encores puniſſeurs bien aſpres & ſeueres de leurs
paillardiſes & adulteres, bien que leur vie fuſt
de beaucoup meilleur exemple, que celle de
leur infamie & effrontee Papeſſe. Son horrible
forfait deſcouuert miraculeuſement à la veuë
de tous, euſt clos la bouche à Nicolas & à
Adrian, qui venoyent de luy ſucceder. Ils
n'euſſent oſé auec tant d'aigreur pourſuyure
Lothaire, Valdrade, & ces Archeueſques d'Allemaigne, & crier tant contre leur paillardiſe
voilee du pretexte de mariage, faire venir ce
Prince à Rome, pour crier mercy de ſon peché. Si ceſte paillarde euſt pollu ainſi la chaire
de ſainct Pierre, elle euſt ſeruy de deffence
aux Empereurs. Ceſte ſignalee meſchanceté
leur fourniſſoit aſſez de matiere. Volontiers
que Nicolas euſt oſé coucher ces mots en ſes
lettres. *La meſchanceté que l'Empereur a com-*
miſe eſt aſſez cognuë d'vn chacun. Si celuy qui

S   *ſert*

Conſideration remarquable.

sert à ses voluptez, qui ne peut receuoir correction, qui a pollu & soüillé la maiesté Imperiale est
digne de ce nom d'Empereur, &c. Si tout cela
fust arriué en quelque siecle fort esloigné de
celuy de leur Iane, il y auroit de l'apparence de
dire que la memoire en estoit desia perdue:
mais Nicolas la touchoit du doigt. Et neantmoins tous ces escriuains, qui ont prins en
main la deffense de l'Empereur n'en ont pas
dit vn seul mot, pour clorre la bouche à tant
d'accusateurs, & sur tout aux Papes successeurs
d'vne putain.

I L faut aussi considerer, qu'en ce mesme
temps, l'Empereur Michel, ennemy iuré du
siege Romain, publia infinis escrits contre les
saincts Peres. L'epistre qu'il addresse au Pape
Nicolas, se trouue encor, en laquelle on void
Rome depeinte des plus infames couleurs dőt
il s'est peu aduiser. Ce siege, dit-il, est la mesme
Sithie, c'est le siege de la vraye ambition. Il ne
luy restoit autre nom que celuy cy inuenté par
les derniers ennemis de l'Eglise. Le siege adultere, le siege de la putain. Michel n'eust failly
de crier, le siege de ceste putain s'ose-il bander
contre moy ? Celuy de Constantinople est le
vray chef de l'Eglise, & non le successeur de
ceste garse. Il n'eust iamais passé par dessus sans
en faire mention. C'est l'ordinaire de tous les
hommes, quãd ils viennent aux prises, de donner dãs la veuë, auec les traits prins chez ceux
là mesmes qu'on veut offenser, sans les aller
mendier

6
L'Empereur
Michel enne-
my du sainct
siege.

mendier ailleurs. Les brocards poignants &
aigres, qui touchent dans le vif, disoit l'historien Latin, laissent leur aiguillon fiché dans la
memoire de celuy qui s'en sent attaint. Et l'iniure qui a quelque apparence de verité, blesse
& offense plus que celle qu'on iette auec incertitude. Aussi est celle la attachee à noz fautes, & nous effraye de la seule verité, qui l'accompagne, & la met au deuant de nous. Car le
vray donne iustement où il faut : & l'autre ne
peut attaindre si auant, & nous faire vergongne. Aussi voit-on qu'il est naturel de se deffendre le plus des vices, desquels on est le plus
entaché : les autres on les mesprise bien souuét.
Voyla pourquoy ceste preude femme Romaine respondit à celuy qui l'attaquoit dàs le plus
beau de son honneur, Il me suffit que tout le
monde sçait que tu ments. Ces attaques ne
peuuent porter sur moy.

S 2   AV

AV temps qu'ils donnent vie à leur Pape
Iane, les Empires & Royaumes depen-
doyent de la souueraine auctorité & puissance
des Papes , au consentement de tous les peuples & estats de la Chrestienté, Tout passoit
par leur arrest & iugement, La cour de Rome
estoit celle où tous les affaires plus importan-
tes de la terre deuoyent fondre & prendre fin.
Si cela est vray , comme tous noz historiens
escriuent , & toutefois que nul aucteur , au
temps duquel ils parlent , ny depuis de quelque nation ou langue que ce soit , n'ait faict
mention de concile, sinode , bulles , bref , dis-
penses, indulgences, signatures, prouisions, ny
d'aucun acte concernant la religion, la police,
la paix, ou la guerre, fait par ceste femme , qui
pourra croire qu'elle ait iamais esté ? Le seul
Balee, & les Centuriateurs racontent , qu'elle
fit des Prestres, Diacres, Abbez : Qu'elle ordóna , que les priuileges de l'Eglise Romaine ne
pourroyent estre tollus ny ostez , que par la
prescription de cent ans. Et toutefois pauures
Iurisconsultes & historiés tout ensemble, vous
deuiez sçauoir que long temps auparauant Iustinian luy auoit donné ce priuilege. Où est la
preuue de tous ces actes, dont ils parlent ? Où
sont les tiltres de ces fondations ? Nous nous
contentons d'vn seul. Balee seroit aussi empes-
ché de les trouuer, comme il seroit à nous faire
voir le liure de Magie, qu'il dit auoir esté composé par elle. Où sont les escriuains qui ont fait
mention

mention de ces ordonnances & ſtatuts, qu'il
allegue ? Il n'y eut onèques faute en l'Egliſe de
perſonnes de ſçauoir , & curieux de recueillir
& le bien & le mal qui ſe commettoit en la
Chreſtienté. Le ſiege Apoſtolique n'a iamais
eſté deſpourueu de telles gens. Nous ſçauons
combien de fois les Papes , qui ont veſcu en
ſon ſiecle, ont tenu les ordres. Que Leon troiſieſme fit cent vingt ſix Eueſques: Eſtiéne cinquieſme cinq: Sergius ſecond vingt trois: Leon
quatrieſme, ſoixante trois : Benoiſt troiſieſme,
vingt : Nicolas ſoixante cinq : Et ainſi des autres, auant & depuis. Et de ceſte femme point
de nouuelles: il ne s'en trouue rien. En ce meſme temps l'Italie eſtoit affligee de guerres cō-
tinuelles par les Sarraſins , & tourmentee de
factions & ligues particulieres des ſeigneurs
du pays. Les ſaincts Peres auoyent aſſez à faire
à les demeſler, mettre d'accord, & pouruoir à la
ſeureté de la Chreſtienté. C'eſt grand cas que
tous ayent eu à faire à eux, & nul à elle.

E N outre, on voit que contre tous les abus
& accidens qui peuuent ſuruenir, ſoit en la
creation des Papes ſoit és autres choſes , qui
concernent la police Eccleſiaſtique , il ſe trouue infinis decrets & ordonnances pour y obuier , voire meſme contre ce qui n'eſt iamais
aduenu. Et contre ceſt ſcandale , de n'en voir
nulle loy, nulle conſtitution qui en parle, c'eſt
vne preuue certaine & indubitable que ces peres anciés, qui ont laiſſé tant de teſmoignages

*Il y a des or-
donnáces cō-
tre tous les
abus.*

S 3   de

de leur prudéce & vertu, n'en ont onques ouy
parler. Il eſt mal-aiſé qu'il puiſſe tomber en
l'eſprit des hommes queſtion curieuſe, ſubtile,
ou recherchee, qu'elle ne ſe trouue traictee ou
deciſe par nos legiſtes, canoniſtes, ou par les
ſcholaſtiques; meſmes les choſes qui n'ont iamais eſté, & ne peuuent eſtre. Et celle cy ne ſe
trouue auoir receu vne ſeule touche, pour ſçauoir, non ſi les femmes peuuent aſpirer à telle
charge (car on n'en peut douter) mais pour iuger la validité, ou defectuoſité des actes par elle faits : pendant que par ceſte ruſe elle tint le
ſiege; & ſçauoir ſi ſa memoire, cōme celle des
heretiques, pounoit eſtre condamnée apres ſa
mort. C'eſt choſe qu'ils n'euſſent iamais ob-
miſe; ils l'euſſent couplee auec ceſte queſtion
tāt remuee, que ce Preteur Romain Barbarius
Philippus a cauſé, ſur laquelle ils ſe ſont bien
au long esbatus. Ils ſont aſſez curieux és autres
choſes, pour eſueiller les eſprits autant ou plus
eſloignez de la verité, ou veriſimilitude, que
celle cy. Souuent ils employent l'encre & le
papier en telles queſtions, & amuſent les yeux
& les eſprits des lecteurs.

CEVX qui ont ſi bien repreſenté ce monſtrueux Pape, diſent, Qu'on ne peut trouuer
nulle memoire de ſes geſtes, parce qu'ils ſont
condamnez & ſupprimez. Cela n'a pas d'apparence; & ceſte meſme condemnation nous en
euſt donné plus certaine cognoiſſance: Car les
actes par elle faits, ou par ſes officiers, pendant
ſon

ſon pontificat, euſſent eſté mis en controuer-
ſe, la tromperie eſtant deſcouuerte ; tant pour
l'honneur du ſiege Apoſtolique, que pour l'in-
tereſt particulier de ceux qu'elle auoit appellez és dignitez & charges de l'Egliſe. Et puis
que les choſes les mieux eſtablies n'ont pas
faute de gens qui les diſputent, on peut iuger,
ſi les ſiennes du tout nulles, euſſent peu paſſer
ſans attaque, & ſi elles euſſent eſté ſi cacheesʒ
que le peuple ne les euſt eſuentees.

Car. de la choſe faite
Par les grands, bien ou mal le peuple eſt la
trompette.

I L perce iuſques aux plus ſecrets cabinets,
meſmement des grands, qui comme pins plus
eſleuez ſont expoſez à la veuë d'vn chacun. On
a beau tenir des gens de guerre par tout, pour
l'empeſcher de parler, cela augmentera d'auã-
tage le bruit ; & le fera plus grand. L'attente
publique ne peut rien tenir lõguement ſecret.
Il eſt ſceu & diuulgué, d'autant plus qu'on eſ-
ſaye de le rendre incognu. Ceſte deffenſe, que
l'on dit, de n'en faire nulle mention, euſt pluſtoſt accreu l'enuie à vn chacun de les cognoiſtre. Nous deffendre quelque choſe, c'eſt nous
donner enuie de la ſçauoir.

Et volõtiers voit-on renforcer toute choſe,
Tant plus que le contraire au contraire s'oppoſe.

Car, comme diſoit Seneque, l'eſprit humain
de ſon naturel eſt repugnãt & hautain s'effor-
çant contre ce qui eſt defendu. Les choſes pro-

S 4   hibees

Le peuple né peut rien tenir de ſecret.

hibees felon Tacite, ont plus de puiffance, &
chatoüillent d'auantage.

De ce qu'on nous deffend noftre ame eft em-
brafee,

Et toufiours defirons la chofe refufee.

5
Les actes des
Papes par
fois mis en
difpute.
CELA mefme euft fait que la cognoiffance d'iceux fuft venuë doublement iufques à
nous, pendant fa vie, comme des autres Papes,
& apres fa mort, comme d'vn monftre en Nature. Et fi on ne les euft voulu declarer nuls,
au moins pour leur confirmation & affeurance de ceux qui y auoyent intereft, Benoift fon
fucceffeur euft le tout confirmé. Ainfi voit-on
que le fainct Siege en a vfé, lors que le pouuoir de celuy, de l'acte duquel il s'agiffoit,
a efté reuoqué en doute. Comme nous lifons dans les epiftres de Nicolas le grand, en
la refponfe qu'il fit aux Bulgares, fur la queftion par eux propofée, A fçauoir fi les actes
d'vn qui fe difoit preftre, & qui ne l'eftoit
pas, comme il fut depuis aueré, eftoyent bons
& valables. On voit dans nos liures plufieurs
tels exemples, mefmes des Papes. Ie me
contenteray de ces deux, aduenus peu apres
leur Iane, rapportez par Sigisbert, & autres.

6
Sonnet caffez
& annullez.
APRES la mort de Formofe, Eftienne
feptiefme, fon fucceffeur, degrada tous ceux
qu'il auoit confacrez preftres, caffa & reuo-
qua toutes fes conftitutions, comme faictes
par celuy qui n'auoit nulle puiffance de ce
faire,

faire, parce qu'on trouua & verifia que Formoſe auoit eſté degradé enuiron l'an 880. par le
Pape Iean huiᷤtieſme, lequel luy auoit faiᷤt
iurer, & promettre de ne ſe meſler plus d'aucune charge de l'Egliſe, ains viure lay. Eſtienne
troiſieſme auant luy, auoit caſſé toutes les conſtitutions de Conſtantin frere de Toton Duc
de Nepezo, qui s'eſtoit par voyes indues emparé du pontificat. Ie vous laiſſe à penſer, ſi ces
grands Papes Nicolas, Adrian, & Iean euſſent
traiᷤté auec plus de douceur & de courtoiſie
les aᷤtes de ceſte trompereſſe, qu'ils firét ceux
de Formoſe. Et ſi les Prelats & paſteurs de l'E-
gliſe n'euſſent eux meſmes mis la main à l'œuure, afin qu'on ne les peut accuſer d'auoir part
à vne telle & ſi abominable eſleᷤtion.

CHAPITRE XXX.

Toutes les choſes du monde ont quelque ſuieᷤt. 1

L'occaſion de la fable de la Papeſſe ſelon Auantin. 2

Iean neuſieſme appellé la Papeſſe, & pour quoy. 3

Les vices ſouuent dōnent le nom aux hommes. 4

Ieā douzieſme vſurpateur du Pontificat, hõme fort vicieux. 5

Trois courtiſanes, dõt l'vne à vray ſemblablement donné cours à ceſte fable. 6

COMME toutes les choſes du monde les plus fabuleuſes, tous les menſonges les

S 5 plus

Toutes les choſes du monde ont quelque ſubieᷤt.

plus vains & fans couleur, tous les fonges des
poëtes les plus reculez des apparences vrayes,
qui fe rencontreñt dans noz liures Grecs ou
Latins, qu'ils ont diuerfifiez pour l'embelliffement des chofes qu'ils veulent reprefenter, ou
pour le plaifir & chatouillement de ceux qui
les lifent, ont quelque fubiect, qui a donné occafion à l'inuention de leurs autheurs. Et comme les fards ont au deffous quelque corps folide & certain, auffi cefte fable de la Papeffe à
prins fa fource & fa naiffance des desbauches
& diffolutions des Papes Iean neufiefme, ou
Iean douziefme. Car l'vn & l'autre fe font ré-
dus indignes de la dignité qu'ils auoyent occu-
pee. Pendant leur fiecle & defpuis ils ont efté
fort blafmez par les hiftoriens, appellez mols,
effeminez, cóme fi le vice leur euft defrobé le
titre d'hommes.

La volupté & deshonnefte vie,
Toufiours en fin de reproche eft fuyuie.

2
L'occafion de
la fable de la
Papeffe, felon
Auantin.
A F I N qu'on ne penfe que i'aille fanta-
fiant cecy de moy mefmes à la façon de nos
aduerfaires, qu'on life Auantin autheur auffi
ancien, ou peu s'en faut, que ceux, fur lefquels
on reiette la verité de leur Pfeudo-papeffe.
Albert, dict-il, trefpuiffant Prince de la Tofca-
ne euft en fa puiffante Rauenne, Bologne, & Ro-
me. Theodore fa belle mere, laquelle eftoit vne re-
nommee & imperieufe putain, commandant lors
dans Rome, par fes menees fit eflire pontif fou-
uerain de l'Eglife Iean fon bien aymé & fauory,
lequel

lequel auparauant elle auoit faict Euesque de Bo-
logne, puis de Rauenne, d'où ie pense ceste fable
estre sortie, laquelle follement le peuple a embrassé,
qu'vne femme enuiron ce temps auoit tenu le sie-
ge, laquelle se fit appeller Iean. Voila ce qu'A-
uantin en dict, lequel estant né au pays où ceste fable fut premierement accueillie, pouuoit
auoir sçeu, que le peuple auoit baptisé de ce
beau nó de Iane, ce nouueau Pape Iean, amoureux & seruiteur de Theodore. Ce miserable,
par le moyé des brigues & du credit de sa mai-
stresse, auoit esté esleué à la Papauté. Aussi elle
le posseda depuis de telle façon, que tous les
affaires passoyent par ses mains. Il estoit esclaue
de ses volontez, & de sa couche. Luitprand de
Pauie recite ses amours infames & tragicques:
car à la fin ce mal'heureux Iean iustement baptisé du nom de Iane, fust estouffé à la pour-
suitte de la fille de Theodore.

  PENDANT le temps qu'il vsurpa le Pon-   *3*
tificat, ceste Circe ayant la souueraine autho- *Iean appellé*
rité de toutes choses, & tenant ce pauure Iean *Papesse.*
aux ceps, fust appellée du peuple la Papesse,
Ou pour mieux dire, & comme il y a de l'apparence, pour raison de laquelle le Pape mesmes fust appellé Papesse, & au lieu de Iean,
Iane, comme mol, effeminé, & digne plustost
d'estre femme qu'homme, puis qu'il estoit d'v-
ne ame si vile & abbaissee, que de se laisser cómander à vne femme. *Celuy-là te semble-il hom-*
me, disoit Ciceron, auquel vne femme vómande,
                          limite

limite ce qu'il doit faire, deffend ce que bō luy sem-
ble, qui n'ose luy desobeyr. Si elle demande, il luy
faut donner, si elle appelle, il faut venir, si elle me-
nasse, il faut trembler. Celuy-là doit estre appellé
non simple serf, mais esclaue.

Les vices sou-
uent donnent
des noms aux
hommes.

LES VICES de l'ame aussi bien que les
defauts du corps qu'on a remarqué aux personnes, leur ont bié souuent acquis des noms,
comme nous voyons ordinairement appeller
Nerons ceux, qui sont cruels, les voluptueux
Epicuriens, & les coüards effeminez. Voila
pourquoy le legislateur Charondas ordonna,
que ceux qui s'en estoyent fuis de la bataille,
demeureroyent trois iours assis en la place pu-
blicque, vestus de robes de femme, honte &
ignominie propre à punir leur lacheté. Aussi
voit on Paris dans Homere, souuent designé
des qualitez propres à vne femme, & Aga-
memnon en cholere appeller ses soldats Gre-
geoises, & cest autre capitaine les soldats d'Æ-
nee Phrigiennes, pour taxer leur peu de courage. Sardanapale aussi est marqué de mesme
nom par nos historiens. Il perdit son estat, dict
Iustin, par les menees de son Connestable,
parce qu'il auoit honte, qu'auec luy le peuple
& tant de braues hommes fussent vilainement
astraints d'obeir & seruir à vne femme. Quelque lourdaud & mal-aduisé ne s'arrestant qu'à
la letire eust prins Sardanapale pour vne Imperatrice, & Commode pour vne Amasone:
parce qu'esperdu de l'amour de Marcie, il en
                                              print

print l'habit. Cefte fouche & ce trôc de Claudius n'en fit gueres moins.

ON V FFRE va chercher la fource de cefte impofture fur Iean douziefme : & allegue
pour fon autheur Luitprand, lequel a vefcu au
temps dont ils parlent. Ce Iean douziefme n'a
guieres mieux valu, que ceft autre Iean fon
compaignon : & s'eftant emparé du papat, le
poffeda comme vn voleur. C'eftoit vn hôme,
dict Cedrenus, addònné à tout vice, & à toute
mefchãceté. Auffi les Cardinaux, pour le chaf-
fer du fiege, qu'il auoit occupé, implorarent
l'aide de l'Empereur Otho : dequoy ceft vfurpateur aduerty, exerça toutes les cruautés dont
il fe peut adüifer, contre quelques vns, leur
faifant couper le nez & les mains. Il eftoit
ordinairement plongé en fes paillardifes, auffi
mouruft-il, où il auoit vefcu : car il fuft tué entre les bras d'vne femme, ayant efté furpris par
le mary, fur le point de fes embraffemens, ainfi
que aucuns efcriuent.

CEST homme perdu, vfurpateur du fiege
auoit pour fes ordinaires plaifirs, trois courtifanes, Iane, Reynerie, & Stephanie. Et parce
que Iane eftoit la plus belle, & auoit plus de
credit, que les autres, fur fon maiftre, le peuple
luy donna ce nom de Papeffe, ayant horreur
de voir ce monftre (ainfi l'appellent nos autheurs) tenir indignement le lieu, que tant de
faincts perfonnages auoyent poffedé. Sur quoy
les mal-affectionnez au fainct fiege ont ietté
depuis

5
Iean douzief-
me hôme fort
vicieux.

6
Trois courti-
fanes de Iean
douziefme.

depuis leur fondement , mettant au lieu de ceste Iane fauorie de Iean, leur papesse Iane, sous
le masque de Iean septiesme, ou Iean huictiefme. Ie sçay bien, que ceux, qui sont transpor-
tez de haine contre l'Eglise , asseurent tout le
contraire, & disent, parce qu'il leur plaist ainsi
(car autre preuue n'en ont ils pas) qu'il faut
plustost adiouster foy à ceux, qui n'en parlent,
que comme par songe , & par ouyr dire , trois
ou quatre cens ans apres , que non pas à Anastase, Nicolas, Ademare , Luppus, Luitprand,
Auantin, Onuffre, & autres.

> *Chacun se trompe en son faict aisément.*
> *Nostre interest force le iugement,*
> *Et d'vn costé faict pancher la balance.*

CHAPITRE XXXI.

Pourquoy les autheurs de la Papesse l'ont logee en l'an 854. **1**	*Sergius changea le premier son nom.* **4**
Pourquoy on luy a donné ce nom Iean. **2**	*Iean douziesme laisse le nom d'Octauian.* **5**
Pourquoy on l'a mise au rang des Papes de ce nom. **3**	*Pourquoy les Papes changent de nom.* **6**

1
Pourquoy on l'a logee en l'an 854.

IL semble, que les autheurs de ceste chimere
ayent prins occasion de la faire naistre apres
l'an 800. de ce que l'Imperatrice , qui viuoit
de ce temps là , & laquelle manioit entierement toutes choses, se nommoit Theodore. Et
que

que par l'authorité de son nom, & conformité
auec l'autre Theodore bien aymee de Iean
neufiesme,dont nous auons parlé, par le laps
du temps on aye rapporté à ceste Imperatrice,
ou pour mieux dire, à son temps, ce qui estoit
dict de l'autre. Et le mesconte de trente & tãt
d'ans, non seulement ez fictions, comme cel-
lecy, mais aussi ez choses veritables,& qui ont
esté, n'est extraordinaire, principalement à
ceux, qui racontent des choses esloignees de
leur temps & de leur demeure. Et pource qu'à
ce Iean neufiesme effeminé succeda Benoist
quatriesme, ils ont logé ceste femme soubs le
nom de Iean huictiesme, feinct & controuué,
parce qu'à iceluy succeda aussi vn' autre Benoist, à sçauoir le troisiesme de ce nom. Ce
qu'ils ont faict, affin que la conformité des
noms nous ostat la cognoissance de leur ruse
& tromperie.

    Il se peut faire, que les premiers parrains *Pourquoy on*
de ce faux pontife luy ont par rencontre don- *luy a donné ce*
né ce nom Iean,comme le premier venu.Aussi *nom Iean.*
voit-on,que par ie ne sçay quelle coustume,on
donne plus volontiers ce nom, qu'vn autre, à
celuy duquel on l'ignore. Et en quelques lieux
d'Italie c'est vn nom ordinaire par dessus celuy
du baptesme.Mais cela n'est pas sans apparence,qu'il y a eu de la malice:parce qu'encor que
Iean en langue Egyptienne vueille dire puis-
sant, & en langue Hebraïque, grace de Dieu,
si est-ce qu'en l'endroit de quelques nations,
                il a esté

il a esté tenu pour infauste & mal'heureux,
comme des Escossois & Neapolitains, à cause
des Ianes leurs Roynes. Nos Princes François
l'ont estimé infortuné, depuis la prinse du Roy
Iean. Aussi voit-on, que non seulement parmy
le peuple, mais aussi entre les gens d'honneur,
ce nom est prins pour iniure.

M A I s la raison à mon iugement est celle-
cy, C'est qu'ils ont veu, que leur supposition
paroistroit aisément, s'ils mettoyét ceste femme au rang des Papes d'autre nom, car il ne s'y
trouue parmy ceux-là, que peu ou point de
côtrarieté. Et entre ceux qui ont porté le nom
de Iean, il y a infinies variations en tous nos
historiens. Mais encor ils n'ont peu faire, que
leur malice & mauuaistie ne se voye à descou-
uert : car comme i'ay remarqué cy dessus, le
trouble, qui est dans l'histoire sur ces Ieans,
n'est suruenu, que depuis ce meschant Iean
douziesme, dont nous venons de parler : car
ayant esté chassé iustement, & puis encores de
nouueau s'estant emparé du pontificat, ceux
qui mirent par escrit les vies des souuerains
peres, d'vn en firent deux : & cependant à raison de leur ignorance, causerent en l'histoire
beaucoup d'erreurs. Peut estre ont-ils voulu
mettre ceste femme au rang des Papes portans
le nom de Ieã, parce qu'entre tous ceux, qu'on
a notez indignes de ce grade, les Ieans ont
tousiours esté des premiers & des plus cha-
fourrez : Que ceux, qui par le vice & mauuaises
moeurs

3
Pourquoy ils
ont mis la Pa
pesse au rang
des Papes ap-
pellez Ieans.

mœurs de quelques vns veulent enfeüelir les
rares vertus de tant de fainéts perfonnages &
martyts qui ont tenu les clefs de l'Eglife, prennent
garde ; que tous les Papes qu'on a nottez
pour hommes vicieux ont enuahy le Pontificat
ou par force, ou par l'authorité & puiffance
que la grandeur de leur maifon leur auoit acquis
en Italie ou à Rome, ou par les brigues &
menees des Empereurs & Potentats Chreftiés.
Au contraire ils verront toufiours les faincts
Peres qui ont efté efleus par l'affemblee, fans
eftre forcee ny brigandee, tref-bons, tref-pies,
& religieux, comme appellez à cefte authorité
& grandeur par la voye du fainét Efprit.

Puis que ie fuis fi auant fur ce nom Iean,
ie voudrois que ceux qui parlent fi affeurémét
de cefte pfeudo-papeffe, me diffent comme elle
fe nommoit lors qu'elle fut appellee au Pontificat.
Elle eftoit ia docteur regent, elle auoit
leu trois ans. Ils refpondront (car tous l'affeurent)
qu'elle fe faifoit nommer Iean l'Anglois,
ayant quitté le nom de Geliberte, ou d'Agnes.
Doncques à leur conte, elle retint le mefme
nom apres auoir efté appellee à la Papauté.
Toutefois Sergius, qui viuoit dix ans deuant le
temps qu'on a eftably fon fiege, auoit introduit
la couftume de changer de nom apres l'election,
auant fortir du conclaue. Quelques vns
efcriuent que Sergius le changea, parce que
le fien eftoit laid, mais ils fe trompent car c'eftoit
le furnom, eftant forty de la famille illuftre

Sergius qui changea le premier fon nom.

T   ftre

stre d'Osporco. Il laissa son nom, & print celuy
dé Sergius , lors qu'il fut creé Pape , en l'honneur, & pour la memoire de son pere, qui s'appelloit ainsi: ou peut estre qu'il le fit ayant sou-
uenance que le Sauueur du monde auoit chá-
gé le sien à sainct Pierre. Ce que Dieu n'a iamais fait, ainsi qu'on remarque en l'histoire sa-
cree, sans quelque grand effet, comme discourt
sainct Hierosme sur celuy que Dieu fit du nom
d'Abraham, & du prince des Apostres.

Iean 12. lais-
se le nom de
Octauian.

IE scay bien qu'on a remarqué Platine s'e-
stre trompé, comme souuent cest autheur s'est
mescôté, & que ce fut ce Iean douziesme trop
remarqué dans les Annales Papales, qui intro-
duisit ceste coustume de changer le nom , lors
qu'on reçoit les clefs de sainct Pierre. On dit,
qu'il quitta ce superbe nom d'Octauian , qu'il
auoit porté du baptesme, ou de la confirmatió,
pour prendre celuy de Iean: Que cest autre res-
sentoit trop son guerrier, & le paganisme. Mais
il n'est pas croyable que celuy qui n'eut iamais
tant soit peu de consciéce, qu'à bien faire, eust
esté si conscientieux: ou comme vn autre Neron il se transforma, apres qu'il eut attaint où
il aspiroit : car, peut estre, lors de son election.
encor que ce fust par les menees que nous a-
uons dit, il donnoit quelque esperance de bonté. Dieu, dit Theophilacte, *considere l'estat de
la personne, lors qu'il est appellé. Il ne chasse aucun, à raison de sa future malice, mais accepte vn
chacun par la presente bonté.*

ALLONS

ALLONS chez les eſtrangers mandier
vne autre raiſon de ceſte mutation de nom, laquelle a plus d'apparence, que celle que les
noſtres amenent. Calcondile en ſon hiſtoire
des Turcs, parlant des electiõs de nos Papes,
dit ainſi, *La couſtume eſt de luy changer inconti-*
nent ſon nom, comme s'il eſtoit monté en vn degré
d'vne plus eſleuee nature, & autre, que non pas
lors qu'il eſtoit vne perſonne priuee. Encor que
Sergie l'ait fait pour l'honneur de ſon pere, ou
Iean pour quitter ce nom payen, peu conuenable au premier & plus grand de tous les
Chreſtiés, il ſe peut faire, que leurs ſucceſſeurs
ont ſuiuy ceſt exemple, à fin de teſmoigner par
là, qu'entrant en ceſte charge trop peſante au
plus fort Atlas, qui fut iamais, diſoit le Pape
Adrian, il faut laiſſer la vieille peau, & deuenir
vn nouueau homme. Qu'il faut que Silueſtre
ſoit autre que Herbert : Clement autre que
Bertrand: Pie que Michel. Toutefois ceſte couſtume n'oblige pas celuy qui eſt eſleu, qu'il
ne puiſſe retenir le ſien, comme a
fait en noſtre ſiecle Adrian
ſixieſme, & Marcel
ſecond.

T 2   CHA

6
Pourquoy les
Papes chan-
gent de nom.

Adrian. 6.
hic ſitus eſt,
qui nihil ſibi
infœlicius in
vita quam
quod impera-
ret duxit.

CHAPITRE XXXII.

ENCOR que la preuue de la negatiue de
vne chose qui n'a iamais esté, soit non seulement difficile, mais presque impossible: toutefois si on pese toutes les circöstances qui sont
icy representees, on trouuera que iamais chose
ne fut mise en auant auec si peu d'apparence
de verité que celle-cy. Il n'y a rien qui nous y
attache, & qui ne souffre solution plus vray-
semblable que leur conclusion plus pressante.
Ceste fable sotte & inepte a prins pied parmy
nous, comme l'histoire de ce preux Palladin
Rolland, duquel non seulement noz Romans,
mais aussi noz historiens & chroniqueurs racontent tant de merueilles, esleuans iusqu'au
troisiesme ciel ses faits cheualeureux, auec
tout ce long discours de la trahison de Gane-
lon à Ronceuaux, de son espee Durandal. Et
neantmoins ce sont choses fabuleuses, indignes d'estre inserees dans des liures qui portent tiltre d'histoires.

Nous sommes tous presqu'aueuglez,

Emba

Embaraffez de tromperies,
Par fables & par menteries.

difoit Pindare. Mais fi ne faut-il pas, comme
difoit vn autre,

Mefler les contes & les fables
Parmy les difcours veritables.

Non pas que Rolland n'ait efté, mais de tous
ces furieux combats, & autres chofes qu'on raconte de luy, que ces autheurs ont puifé chez
l'Archeuefque Turpin, il n'en eft rien du tout.
Eginard, qui a naïfuemét efcrit la vie de Charlemaigne, ne dit rien de tous ces contes, ains
feulement qu'au retour d'Efpaigne les Bafques
drefferét vne embufcade à l'Empereur, où Rolland Admiral de la mer du Ponant, ou de l'Oc-
cean Anglois fut tué, duquel il ne dit autre
chofe. Ce ne feroit pas vne petite & legere en-
treprinfe, à qui voudroit enleuer de la ceruelle
des hommes, ce qui fe raconte de ce cheualier   *Les opinions*
Françòis, qui gift à nos portes, non plus qu'aux   *ançiénes nous*
Anglois, ce qui fe dit de leur Arthus, ou Mer-   *emportent.*
lin. Cela meshuy a gaigné trop d'auantage.

L'opinion conceuë
Demeure pour iamais, depuis qu'on l'a receuë.

Elle fuit à credit les creances anciennes, foubs
l'authorité & reuerence defquelles l'impofture
volontiers fe tapit: car bien fouuent on diroit,
que la verité & le méfonge ont les aleures pa-
reilles, font parés de mefme ornement,
& ont le gouft tout femblable. *Ie ne fçay par*
quel mal'heur, difoit Seneque, *ny comment cela*

T 3   *fe*

se fait , que les choses fausses nous troublent , &
donnent plus dans l'ame que les vrayes. Celles-cy
ont vne certaine mesure , les autres sont abandon-
nees à la vaine coniecture & licence de l'ame.

Nous embraſſons ce qu'on dit à bras ouuerts,
& donnons en proye noz oreilles à toute ſorte
de diſcours, & au premier venu : puis comme
nous l'auons prins des mains d'autruy, & à credit, nous l'enuoyons apres à ceux qui nous ſui-
uent : & ceux-la de main en main aux autres.
De ſorte que ce qui n'auoit nul fondement, ſe
trouue enfin ſeruir de religion , & de loy,
comme il eſt aduenu à ces beaux diſcours de
Rolland, Merlin, de la Papeſſe Iane, & autres.

Nous nous laiſſons aller comme le bois qui plie
Soubs la force d'autruy, qui la tord & manie.
diſoit vn ancié : Et ſommes tous agitez par des
flots de diuerſes penſees, & bien ſouuent ren-
uerſez par de merueilleux & boüillás reflus de
affectiós diuerses, & contraires, leſquelles nous
emportét bien loin hors de la droite route. A

2
Parmy ces te-
nebres la clar-
té paroiſt.

COMME ſi Dieu ne permettiámais que lon
puiſſe tellement faire gliſſer vn menſonge en
choſe d'importance , qu'il n'y reſte aſſez de lumiere pour deſcouurir la fauſſeté, qui eſt cá-
chee au deſſoubs, ſi on y veut prendre garde de
pres : ainſi en ce fait, on trouuera par les raiſons
que i'ay repreſentees le plus particulierement
que i'ay peu, que iamais fable quelcóque n'eut
ſi peu de vray-ſemblance, que celle-cy. Ie me
ſuis ſouuent eſtonné cóme ceſte opinion auoit
peu

peu gaigner telle place parmy les gens d'entendement, car le simple peuple est excusable.
Sa creance resemble le soulier de Theramenes
bon à tous pieds. Il parle de la plus part des
choses par opinion, & de fort peu selon le
vray: & au lieu de publier la verité, qui luy est
permise, il aduance des menteries, parce qu'elles luy sont prohibees.

  L'incertain peuple en soy se va distraire
  D'opinions l'vn à l'autre contraire,
disoit le graue-doux Virgile. Et Pindare,

  Cent mille & mille erreurs noueaux
  Naissent tousiours dans leurs cerueaux.

  A V S S I ses oreilles s'alongent & s'ouurêt
plus volontiers à ouyr le mal que le bien. Elles
resemblent les cornets ou ventouses, lesquelles apposees sur la peau attirent le mauuais
sang. C'est pourquoy Demonstene disoit qu'v-
ne partie de l'eloquence estoit de parler contre
l'honneur d'autruy. Car cela rend l'auditeur
beneuole, attentif, & fauorable, (laides passiôs
de nos ames.) Et voit-on communement que
lon donne plus de creance aux choses inuen-
tees aux despens de quelqu'vn, qu'on ne faict
aux iustes louanges & merites de celuy qu'on
veut despriser, & à qui on les desnie. C'est la
coustume de la plus part des hommes de tenir
le mal pour aueré, encor qu'il soit faux. En
quelque façon qu'on l'ait ouy, on veut qu'il
soit ainsi: on n'en veut rien rabbatre.

T 4   L'hom

L'homme toufiours eſt plus prompt à eſcouter
Pluftoſt le mal que le bien raconter.

Entre tant de fables que nous auons, & celle
de ceſte Papeſſe, ie ne voy qu'vne ſeule difference. C'eſt que les autres portent leur decry à
cauſe de leurs autheurs, qui ſont ordinairemét
Poëtes ou Romans, auſquels il eſt permis ſe
peindre des chimeres en l'air, & des ſonges de
l'Arioſte, tout ainſi que leur fantaſie les produit. Au contraire celle-cy eſt eſcrite par ceux
qui portent le nom d'hiſtoriens.

¶
Ceux qui ont
en paſſant
touché ceſte
fable.

NE dites pas vous opiniaſtres, que ie ſuis
ſeul de ceſte opinion, que tout le monde le
croit, ſans qu'il ſe trouue nul autheur qui ait
oſé y contredire, & que

Ia mé en vain publique renommee

Ne ſe trouue auoir eſté ſemee,

comme diſoit quelqu'vn : ains Plutarque ie vous
accorde que depuis les inimitiez entre les Papes & les Empereurs, & ces remuemés de religion qui ont comme fiers torrens, entrainé &
diſſipé toutes choſes, ç'à eſté la commune opinion du peuple & de ceux qui n'ont voulu
prendre la peine de rechercher le vray. Mais
le temps en fin monſtre la verité,

chantoit Pindare. Ie ne ſuis pas tout ſeul, puis
que deuant moy Bucingerus en Allemaigne,
Bartholomæus Carranſa en Eſpaigne, Onuffre
& Bellarmin en Italie, Copus & Sanderus en
Angleterre, Turrianus en Flandres, Pontac, Ge-
nebrard, & Maſſon en France, ont decrit ceſte

I pour   T   Papeſſe

Papeſſe Iane n'auoir iamais eſté. Que ſi c'eſt
ſeulement en paſſant, & comme à demy mot,
qu'ils en ont parlé, ſans que ces beaux & rares
eſprits ſe ſoyét empeſchez; comme i'ay faict à
repreſenter au long les circonſtances & particularitez de ceſte fable; ce n'a pas eſté a faute
de matiere, puis que i'en ay trouué aſſez, en vn
lieu ſi eſloigné, que celuy cy, du commerce des
auéteurs rares, chez leſquels il m'a fallu çà & là
faire la queſte, & mendier ce que i'en ay eſcrit.
Mais c'eſt qu'ils ont iugé ceſte opinion ſi legere, fondee ſur tant d'incertitude , & engagee
parmy tant de contrarietez & froides inuentions, qu'ils l'ont tenue à meſpris. Et à la verité
iugeant les choſes ſans paſſion & affection ; ſi
nul liure des Iuifs nos ennemis anciens, ſi nul
Grec, puis que Calcondile eſt falſifié , nul Anglois, que Marian, qui n'y penſa iamais comme
i'ay monſtré , Galphridus qui a corrompu Sigisbert (car il ne faut mettre en conte ceux,
qui depuis trois iours ſoubs la foy des Centuriateurs & de Balee, en ont voulu parler) ſi nul
Eſpagnol, nul Flament, nul François (ſi ce n'eſt
depuis ces bouleuerſemens, que la diuerſité de
religion a cauſé) car il ne faut mettre Sigisbert
en conte; ſi nul Allemand deuant Polonus, qui
a veſcu tant d'anhees apres le temps, où ils logent ceſte garſe, & qui parmy la varieté des
exemplaires ont laiſſé au lecteur beaucoup de
doute? Si nul heretique , nul ſchiſmatique de
ceux qui ont veſcu en ce temps-là , leſquels

n'euſ

Belles conſi-
derations ſur
ceſte fable.

n'euſſent peu contenir ny leur langue ny leur
plume, pour vn ſi beau ſubiect, ce ſeroit choſe
trop eſloignee de leur naturel. Si nul Italien deuant Bocace, & Antonin, leſquels en parlent
comme d'vne choſe incertaine & douteuſe: Si
de tant de milier d'eſcriuains, qui ont veſcu depuis, nul ne l'oſe aſſeurer non pas meſmes en
parler: Si le Poëte Dante, qui n'a eu craine de
peindre au vif les papes vicieux, ou pour
mieux dire les vſurpateurs du pontificat, qu'il a
logé dans ſon enfer, n'a ouy nulles certaines
nouuelles de la papeſſe, de façõ qu'il n'a oſé la
leur donner pour compagne. Si Machiauel, qui
par ſes diſcours poignãs, ne pardonne à perſonne, ny à grãdeur quelconque ſoit Papale ou Imperiale, n'a donné nulle atteque à ce Pape Iane,
ny faict mention d'elle, comment eſt-il poſſible
qu'vn homme bien ſenſé puiſſe eſtre ſi credule,
de croire que ceſte femme ait occupé le ſiege
Apoſtolique? Il eſt bien ſeant de fonder ſon aduis ſur la raiſon & auctorité, quelque eſtrange-
té que la choſe contienne en ſoy, puiſque c'eſt
la ſeule raiſon, qui nous paye & fournit ce que
noſtre iugement trouue à dire.

MAIS croire vne Allemande, ou Angloiſe,
appellee ores Agnés, tantoſt Gilberte, puis Iſa-
belle, Iuſte, Dorothee, en fin Ian, fille d'vn preſtre, renfermee dans vn conuent, debauchee là
meſmes, cõduite deſguiſee aux eſcoles d'Angleterre, d'Allemagne, de France, & en fin d'Athenes, gatſe d'vn eſcolier, ou d'vn moine, rendue
ſçauan

Trop de cho-
ſes eſt ranges
enc e conte,

faulſſe, magicienne, ſorciere, mettât ſes œuures
en veüe, puis tout à coup priſe à Rome pour vn
Anglois, eſleu docteur, faict pape du commun
conſentement du Clergé, du peuple, de l'Empereur, engroſſée par vn Cardinal, ou par ſon
valet accouchée d'vn enfant maſle, à la veüe de
tout le mõde, en la proceſſion ou durât la Meſſe, ſoudain morte & enſeuelie ſans hõneur dãs
la rue publique, condamnée ſans forme de iuſtice, ou pendue auec ſon eſcuïer, vne ſtatue pour
memoire perpetuelle, vne loy pour y pouruoir
à l'aduenir ordonnée, vn chemin tout nouueau
en deteſtation de ſa memoire, auec ceſte belle
chaire, ce batelage & ſale viſite, qu'ils nous de-
peignét. Il y en a trop, pour nous en faire croire quelque choſe. Tant plus il y a de l'art, plus
il y a de la fraude cachée au deſſoubs, dit le pro-
uerbe ancien. C'eſt au lieu de nos hiſtoires ſacrées & eccleſiaſtiques, nous mettre en main
des fables, & les inuectiues des meſdiſans, leſquelles ſe gliſſent aiſément

dedans noſtre cerueau,
Qui touſiours produiſant quelque mõſtre nouueau,
Pour lors choiſit le plomb, pour l'hiſtoire la fable.

C'eſt nous rendre trop credules à la honte de
ceſte tant belle ſucceſſion, que Dieu a eſtably
pour marque principale de ſon egliſe.

VOI-LA ce que i'ay peu recueillir de plus
remarquable ſur ceſte Iane pſeudo-pontife, ſi
renommée, qui eſclaircira, ſi ie ne me trompe,
ceux qui ſont encor en queſte de la verité.

Oi ti   Toy,

Concluſion &
excuſe de l'au-
theur.

Toy, qui as humé ce doux aer, qui ne respire
qu'à petites haleines dans ce bout du monde,
où la fortune m'a relegué, excuse ie te supplie
mon langage, qui aura offencé tes oreilles Fra-
çoises. On a beau se couurir, le naturel tousiours paroist. Cela peut estre te fera trouuer
ce discours trop estendu & alongé. Accusez en
le subiect, qui est si fertile de soy, encor qu'en
prime face il semble sterile, que ie n'ay sçeu
m'en demesler à peu de mots. Il m'a fallu toucher plusieurs particularitez. Car comme vn

Comparaison. pauure passant, eschappé en chemise des mains
de quelques bandoliers, prend çà & là où il se
rencontre, pour se couurir quelque piece d'ha-
billement tel qu'on luy donne, de sorte qu'arri-
uant chez soy, on le trouue si bigarré, que si
on ne le despouille du tout, il est mal-aisé de
le recognoistre. Ainsi ceste O H D M E R I O Y
P I A R A ss se estant coulee des mains de ses
premiers peres & auteurs, nue, simple, sans artifice, soubs le sauf-conduict d'vn seul ouy
dire, nous auoit esté depuis enuoyee si degui-
see & trauestie, qu'il estoit tres-difficile, apres
qu'vn chascun luy a eu donné vn traict de sa
main, luy leuer le masque, affin de faire voir
au iour son imposture. Si piece à piece ie ne
l'eusse demontee & mise à nud, cóme i'ay faict,
afin que honteuse, elle s'aille cacher sans vser
desormais paroistre.

L'autheur Ce me sera vn singulier plaisir & conten-
s'addresse à tement apres ceste petite & curieuse fatigue,

si ie

fi ié vous voy auoüer, vous dis-ie, qui m'auez *ceux qui luy*
contrainct mettre à la veüe d'vn chacun ce que *ont donné oc-*
i'en ay efcrit, que ie vous ay apporté le iour, *cafion d'efcri-*
dans lequel fi vous n'y pouuez voir la lumiere, *re fur ce fub-*
iect.
ce n'eft la faute de celuy qui la vous prefente
ny l'obiect, mais de la foibleffe de vos yeux,
qui fe perfuadent voir le contraire. Ie pourray   *Fole de la*
dire que vous eftes de la race d'Herpafte fole   *femme de Se-*
de Seneque, laquelle ayant perdu la veüe, ne fe *neque.*
pouuoit pourtant perfuader d'eftre aueugle,
criant fans ceffe apres fon gouuerneur, qu'il la
laiffat fortir pour voir la clarté du foleil, que la
maifon de fon maiftre eftoit deuenue obfcure.
Si vous n'y voulez voir, ne vous en prenez pas
à moy, qui vous ay mis en plain midy, n'ayãt
autre fin plus defiree, qu'à deffiller vos yeux,
& combattant l'incertitude de ceux de l'auctorité defquels vous vous couurez, reprefenter
l'occafion & fource de cefte fable. Tenez-la
deformais pour telle, foubs la parole & caution de tant de graues aucteurs que ie vous ay
mis en auãt. Apres lefquels fi vous vous efcar-
tez tant foit peu, fi vous abandonnez voftre
croyance, fi vous vous monftrez fi faciles, &
ployables à la moindre ondee qui vous pouffe,
ie pourray auec la verité dire, que c'eft quelque mauuaife affection qui vous porte & faict
tenir pour veritable ce qui fe defment de foy
mefme.

F I N.

SONNET.

Les François n'ont voulu fuyuant la loy Salique,
Qu'vne femme succede à nostre royauté.
Les Romains la priuoyent du droict d'heredité:
Les Grecs luy deffendoyent tout estat politique.

Les loix luy prohiboyent toute charge publique.
Quelques autheurs, autheurs de ceste fauceté,
Voyant la femme infame, estant sans dignité,
Mentoyent, & la mötoyent au siege Apostolique.

Mais Ramond a purgé ce populaire erreur,
D'autant que le Papat surpasse en tout honneur,
Royaume, heredité, gouuernement, office.

D'autant Ramond surpasse, au subiect que tu vois,
En droict, en equité, en raison, en iustice,
Les Fräçois, les Romains, & les Grecs, & les loix.

H. L. Sieur Dè-PORCHERES
Prouençal.

L'AVCTEVR AV LECTEVR.

Lors que cest erreur des erreurs m'eschappa des mains, ie pensoù auoir rendu tous ceux, qui tenoyent ceste inepte creance auſsi muets, que les grenouilles de Serife, n'estimāt iamais qu'il y euſt homme bien senſé, qui oſaſt meshuy chercher la verité dās le menſonge, & l'histoire dans vne fable ſi groſsiere & maniable, cõme eſt celle cy: Neātmoins i'ay eſté trõpé, car du plus profond de Bearn vn miniſtre du nouueau Euangile a oſé mettre la main à la plume ayant auſsi hardimēt mis ſon nom au front de ſon diſcours, comme auec vne honneſte vergongne, i'auois caché le mien. Car cõme mõ deſſeing n'a iamis eſté de me mettre en credit & reputation par ces petits auortons, qui ſortent de chez moy (ce ſeroit vouloir ſur le ſable baſtir vne gloire ſolide) auſsi ay-ie taché d'euiter la honte. Ce qui m'auoit occaſionné de taire mon nõ, qui ne pouuoit tenir rang parmy tant de doctes eſprits, dont noſtre France eſt riche. Mais puis que ceſt auĉteur a prins d'vn biais tout contraire, la crainte loüable qui
m'a

m'auoit retenu, i'ay esté content tirer le rideau, & ne me produire en public: & neantmoins luy faire ce bon office de supprimer le sien, puis qu'il a si mal rebatu la poincte de mes argumens. Aussi luy ay-ie de l'obligation: car il m'a traicté doucement, & auec la modestie, de laquelle il doit faire profession, puis qu'il se dict ministre de la parole de Dieu. Aussi est il cause que i'ay reueu de nouueau ceste Papesse, laquelle aura bien meilleure grace, qu'alors que premierement elle trauersa nos Landes, pour aller voir le Bearn: & que i'ay entreprins vn plus long & serieux ouurage, duquel ie suis venu à bout, pour respondre aux iniures & calomnies semees dans son discours, qu'il a estendu bien au long côtre le sainct siege & l'aucthorité pontificale, renuersant le plus souuent auec ceux de son escole, la verité de l'histoire de l'eglise: Attendant donc, Lecteur debonaire, que ie te face voir ce furieux & formidable Antechrist, enuelopy de diuerses pieces, considere, ie te prie, & fais ton profit de l'opiniastreté de ceux qui vaincus & hors de defence, se persuadent que l'aduantage est de leur costé, qu'ils sont seuls clairvoyans. Que doiuent-ils faire lors qu'il faut trouuer l'issue des tenebres Cimmeriennes parmy lesquelles bien souuent la saincte parole est enuelopee, puis qu'ils osent obscurcir le iour si clair & luisant, qui paroist en l'histoire de ce faux pontife qu'vn a fantasié. Mais en despit d'eux la verité tousiours se monstre: Car il n'y a poincte si aigue, qui ne s'esmousse, voire ne se rompe contre son bouclier, dict sainct Augustin.

C'A

C' A touſiours eſté la couſtume de ceux qui ſe
ſont ſeparez des bandes Catholiques, de ne deſmor-
dre iamais ce qu'ils auoyent prins en deffence, ains
tenant pied ferme encor ſur le dernier ſouſpir de
leur vie, abbatus & terraſſez, chanter neantmoins
leur triomphe, taſcher à ſe remuer & leuer d'autant plus la teſte comme le ſerpent ecraſé. Mais ils
n'ont iamais peu faire que leur cheute, leur infamie, & les faux tiltres d'honneur qu'ils s'attri-
buoyent, ne ſoyent manifeſtez de plus en plus.
Comme on peut voir dans les glorieux eſcrits de ces
anciens Capitaines Catholiques, qui ſont touſiours
reuenus victorieux & chargez des deſpoüilles de
leurs ennemis. Ainſi ont voulu faire n'agueres noz
reformez, apres ceſte notable conference tenue à
Mante, d'où ce merueilleux eſprit, lumiere de noſtre
aage, a rapporté vne memorable victoire. Car ils
ont oſé publier que l'honneur leur eſtoit demeuré.
Et quoy qu'ils ayent quitté le champ de bataille, ils
eſleuent les Lauriers & les palmes. Ils me ſont re-
ſouuenir de ceſt Atlethe qu'on voit brauer dans
Philoſtrate, lequel poudroyé & foulé aux pieds
par ſon aduerſaire, à la veuë de cent mille ſpecta-
teurs, publioit qu'il auoit emporté le prix : & de
ceſte femme morte qu'on voit dans vne ancienne
inſcription latine, laquelle plaide encores & con-
teſte auec ſon mary viuant. Courage, grand DV
PERRON, ceſte premiere victoire ſera ſuyuie
de pluſieurs autres, ſi tes aduerſaires oſent tenter
vn ſecond combat, & entrer de nouueau en lice,

V Il

Voy Victor de
perſec. Van-
da. & Opta-
tus Mileui-
tanus.

Confereče te-
nue à Mante
entre le ſieur
Du Perron
& deux Mi-
niſtres.

306

*Jl faut , auec ces armes vuider noz differens , &
non pas auec le fer & le feu nous entre-deſtruire.
Dieu te reſeruera encores , s'il luy plaiſt , & vn bon
nombre de langues , & plumes eloquentes &
ſçauantes , pour ſeruir à ſa gloire, &
à la ruine des ennemis de
ſon Egliſe.*

RESPON

RESPONSE· DE R. T.
A L'A·V·C·T·E·V·R·DE
L'ERREVR POPVLAIRE.

’A Y leu & releu le liure intitulé, *Erreur populaire de la
Papeſſe Iane* d'vn bout à l'autre , le plus. attentiuement
qu'il m'a eſté poſſible,& de-
ſireroïs de tref-bon cœur,
non ſeulement que ceſte Papeſſe n'euſt iamais
eſté, mais auſſi que tous ceux qui ſe ſont dicts
Papes de Rome, euſſent eſté ſi gens de bien,
que par leur bonne vie & ſaincte doctrine ils
euſſent fermé la bouche à ceux qui de tout
temps, & auiourd'huy plus que iamais, crient
contre leur impieté & tyrannie.Mais puis que
lon ne cognoiſt nul amendement, il me ſemble que tous ceux-là obſcurciſſent, entant que
en eux eſt la gloire de Dieu , qui pour couurir
leurs desbordemens ſi manifeſtes , ne font difficulté de deſmentir tant de ſcauans perſonna-
ges,leſquels forcez par la verité ont raconté la
choſe comme elle s'eſt paſſee.

En tel rang pouuons nous mettre l'autheur,

V 2

quicon

quiconque foit de ce nouueau liure, qui def-
garny de raifon, voulant abbatre l'authorité
des autheurs, ne peut leur obiecter autre chofe, finon qu'ils ont efté long temps apres cefte
Papeffe, ou bien qu'ils font calomniateurs, &
quelques autres fufpects d'herefie.Et toutefois
lon fçait que la plus grand part de ceux qui
ont efcrit l'hiftoire de cefte Papeffe, eftoyent
& ont efté toute leur vie de la religion Romaine.

*Le lecteur confiderera de pres dans mon difcours
en quels termes,& en quelle façon ces autheurs Catholiques parlent de cefte fable.*

Luy mefme confeffe que Marianus Scotus
qui en a efcrit des premiers, eftoit moine. Et
en vn autre endroit il aduoüe que cefte mefme
hiftoire a efté efcrite par Anthoine Archeuefque de Florence. N'eft-il-pas à croire, que ceux
là ont autant aymé l'honneur & bonne reputation des Papes, que ce nouueau autheur? Il
n'obiecte autre chofe à Iean Lucide, qui a
maintenu la verité de ce faict, finon qu'il eft
trop recent pour en faire cas : mais quelqu'vn
pourroit repliquer, que par mefme raifon il ne
faudroit faire aucun cas de fon dire, veu qu'il
eft plus recent que Lucide.

*Ouy mais Lucide l'a recité,comme hiftorien fans
autheur de mife, & ie monftre auec infinies auctoritez*

ritez & raisons prinses du faict mesme, qui est vne
preuue merueilleuse & concluante en matiere de
iugemens, que ce ne sont qu'inuentions ou sottes
ou malicieuses.

Ce reformé est pardonnable, car peut estre
il pense que Lucide soit quelque bon homme du
temps passé, & il ne fait que naistre: car il escriuit
l'an mil cinq cens trente sept, lequel n'a pas comme
il dit, maintenu la deffense & la verité du fait, ains
seulemét vsé de ces mots. Iean Anglois femme deux
ans vn mois. Pendant ces deux ans nous pouuons
dire le siege Romain auoir vacqué, parce qu'vne
femme n'est capable du Pontificat. Voyla tout
ce qu'il dit. Ce Iean Lucide est vn nom em-
prunté, à ce que i'ay apprins d'vn docte person-
nage, lequel disoit auoir ouy dire à Postel, qu'il
auoit cognu l'autheur d'iceluy, qui couurit son nom
soubs celuy de Lucide, l'ayant prins pour dire que
c'estoit luy qui apportoit vne nouuelle lumiere à la
chronologie.

Il dict que Sigisbert, qui a vescu iusques en
l'an mil cent trente vn, & qui recite ce mesme
faict, n'a peu asseurer sans caution ce, qui se
faisoit l'an huict cens cinquante quatre, qui est
le temps, auquel ceste Papesse a esté. Puis qu'à
son dire Sigisbert a besoin de caution, ne luy
en faudroit-il pas à luy de plus asseuree beaucoup, veu qu'il escrit quatre cens cinquante
quatre ans apres Sigisbert, vne chose si contraire à tous les autres?

Si tu prens la peine de bien confiderer ce que
i'en ay eſcrit, tu trouueras qu'il ne me faut point
d'autres pleges & cautions que ceux que i'ay
amenez.

Il a penſé auoir trouué bien à propos la
febue au gaſteau, & gaigné ſa cauſe, en diſant
que les hiſtoriens ne s'accordent, quant au nõ,
ny au temps, ny au pays de ceſte Papeſſé, ny en
quelque autre circonſtance. Mais tout cela ne
fait rien pour prouuer ce qu'il veut. Ceux qui
ont eſcrit du deluge, ne s'accordent point quãt
au temps. Les vns diſent, que ç'a eſté l'an du
monde mil ſix cens cinquante ſix, les autres,
deux mille deux cens quarante deux, les autres,
deux mille deux cens ſoixante deux, autres,
deux mille, d'autres, trois mille huiĉt cens quatre vingts & deux, faudra-il pourtant dire qu'il
n'a iamais eſté? Il y a auſſi quelque different
touchant la natiuité de noſtre Seigneur Ieſus
Chriſt. Les Hebrieux, & Beda diſent qu'il
eſt né l'an du monde, trois mille neuf cens
cinquante deux. Euſebe, l'an cinq mille cent
quatre vingts & neuf. Oroſe, cinq mille deux
cens. Iſidore, cinq mille deux cens dix, & quelques autres encores ont leur propre opinion:
qui oſeroit pourtant douter qu'il ne ſoit venu
au monde?

La varieté qui ſe void parmy les autheurs en
vn ſi grand remuement de ſiecles, ne doit eſtre
trouuee

trouuee estrange, par ce qu'escriuant trois ou
quatre mille ans apres la creation du monde, ils
n'ont peu attaindre à ce calcul, que par les liures
du fidelle secretaire de Dieu Moyse, qui nasquit
l'an deux mille six cens soixante neuf de la creation, lequel n'ayant pas cotté particulierement les
siecles, qui l'auoyent deuancé (Car il parle en Prophete, & non en historien) les a mis bien souuent à
deuiner: de sorte que ceux qui ont voulu supputer
les ans, depuis nostre premier pere Adam, & rechercher en quel temps le deluge inonda la terre, se
sont trouuez en merueilleuse peine. Le mesme leur
est-il aduenu lors qu'ils ont voulu parler de nostre
Seigneur Iesus Christ, non pas qu'on ne sçache
qu'il est né au solstice d'hiuer, au premier poinct
que le soleil commence à r'aprocher de nous, qu'est
le iour de la Brume, auquel les anciens commen-
çayent leur an, soubs Auguste, pendant le regne de
Herodes, soubs le Consulat de Plancius, & Sylua-
nius. Mais seulement lors qu'ils ont voulu rapporter l'an de sa natiuité, à celuy de la creation du
monde, ç'a esté là leur mesconte: estans en queste
du premier, il estoit necessaire qu'ils se trouuassent
en peine du second. Puis qu'il vouloit mettre en
auant ceste diuersité qu'il y a entre les escriuains,
sur la natiuité du Sauueur, il deuoit la chercher
ailleurs, & faire valoir celle qui se trouue entre
Irenee, Tertullian, Clement Alexandrin, Eusebe, & autres. S'il veut sçauoir qui a causé ceste varieté, qu'il
lise celuy qui tient le registre de l'Antiquité Cesar

V 4   Baro

Baronius en son premier tome des annalles Eccle-
siastiques. Celuy là luy monstrera les erreurs des
centuries mensongeres de Magdebourg, côme il se
demeslera aussi de ces difficultez, s'il veut lire le
Iesuite Pererius, en son vnziesme sur Daniel. Si ces
noms Papistes l'espouuantent, qu'il aille voir nostre
Mercure François, Ioseph Scaliger, en son sixiesme
liure, De emend. tempo. Ce reformé me pardon-
nera, ce n'est pas respondre à la diuersité, que i'ay
monstré parmy tout le narré de leur fable, & en-
tre les escriuains de mesme siecle.

Il veut faire croire qu'il y a contrarieté quât
au pays. Que ne lisoit-il le liure intitulé *Fasci-*
culus temporum ? l'autheur duquel tient fort
le party des Papes, & qui à ce qu'on dit, estoit
moine de l'ordre des Chartreux, ou bien s'il
l'a leu, pourquoy a il voulu cacher ce que l'autheur escrit pour l'esclarcissement de ce doute.
Voicy ce qu'il escrit, parlant de Iean huictiefme. Ce Iean, qui auoit prins le surnom d'Anglois, mais natif de Mayance, est dict auoir
esté en ce temps: Il estoit femme habillee en
homme, & auoit si bien proffité en la saincte
escriture, qu'on ne trouuoit son pareil. Elle
fut esleue Pape : mais apres auoir esté engros-
see, allant publiquement en procession, elle
enfanta & mourut. Cestuy cy semble auoir
esté le sixiesme Pape, qui a eu iusques à ce
temps là, le nom de Saincteté, sans la chose,
& fut semblablement puny de Dieu comme

me les autres , & n'eſt point mis au rolle des
Papes..

Voicy certes vn aucteur bien fameux & de mi-
ſe, pour la preuue de ſa chimerique Papeſſe , alle-
gué par ce reformé, qui m'accuſe l'auoir obmis, &
neantmoins ie l'ay mis en ſon rang, s'il y euſt prins
garde. Le nom l'a trompé: car au lieu qu'il l'appel-
le Faſciculus temporum, ie l'ay nommé le faſ-
ceau des temps en ma premiere edition. Depuis i'ay
remarqué la diuerſité qu'il y a dans ce meſme au-
cteur, ſur ceſte hiſtoire Papale. I'en ay deux , l'vn
imprimé par Adam Alemanus l'an mille quatre
cens quatre vingts ſix, & l'autre ſans datte ny nom
de ſon Imprimeur : toutesfois de vieux caracteres.
Parlant de ceſte Papeſſe, en l'vn il y a les mots en la
façon que ce pretendu reformé les a couchez, de
bonne foy, en l'autre il y a ainſi. Nota qu'en
vne chronique i'ay trouué qu'apres Benoiſt il
y euſt vn dict Iean Pape , lequel eſtoit femme & putain ſecrette , natiue d'Angleterre.
Puis il ſuit le reſte du conte par ouyr dire. Auſſi
n'en pouuoit-il parler autrement , puis qu'on di-
ſoit cela eſtre arriué ſix cens quatre vingts ans
auparauant.

Par ces paroles on voit clairement d'où eſt
venu la diuerſité du nom & pays. Auſſi pourquoy quelques vns parlant des Papes , n'ont
faict mention de celle cy. Ie ne veux oublier,
que voulant loüer la vierge Marie , & l'appel-
V 5 lant

lant reyne du ciel , il la blafme d'autre part,
& luy faict vne iniure tref-grande , en ce que
contre le dire d'Antoine Archeuefque dé Florence & autres efcriuains , il s'imagine que
la ftatue de cefte Papeffe portant vne mitre en
fa tefte , & tenant vn enfant entre fes bras, foit
l'image de la vierge Marie. En quoy il reffem-
ble vn certain Efpagnol appellé Dom Henry
Henriques , qui viuoit au temps de Charles
cinquiefme , & l'an mille cinq cens trente vn.
Iceluy auoit en fon oratoire trois tableaux,
aufquels y auoit trois images de trois belles
femmes : les efcriteaux defquelles eftoyent en
cefte forte, fainéte Lamie, fainéte Flore , fainéte Lais, qui eftoient trois les plus mondai-
nes & riches courtifanes du monde, ayant gaigné toutes leurs richeffes en proftituant leurs
corps : & cependant le pauure homme les tenoit pour fainéles, les inuoquoit tous les iours
leur difant certain Aue Maria. Cecy eft recité
par Antoine de Gueuare Euefque de Nondo-
guet & confeffeur de l'Empereur Charles , au
premier tome de fes epiftres.

   Lors que premierement ce difcours fortit au
iour recherchant les raifons de cefte image nichee
au coing d'vne rue de la ville de Rome , l'auois
penfé , veu qu'on auoit efcrit , qu'elle tenoit vn en-
fant entre fes bras , comme dict außi ce miniftre,
que ce pouuoit eftre la vierge Mere : parce qu'en
Italie elle fe voit prefque par tout : mais depuis
                         m'en

m'en estant plus particulierement enquis, i'ay trouué que c'estoit vne vieille statue, qui represente vn
sacrificateur le pourtraict duquel i'eusse mis icy,
en ayant faict retirer le craïon à Rome, mais ie
ne sçay comment ie l'ay esgaré. Certes, reformé
mon amy, ceste comparaison est trop impudique,
pour estre raportee à la beneiste Vierge : mais c'est
l'ordinaire de vos maistres d'escole ; de deschirer
le nom, & la memoire de celle, qui a porté le salut du monde ; comme il se void par tous leurs escrits, depuis que ceste Eglise à peine sexagenaire,
apparust au monde.

A la fin de son liure voicy ses derniers mots.
Que ceste fable se desment de soy-mesme. Si donc,
pourra dire quelqu'vn, cela se desment de soy-
mesme, pourquoy vous estes vous tant trauaillé à chercher des raisons pour conuaincre cest
erreur. Si cela se desment de soy-mesme. Quelle merueille qu'vne douzaine d'historiens,
qu'il confesse en auoir escrit, ne l'ont peu recognoistre pour fable ? tous les autres auront
ils esté aueugles, & luy seul clair-voyant ? Il
veut faire à croire que quelques autres l'ont tenu pour fable : mais d'autant qu'il n'allegue aucun escrit de ceux-là, attendant qu'il le face,
ie ne puis dire sinon qu'il est seul en ceste opinion. Combien que c'est vne chose doubteu-
se si luy mesme le croit : pour le moins en ca-
chant son nom, il semble auoir voulu fuyr la
mauuaise opinion que plusieurs gens doctes
eussent

eussent à bon droict eu de luy, le voyant abreué d'vne opinion si estrange. Peut estre qu'il
s'est proposé de faire comme les aduocats,
qui quelquesfois sachans vne cause estre mauuaise, tachent ce nonobstant à la faire trouuer
bonne: afin qu'on cognoisse, que si en la mauuaise ils se sont monstrez excellens, tant plus
paroistront-ils en vne bonne.

F I N.

C'est tousiours la coustume de ces gens icy de nous
vouloir à viue force persuader que nous parlons
contre nostre conscience, que ce que nous disons est
à feintie : facheuse maladie, d'auoir telle opinion
de soy, qu'on se persuade, qu'il ne se puisse rien
croire au contraire. Ie n'auroi pas faute d'autre
replique : mais

Dixisti nihil:& responsum poscis, habeto.
Responsi satis est hoc tibi, quod sileo.

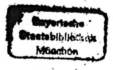

CPSIA information can be obtained at www.ICGtesting.com
Printed in the USA
LVOW101708010712

288408LV00019B/348/P